何造中解读江恩理论系列丛书

江恩
实用交易规则（下）

何造中 ◎ 著

SPM
南方出版传媒
广东经济出版社
·广州·

图书在版编目（CIP）数据

江恩实用交易规则. 下 / 何造中著. —广州：广东经济出版社，2015.9

（何造中解读江恩理论系列丛书）

ISBN 978-7-5454-4156-7

Ⅰ. ①江… Ⅱ. ①何… Ⅲ. ①股票投资-基本知识 Ⅳ. ①F830.91

中国版本图书馆CIP数据核字（2015）第188878号

出版发行	广东经济出版社（广州市环市东路水荫路11号11~12楼）
经销	全国新华书店
印刷	广东新华印刷有限公司
	（广东省佛山市南海区盐步河东中心路23号）
开本	787毫米×1092毫米　1/16
印张	14　1插页
字数	215 000字
版次	2015年9月第1版
印次	2015年9月第1次
印数	1~5 000
书号	ISBN 978-7-5454-4156-7
定价	35.00元

如发现印装质量问题，影响阅读，请与承印厂联系调换。

发行部地址：广州市环市东路水荫路11号11楼
电话：（020）38306055　37601950　邮政编码：510075
邮购地址：广州市环市东路水荫路11号11楼
电话：（020）37601980　营销网址：http://www.gebook.com
广东经济出版社新浪官方微博：http://e.weibo.com/gebook
广东经济出版社常年法律顾问：何剑桥律师

·版权所有　翻印必究·

总 序

> 真正的理论在世界上只有一种，就是从客观实际中抽出来又在客观实际中得到了证明的理论。
>
> ——毛泽东

从我1997年在香港《每周财经动向》（全球出版发行）开辟专栏，发表了一系列江恩理论与内地股市案例分析的文章，到1998年应邀开始在国内专业性杂志《股市动态分析》撰写解读江恩理论的系列连载，至今已十年有余。可谓"十年磨一剑，霜刃未曾试。今日把示君，只为股民事！"

在我十多年的投资生涯中，时常想到江恩的一句忠告："要想在股票交易中获利，就必须先获取知识，必须在损失之前就开始学习。许多投资者在进入股市时对股市毫无认识，而且在他们意识到开始交易前有必要进行一段时期的准备工作之前，就损失了大部分本钱。"这是江恩身处股市45年以上的经验之谈和总结，也是我解读江恩理论的目的。

江恩理论之于证券技术分析，就如同《易经》、宗教、玄学等之于世俗文化。它们不是大众性的，总是不能被多数人所接受，然而却从没有人能完全否认它们。江恩理论的最大贡献，也许并不在于其神奇的技术，而在于这门技术是一个指引，它树起一根标杆，让别人去努力探索、追寻，在研究自然规律的道路上越走越远。江恩理论告诉我们，世上万物都遵循着自然的波动规律，都遵循着因果关系与协调关系的普遍法则。另外，市场中不能仅存在一种理论，市场是一种动态博弈，每个人都要按照自己的

理解，在波动中寻找适合自己的投资方式、投资理念，判断江恩发现的这些规则和方法有哪些东西是适合自己的。

证券市场的历史主要包括两个方面：一是市场交易数据的历史，二是市场参与者的历史。前者可以让我们找出证券价格的运行规律，如江恩发现的，股票和商品期货的价格走势往往会在它们的历史天价上遇到强大的阻力，并且"做头"；后者可以让我们总结前人的成败得失，也如江恩发现的，大多数人亏损的原因是对市场知之甚少。我们希望通过对历史的研究解决三个问题：一是在什么位置出入市，二是在什么时候出入市，三是如何出入市。江恩在这三个问题上建立了自己的一套规则。

每一位研究证券市场的人，实际上都在研究历史。这种研究的一个重要前提就是，证券市场的运行是有章可循的，而这种规律是可以通过适当的方法加以认识的。如果证券市场真是像有些人说的那样是无序的、随机的、毫无规律可循的，那我们还有什么必要研究证券市场呢？

要研究证券市场的正确趋势，就必须学习相关的知识。江恩认为，只有那些为知识花费时间和金钱，并不断学习，永不以为自己无所不知，而是意识到学无止境的人才能在证券市场中获得成功。在生活中，每个人投入多少就能收获多少，"种瓜得瓜，种豆得豆。"江恩本人也是这么做的。江恩曾在《如何在商品期货市场中获利》一书中写道："在过去40年里，我年年研究和改进我的理论。我还在不断学习，希望自己在未来能有更大的发现。"江恩视投机为一种有利可图的职业，他严谨的工作作风值得每一个人学习。

许多人怀疑，江恩在半个世纪以前使用的市场分析方法和交易规则是否还能运用到今天这个愈加复杂的市场中。这个问题从表面上看似乎有些道理，但是我们不要忘记了，江恩对市场的观察是基于人们对事物以往的认知，而这种认知是对未来的指引。

不知道你想过这些没有，世界上的万物都有自己特定的运行法则，例如物体松手以后会回落到地上、男女自然地会对对方产生兴趣、万物相互依存……究竟是谁规定了上述法则，让它们各自按照自己的运行轨迹有序地、相互制约相互促进地、十分完美地运行？这个答案我们暂不去管它，但仅是"游戏法则"一词就已贵如钻石！它精确地告诉我们：世界的存在不是杂乱的，它是在深刻的自然属性中必然地运作，每一件事的结果都是唯一的、特定的、必然的，它们像一串串刻度被永远地刻在了历史（时间）的坐标上。请永远记住上面这一段文字，否则你将不能解读下面的内容。

在其投资生涯中，江恩的平均成功率高达88%。人们惊叹江恩几乎每次都能判断正确。当然江恩自己也会有些错误，但都不是因为其理论方法本身的缺陷。除此之外，江恩还预测了从他那个时代起人类未来会发生的事，会出现的物体、发明等等，现在看来几乎全部按时间坐标实现了。江恩的思维模式建立在他本人坚信宇宙万物中无不存在着自然规则这一信念之上。江恩有一个虔诚的宗教家庭，来自《圣经》的教诲不仅仅只影响了他的生活。

江恩相信任何事物都遵循着宇宙中的自然规则，而规则的本身是由复杂的物质属性集合而成的，任何物体的运行都是在两者作用下的必然结果。

江恩思想的两个基本要素是：动质和时间。动质是江恩理论的专有名词，其他任何书籍上都没有动质一词。动质极其复杂，我不在此描述。

任何准确的分析都离不开时间，江恩把时间作为进行交易的重要因子，当特定的动质驱动运行时，时间因子会精确地显示事物属性的一一对应特性。

研究江恩理论不是一件容易的事情，正如江恩本人所说的一样，研究他的理论，需要意志和毅力。

天地间有"有其理无其事"的说法，那是因为我们的经验还不够，科学的实验还没有出现的缘故；而"有其事不知其理"的，那是因为我们的智慧还不够。换句话说，宇宙间的任何事物，有其事必有其理，有现象，就一定有它的原理，只是我们的智慧不够、经验不足，找不出它的原理而已。

本套系列丛书沿着两个中心思想创作，一是以江恩出生时候的时代背景为前提，以江恩的成长为主线；二是以证券市场的内在机理为出发点，遵循先定性后定量、基本面解决根本问题、技术面解决具体问题的原理。为了尽量保持江恩原著的真实性，我们以江恩的原著为蓝本，充分尊重原著的思想。为了全面地诠释江恩理论，我们也吸收了其他江恩理论研究者的发现和思想，同时还吸收了其他理论的精髓来诠释江恩理论，以填补江恩理论由于所处时代而导致的不足，尽量展现适合当今市场，尤其是中国证券市场的技术分析方法。

股票投资/投机是一门艺术科学，既有其科学规范的一面，又有其只可意会不可言传的一面。无论你是师从技术分析方法，还是紧跟价值投资思路，抑或两者兼备，投资这项游戏的规则都已经规定，除了在某些特殊阶段以外，总体来说只有少数人能成为大赢家。健将是可以培养和锻炼出来的，而冠军，除此以外还需要天赋和一点运气。学习，可以帮助我们挖掘自己的潜能，并至少能够向一名健将去发展。

我们继承的是江恩的思想，狭义的江恩理论是江恩建立的理论框架和交易规则、技巧。广义的江恩理论是继江恩之后，所有研究江恩理论人士多年来从江恩理论体系衍生发展出来的一系列著作。提到江恩理论，人们还定义在狭义层面，而事实上，在美国，研究江恩理论的专业人士已经涌现出一大批了，还成立了一个江恩理论研讨会的组织机构，每年定期召开会议，以交流学习对江恩理论新的发现，还有公司专门研制出江恩理论的证券分析软件。

我这次收集整理出版的这套系列丛书就是建立在江恩和一大批江恩理论研究人士大部分研究成果的基础上的，所以说，现在的江恩理论不单单是江恩所著的原著，还包括其他研究者所发现的，在江恩原著的基础之上发展的所有著作。打一个很不恰当的比喻，就好像毛泽东思想是老一辈无产阶级的结晶的道理一样，江恩理论也是所有为理论的发展而努力的人的结晶。

今天我们研究江恩理论所要走的路线因为大部分人以前还没有接触过，所以我们在这里先要使大家知道怎样去读江恩理论，先从怎样去认识它、怎样去了解它开始。至于深入的研究，有人研究了一辈子，也没有搞清楚，包括我在内，研究了十多年，还跟一个初学的人差不多。实际上，要解读好江恩理论这套经典技术分析理论，我自己都是战战兢兢的，觉得自己非常肤浅，没有办法向大家交代，可以提供给大家的，只是一块敲门砖而已。

何造中

前　言

本书是系列丛书的第九本书，是《江恩实用交易规则》的下册，书中共分为七个章节。

在本书第一章，笔者介绍了如何在不同的环境下梳理好股票的投资思路；在本书第二章笔者介绍了在不同形态底部买入股票的操作技巧；在本书第三章笔者介绍了按照百分比规则投资股票的思路；在本书第四章笔者介绍了按照中国股票上涨和回调时间周期操作股票的一些心得；在本书第五章笔者介绍了按照中国股票市场波动幅度周期操作股票的一些思路；在本书第六章笔者与大家分享了利用高低点上移规则操作股票的投资技巧；在本书最后一章，笔者与大家讨论了何为股票市场中的最安全的买卖点。

实用交易规则是我们操作股票过程中需要知道的一些规则，如果能够利用这些规则，那么我们在股票投资中就会变得更加得心应手，遇到不同的市场状况和不同类型的股票，我们都有应对的措施。

由于本书的创作时间有限，对于一些问题的讲述可能存在欠妥之处，希望广大读者朋友们批评指正。

目 录 CONTENTS

第一章　研判趋势 \ 1

　　第一节　大盘趋势的判断 \ 2

　　第二节　大盘与个股的关系 \ 2

　　第三节　利用大盘与个股的关系获利 \ 4

第二章　在单底、双重底和三重底买入 \ 37

　　第一节　单重底买入 \ 38

　　第二节　双重底买入 \ 52

　　第三节　三重底买入 \ 63

第三章　按百分比买卖 \ 69

　　第一节　百分比买卖法概述 \ 70

　　第二节　价格百分比买卖法 \ 72

　　第三节　区间换手率百分比买卖法 \ 88

第四章　按三周上涨和下跌买卖 \ 101

　　第一节　中国股市的上涨和下跌规律 \ 102

　　第二节　按中国股市的上涨和下跌规律买卖 \ 106

第五章 按5至7点运动买卖 \ 133

第一节 中国股票涨跌幅度规律 \ 134

第二节 按中国股票涨跌幅度规律买卖 \ 137

第六章 在高低点上移时买入 \ 159

第一节 高低点上移买入法概述 \ 160

第二节 高低点上移买入法运用 \ 162

第七章 最安全的买卖点 \ 187

第一节 最安全买卖点概述 \ 188

第二节 最安全的买点及运用 \ 189

第三节 最安全的卖点及运用 \ 211

参考文献 \ 215

第一章

研判趋势

> 研判你要交易的股票群的平均指数,然后在股票群中挑选你要买卖的股票,并观察它的趋向指标是否与平均指数的一致,并应用所有决定正确买卖时机的规则。
>
> ——江 恩

虽然本章所述的规则是研判趋势，但事实上本章要讲述的并不仅仅是判断个股的趋势，本章的重点主要是介绍股票指数之于个股投资的重要意义，如果广大投资者们能够从根源上弄清大盘与个股的关系，那么对于我们的投资活动是非常有利的。

第一节　大盘趋势的判断

在本章的第一节，我们就简单谈谈如何判断大盘趋势。

要想判断大盘的趋势，根据笔者多年的经验，首先我们要弄清楚大盘的运行方式，那就是上涨、下跌和震荡三种。不管大盘走势如何变化，最终还是逃不开这三种走势。所以要想判断大盘趋势，第一步就是要从大方向上确定大盘属于上涨、下跌和震荡行情中的哪一种。

当然，确定大盘的大方向走势，我们是可以通过技术面手段来帮助判断的，同时如果对国家的宏观经济情况有一个很好的把握，可以更加有利于我们确定大盘的大趋势。

在确定了大盘的大趋势的前提之下，我们要利用各种更加精细的手段，来判断属于大趋势下的具体细分状况。此时我们可以根据短期的大势型指标来判断大盘近期的运行方向。

归根结底，我们判断大盘的趋势，不仅要长短周期结合，同时还要基本面与技术面结合，通过各种手段，目的就是要确定大盘目前所处的位置，结合大盘目前所处的位置来为我们的个股投资指明方向。

第二节　大盘与个股的关系

大盘的涨跌影响着个股的涨跌，我们常常会听到这样一句话：抛开大盘做个股，这些道理总在影响着我们的实盘操作。但是，大盘指数、板块和个股的作用关系到底是什么呢？第一，很多大盘股如"石化双雄"、宝钢股份、中国联通、中国建筑等几十只个股就等同于其他上千只小股票的市值；第二，我们常常说"二八"现象，那个"二"就代表几个大市值板块，如钢铁、银行、石化等，它们的上涨也会撬动大盘的上涨，但这样并不见得其他的"八"类小市值个股就要涨，同时"八"类个股上涨也并不见得其他"二"类个股就上涨。所以，对于这失真的大盘指数我们作为参考即可，关键还是在于自己买进股票的板块属于哪一类型，而这一类型板块中的个股是否具有强势特征。

就经济一体化而言，世界经济的发展、兴旺和衰退同样也影响着我们区域的现有经济，所以，包括美股的外围股指、资源类期货和美元的走势也影响着我们市场股指的动态。作为参考，在判断大盘走势的时候，这些也是一个依据。但是，就如世界经济不是铁板一块一样，我们的经济也不是铁板一块，大盘股指是各种经济状态统一的汇合。对于这个汇合后的大盘指数，我们要给予辨析，有些经济实体受政策、环境、需求影响，处在冉冉上升阶段，而有些经济实体同时受制于政策、环境和需求，处在衰退或维持阶段。打一个比方吧，当工业品指数在下降的时候，消费类商业服务指数却在上升，这两类不同的板块个股在统一大盘指数下就走势而言显然处在剪刀叉状态之中。

对于大盘，我们必须分析清楚，哪些行业处在震荡、缓慢发展或消退之中，这些行业板块如果占有大盘指数市值的重大比例，显然大盘的走势就是压抑的，不热烈活跃积极的，难道我们要用这些压抑的指数去代替政策支持、行业景气度一再上升的板块和个股操作吗？所以我说，对于当今的股市大盘，外围的股指、资源类期货和美元的走势可以作为一个参考，而我们买卖一个好的板块和强势个股时，大盘指数的涨和跌只要不像疾风骤雨似的，也仅仅是一种参考，关键在于板块，和板块中自己买卖的强势个股。我们是用资金在进行买卖的，是买卖板块个股。是这些个股的操作给我们带来利润，而不是大盘。

但是，即使我们说大盘可能会有失真状态，也有可能出现"二八"现象，但是有一点是我们永远不能否认的，那就是我们在操作个股时，无论我们怎样想抛开大盘，但是事实上，我们会发现其实自己怎么也抛不开大盘。这就是大盘与个股的一种千丝万缕的联系。

说到这里，很多投资者可能会简单地认为，是不是个股与大盘的大的走势保持一致就是所说的大盘与个股的一致性，其实不然。有些时候，大盘与个股的关系实在微妙，可能大盘连续大跌，个股连续涨停，即使是这样对立的关系，个股的走势同样还是会受到大盘的影响，也就是说，不管个股的走势如何，或多或少都与大盘有些联系，只是相关的程度上会有所不同。

总结起来，大盘与个股的关系一般有以下几种：

（1）大盘涨，个股普涨。

（2）大盘涨，个股分化。

（3）大盘跌，个股普跌。

（4）大盘跌，个股分化。

虽然个股的走势与大盘并非都是正相关关系，但是无论如何，作为投资者来说，我们一定要知道这样一个思想：即使个股与大盘的走势逆相关，大盘还是能够或多或少地影响到个股的走势，如果我们能够真正弄清这些关系，那么对于我们的股票操作则非常有利。

至于我们应该如何运用大盘与个股的关系来指导我们的投资实战，这一部分的内容我们会在本章第三节着重讲述。

第三节 利用大盘与个股的关系获利

第二节我们谈到了大盘与个股的四种关系，实际上我们又可以将以上的四种关系进一步归类为两种，那就是大盘与个股走势正相关和大盘与个股走势负相关。

在大盘与个股走势正相关的前提之下，如果大盘处于上涨走势，此时的股票操作非常轻松，买入股票后获利的概率往往也是非常高的，这种情况，往往出现在大盘处于牛市或者较大的上升浪中时；如果大盘处于下跌趋势，此时往往处于熊市中，在这种情况下，我们买入后股票获利的概率极小，因此在这样的情况下，我们应该避免操作股票，最大限度地保护我们的本金。

在大盘与个股走势负相关的前提之下，如果大盘处于上涨走势，此时的股票走势与大盘负相关，处于下跌趋势，这种情况往往出现在震荡行情中，有可能是上涨中的震荡行情，也有可能是下跌中的震荡行情；如果大盘处于下跌走势，此时股票走势处于上涨走势，这种情况往往也是出现在震荡行情中，有可能是上涨中的震荡行情和下跌中的震荡行情。不管是上面情况中的哪一种情况，我们都能够在震荡行情中寻找到获利的机会，这就要我们深刻运用个股与大盘之间的关系了。

在现实操作中，往往在大盘与个股走势呈现负相关的情况下，我们对于个股的操作难度就会增加，此时我们需要更加深刻灵活地去运用大盘和个股之间的关系。

下面我们就通过几种情况来分析我们应该如何利用大盘与个股的关系为我们的投资服务。

一、大盘处于牛市中的股票投资

我们来看案例一。

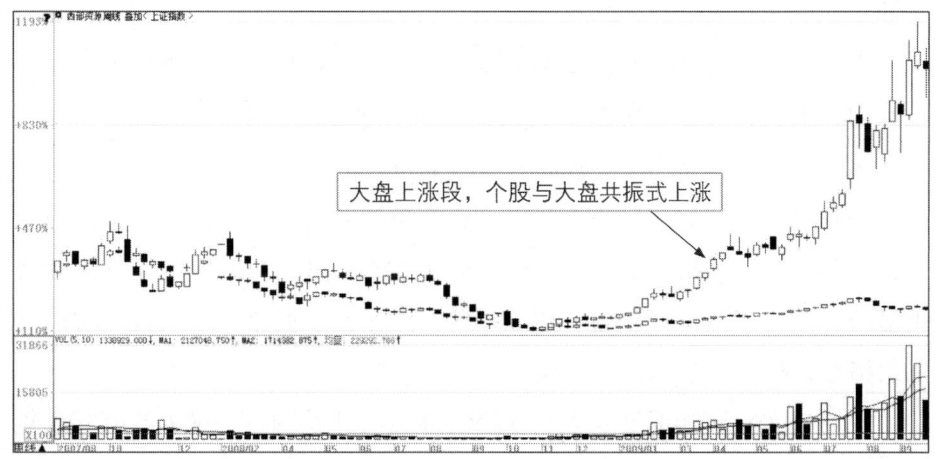

图 1-1

西部资源（600139）是一家主营铜矿石、铜精矿采选、销售；金属材料、金属制品、机械电子、矿山采掘配件制造销售的公司。该公司的前身是ST绵高（绵阳高新），原为东方电工机械股份有限公司，1998年2月25日在上证所挂牌，历经多次资产重组。2008年12月11日公司完成重大资产置换及向母公司四川恒康发行股份购买资产，其主营范围变为铜矿石开采与销售，甘肃阳坝铜业成为全资子公司。阙文彬持有四川恒康98.78%的股权，为绵阳高新的实际控制人。

2009年6月，绵阳高新经公司第六届董事会第十三次会议及2008年度股东大会审议通过，公司名称的工商变更登记手续已在工商行政管理部门办理完毕。公司注册名称由"绵阳高新发展（集团）股份有限公司"变更为"四川西部资源控股股份有限公司"。经公司申请，并经上海证券交易所批准，公司股票简称自2009年6月4日起由"绵阳高新"变更为"西部资源"，公司股票代码"600139"不变。

图1-1所示的是西部资源与上证指数2007年8月至2009年9月的周K线叠加图。2008年年底，大盘见底企稳，之后进入反转上涨的阶段牛市行情，从叠加图上我们可以看到，西部资源的股价跟随大盘的脚步，逐步上涨，与大盘形成良性共振式上涨，在2008年年底至2009年7月这段时间，西部资源股价累计上涨了632%，为我们带了丰厚的收益，可见，在大盘处于牛市或者较长期的上涨阶段，买入与大盘共振式上涨的股票，我们能够获取非常不错的收益。

当然，西部资源股价能有如此的表现，与其基本面有着重要关系。下面我们就来看看其基本面的亮点：

第一，母公司业绩补偿保证未来两年利润。

2009年年初以来伴随着交易所库存的减少和中国进口的大增，国内外铜价大幅反弹。在相关报告中，我们验证了由于供应偏紧、全球各国经济的触底和恢复，2009年铜价有望继续恢复性上涨，但公司收购资产时预计的价格在2009年和2010年可能难以达到。

根据《实际业绩不足承诺业绩补偿协议》，阳坝铜业2009年、2010年实现的净利润应不低于8876万元和8893万元，未实现上述承诺业绩时，四川恒康将就实际净利润与承诺业绩的差额款，以现金形式补偿给该公司。第一季度，公司实现净利润431.29万元。四川恒康2009年和2010年支付阳坝铜业业绩补偿金将是必然的。

第二，资产重组助推公司迅速转型。

公司重组完成后，主要经营主体为甘肃阳坝铜业有限责任公司，主营业务也由房地产开发和工程建设转变为铜矿采选和销售。

阳坝铜业地处甘肃省陇南市康县，旗下资产主要有阳坝铜矿、杜坝铜矿以及油坊沟—铁炉沟铜矿的探矿权。目前阳坝铜业累计探明铜矿石保有储量为469.83万吨（品位2.192%），年矿石处理规模在18万吨左右，拥有4个采选车间，员工300余人。

除了铜矿储量之外，公司主要的伴生矿也具有较高的价值，其中最主要的为伴生金。公司目前的伴生金储量为2.376吨（笔者从上市公司调研了解到实际伴生金储量有可能达到3.28吨），银储量为26.8吨，钴和铁的储量分别为1073吨和84.06万吨。

公司目前的利润主要来源于铜精矿的销售，若公司管理完善，铜精矿的完全成本可以控制在10000元/吨左右。此外，铜矿含金收益也较为可观。从历史财务数据来看，公司2007年营业收入为1.05亿元左右，营业总成本只有2500万元左右，随着公司生产线的稳定，预计2009年公司的营业总成本在3950万元左右，而铜精矿副产品的收入预计可以达到3000万元左右，因此预计2009年公司毛利率仍将维持在较高的水平。

第三，受益于铜价上涨利好刺激。

四川西部资源控股股份有限公司（西部资源）原名为绵阳高新发展（集团）股份有限公司，公司于2008年12月完成了重大资产置换，剥离了原有的绵阳资产经营管理有限公司并注入了甘肃阳坝铜业有限责任公司，主营业务也由房地产开发和工程建设转变为铜矿采选业。目前公司的主要产品为铜精粉，其余产品为伴生组分产品，业务范围均集中在甘肃地区，2009年上半年，公司实现主营业务收入3675万元、净利润2376万元，EPS为0.14元；期间获得债务重组利得1742万元，计入营业外收入，贡献了当期净利润的73%。

公司主要经营主体为全资子公司阳坝铜业,旗下资产主要有阳坝铜矿、杜坝铜矿以及油坊沟—铁炉沟铜矿的探矿权。目前阳坝铜业累计探明铜矿石保有储量为469.83万吨,铜金属量10.4万吨,平均品味2.47%。

目前的生产主体是阳坝铜矿和杜坝铜矿,各有一个日处理能力为300吨的选矿厂(分别在2007年8月和2008年4月完成技改),年处理矿石规模为18万吨,铜金属量为0.42万吨左右,规模较小,铜矿产品主要供应给白银有色。

公司计划在铁炉沟也建设一个300吨日处理能力的选矿厂,铁炉沟的品位较其他两个矿低,为1.61%。预计2010年该矿投产后每年将新增铜金属的产量约1300吨。初步预计公司的年铜金属产能在2011年可能达到近0.6万吨。

具备低成本优势。公司的铜矿品位高达2.5%,而目前国内平均品位仅在0.8%左右,品位大于1%的富铜矿仅占总保有储量的35.2%,矿石品位在0.5%左右的大型斑岩铜矿的保有储量约占到总保有储量的35%。

由于铜矿的采选成本较低,该公司的资产回报率一直保持在较高的水平,2009年上半年,公司毛利率高达71%。此外,三项费用也低:公司是一家民营企业,人员相当精简,目前管理层仅有7~8人,阳坝铜业员工也仅有300多人;控股股东四川恒康2008年承接并代为偿还拟剥离的债务,解决了过去鼎天集团控股时期的历史遗留问题,这使得公司目前没有银行借款,不存在利息费用;目前公司的铜精粉全部销给白银有色,运距近、运价低,公司的销售费用也较低。

伴生资源的收益对公司也有盈利贡献。除了铜储量之外,公司主要的伴生矿也具有较高的价值,其中最主要的为伴生金。公司目前总的伴生金储量为2.376吨,银储量为26.8吨,钴和铁的储量分别为1073吨和84.06万吨。

公司在当地收购资源的机会较多。控股股东四川恒康目前拥有托河—柯家河区域101平方公里的探矿权。由于探矿的风险较大,因此探矿工作主要由大股东进行,等到资源情况较明确后再注入上市公司。目前,在托河—柯家河勘查范围内已发现吴家沟、麻地沟、大竹园、潘家湾等多个矿点，并已在吴家沟打了6个钻孔，发现一定的铜矿石资源。此外，公司铜矿所在的陇南地区拥有丰富的矿产资源，除阳坝铜业外，还有不少小规模的铜矿，黄金的储量也不少。陇南地区除了矿产资源，还有丰富的林业和药材资源等。恒康公司在当地拥有较大的影响力，其公司产值（包括独一味及阳坝铜业）占到了整个康县产值的2/3左右，恒康可凭借自身实力和影响力对周边资源进行进一步整合。

全球经济复苏带动铜消费，铜价将震荡上行。中国经济复苏良好，在宽松的财政和货币政策下，房地产和汽车销售逐步增长，发达国家的房地产也出现触底迹象，铜消费将增加。近期各国央行不会收缩流动性，铜价向上的趋势不会改变。此外，虽然铜暂时供应过剩，但铜精矿和废铜供应紧张限制了铜产量的增长幅度，未来几年，铜精矿产量的增长将大大低于预期，支撑铜价走高。

在大盘处于上涨趋势的环境下，西部资源受这些基本面利好的刺激，股价走出非常不错的上涨行情，可见，利用大盘上涨阶段，持有与大盘共振上涨的股票，可以给我们带来不错的收益。

我们继续来看案例二。

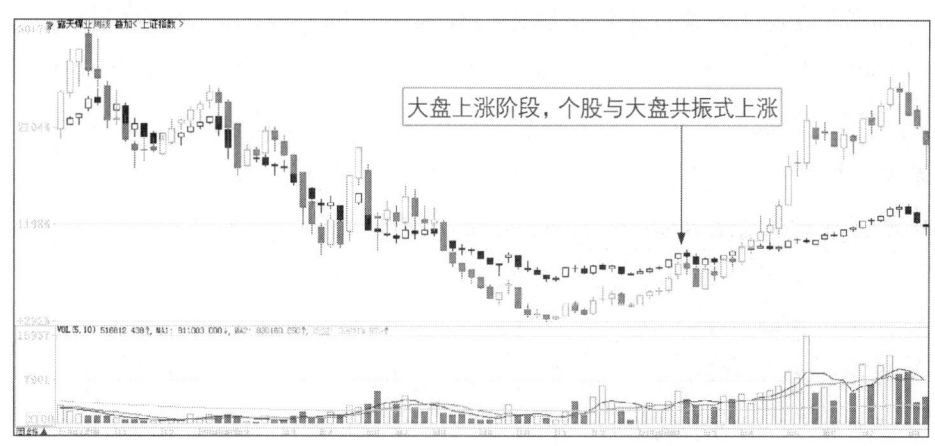

图 1-2

露天煤业（002128）是一家主营煤炭产品的生产、加工和销售的公司。本公司是经内蒙古自治区人民政府内政股批字〔2001〕60号文批准，由中电投霍林河煤电集团有限责任公司为主发起公司，联合中国信达资产管理公司、吉林省纽森特实业有限公司、大庆霍利物资经贸有限公司、沈阳铁路局经济发展总公司、沈阳东电茂霖燃料有限公司、太原重型机械集团有限公司、湘潭电机集团有限责任公司、中煤工程设计咨询集团沈阳设计院、中国矿业大学、辽宁工程技术大学共同发起设立的股份有限公司。2001年12月18日，公司在内蒙古自治区工商行政管理局注册登记，注册资本23000万元。2007年4月，公司股票登录深圳交易所，发行7800万股，募集资金7.644亿元。

  图1-2所示的是露天煤业与上证指数2007年9月至2009年8月初这段时间的周K线叠加图，2008年1月底，大盘见底企稳，之后进入反转上涨的阶段牛市行情，从叠加图上我们可以看到，露天煤业股价跟随大盘逐步上涨，与大盘形成良性共振式上涨格局，在2008年年底至2009年7月这段时间，露天煤业股价累计上涨了672%，涨幅惊人，可见，在大盘处于牛市或者较长期的上涨阶段时，买入与大盘共振式上涨的股票，我们能够收获可观的利润。

  露天煤业能有如此的表现，与其基本面有着莫大的关系，接下来，我们就来看看这一时期，露天煤业的基本面的状况。

  露天煤业是内蒙古东部地区生产规模最大的企业，产品为优质褐煤，主要用作电厂燃料。公司产品结构单一，煤炭销售收入占营业总收入的98.09%，目前公司煤炭销售辐射半径已达蒙东、吉林、辽宁地区。销售范围内所服务电厂的市场占有率达60%以上，与上年基本持平。2008年，由于客户需求增大，公司全年煤炭产品产销量均创历史最高水平，累计完成煤炭产量3682万吨，较上年增长35.07%。商品煤综合售价同比也增长约10%，达到105元/吨左右。与此相对应，公司的煤炭产品共计实现收入38.08亿元，与去年同期的26.11亿元相比增长了49.38%。其中煤炭销量增加，使营业收入同比增长了31%，销售价格提高使营业收入同比增长了17.2%。

  我们来看看2009年世纪证券分析师陆勤对于露天煤业的调研情况，以下是内容简要：

  公司2009年第一季度实现营业收入101599万元，同比增长21.61%；

实现利润总额 44603 万元，同比增长 13.71%；实现归属于母公司的净利润 33725 万元，同比增长 13%。实现每股收益 0.40 元。

公司主业为煤炭，煤炭占营业收入的比重高达 98.09%。净利润增长主要是因为公司的煤炭销售价格和销售量都有所增加，盈利能力提高较快。2009 年第一季度的毛利率水平达到了 57.2%，相比 2008 年全年 33% 的毛利率，提高了 24.2%。销售净利润率达到 36.7%，相比 2008 年全年提高了 19 个百分点。

公司地处蒙东，主要产品褐煤的发热量低。但是公司占据了地理优势，由于辽宁和吉林地区煤炭资源逐渐枯竭，内蒙古东部的褐煤产区已经成为辽宁和吉林地区的主要煤炭能源接续基地之一。公司的客户群稳定，主要是内蒙古东部、辽宁省、吉林省内的电厂。2008 年第四季度，在煤炭价格下跌的情况下，该公司还进行了提价，可见其谈判能力较强。

公司的期间费用率变化不大。财务费用率为 0.42%，较上年同期降低 0.9 个百分点，主要原因是银行借款额度较同期降低。管理费用率为 6.56%，与上年同期基本持平。销售费用率为 2.1%，同比下降了 0.4 个百分点。

公司将收购和建设扎哈淖尔露天矿。扎哈淖尔露天矿可采储量 8.2793 亿吨，煤种主要以褐煤为主，预计建成达产后将具有年产 1500 万吨煤炭的生产能力。预计该项目 2010 年达产。收购完成后，将显著增加公司未来几年的煤炭储量和煤炭产量，提升企业规模和盈利能力。

公司预计 2009 年 1～6 月归属于母公司所有者的净利润与上年同期相比变动幅度在 15%～45% 之间。与预期相符。

不考虑资产注入的情况下，预计 2009—2010 年每股收益分别为 1.05 元和 1.14 元。考虑到公司收购集团扎哈淖尔露天矿后业绩增厚，可维持"增持"的评级。

可以看到，在 2009 年初期，露天煤业的基本面情况也非常不错，稳定增长的业绩和强烈的资产注入预期，这些都是刺激露天煤业股价在 2009 年上半年突破下跌通道之后快速上涨的重要的因素。

在大盘处于牛市格局或者长期的上涨趋势中时，买入基本面优异，股价走势与大盘良性共振的露天煤业，我们将会收获非常丰厚的回报。

我们继续来看案例三。

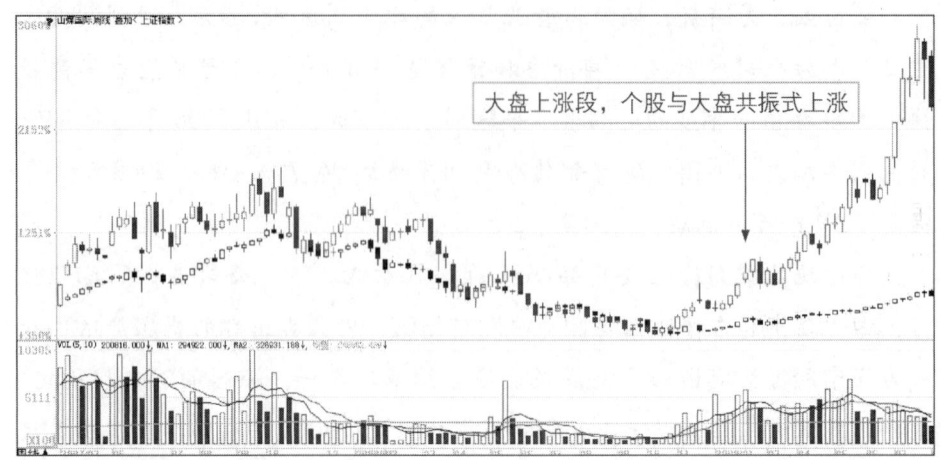

图1-3

山煤国际（600546）是一家从事煤炭生产和销售的公司。公司是经国家经贸委国经贸企改〔2000〕1097号文批准，由吉化集团公司作为主发起公司，由其所属的吉化集团公司建设公司的主要经营性净资产出资，联合吉林高新区华林实业有限责任公司、吉林市城信房地产开发公司、宁波市富盾制式服装有限公司、上海华理远大技术有限公司，于2000年11月20日发起设立的股份有限公司。2003年7月，公司股票登录上海交易所，发行4000万股，募集资金4.204亿元。

图1-3是山煤国际与上证指数2007年3月至2009年8月的周K线叠加图，2008年10月过后，上证指数股价逐步见底企稳，走入上涨行情，进入阶段牛市，山煤国际股价走势与大盘相似，也是在2008年10月底逐步企稳，之后走入上涨行情，股价走势与大盘形成良性共振，从2008年年底至2009年7月，山煤国际股价累计上涨了707%。

当然，山煤国际股价能有如此表现，也离不开其基本面因素，下面我们就来看看山煤国际的基本面亮点：

第一，中油化建重大资产重组取得进展。

公司重大资产重组由资产置换和发行股份购买资产两项不可分割的内

容组成。根据公司与山西煤炭进出口集团有限公司（以下简称"山煤集团"）、吉化集团签署的《资产置换协议》《发行股份购买资产协议》，本次交易由两项不可分割的内容组成：资产置换和发行股份购买资产。两项内容互为前提、互为条件、同步实施；任何一项内容未获得有关政府部门或监管机构的批准，则另一项不予实施。

资产置换。公司以原有全部资产和负债作为置出资产，吉化集团以在国有股转让完成后从山煤集团过户至其名下且同时托管给山煤集团的7家煤炭贸易公司的股权作为置入资产，两者进行置换。置入资产与置出资产价值的差额部分，由吉化集团在交割日当天以现金方式向中油化建补足。

发行股份购买资产。公司以发行股份购买资产的方式，向山煤集团购买其持有的3家煤炭开采公司、18家煤炭贸易公司的股权及其本部涉及煤炭销售业务的资产和负债。发行价格为本次发行股份购买资产的董事会决议公告日（2008年12月22日）前20个交易日公司股票交易的均价5.94元，发行数量为4.5亿股（以中国证监会最终核准的结果为准）。发行股份完成后，公司的总股本达到75000万股，实际流通股18073万吨。

公司2009年6月25日召开的2009年度第一次临时股东大会，通过了重大资产重组的各项事宜，万事俱备，只待证监会等相关机关的最后核准。中油化建主业转变为煤炭贸易和煤炭生产，可望不久就会实现。

第二，集团发展雄心可见。

山煤集团是一家以煤炭开采和煤炭贸易为主业，高速轮对制造、化工、房地产等非煤产业并举的国有大型综合性煤炭企业，集团拥有中国煤炭自营出口权（中国四家之一）、中国内销煤经销资格和山西省内铁路运输计划单列，是国内最大的煤炭经销企业之一。

（1）煤炭板块、高速轮对板块以及金融投资板块共同发展。

集团公司计划在未来数年，打造省内一流、国内知名、跨国经营的特大型企业集团。为了实现这个目标，公司着力建立"三大产业板块"。

第一个板块：煤炭产业板块。通过建立四大煤炭基地（动力煤、无烟煤、半无烟煤、炼焦煤），三个省份（山西、陕西、内蒙古）组织货源，三个市场（内销、出口、进口）组合营销，力争五年内在煤炭板块上生产量达到 5000 万吨，整个贸易规模突破 1 亿吨。

第二个板块：高速轮对制造板块。通过"三步走"实现扩能提效，拿下总装业务；引进技术和自主研发双管齐下，推进国产化进程；与太钢、太重、晋机、汾西重工等联合打造山西省的产品品牌，形成世界最大的轮对生产基地。

第三个板块：金融投资板块。主要是对现有的公司进行整合、重组、管理；产权资本运作，以金融资本运作为孵化器，培育新的产业支柱。

（2）在煤炭生产和销售中拥有相当的竞争优势。

公司在煤炭板块的竞争优势主要是产运销一体化的优势。集团公司拥有强大的贸易网络与运输体系；生产能力稳步提升，旗下有多家煤炭生产与在建矿井，核定与实际的煤炭生产能力大幅度增加；拥有丰富的市场营销经验与大量稳定的客户资源。

主要分析如下：强大的贸易网络和运输体系。集团公司拥有"覆盖主要煤产区、遍布重要运输线、占据主要出海口"的强大贸易网络与运输体系。公司有 77 家煤炭铁路发运站（包括 3 个 2 万吨站点、13 个万吨站点），在山西各煤炭主产区的都有布点，开通了秦皇岛、天津、日照、青岛、京唐港、连云港等出海通道，形成了覆盖煤炭主产区、遍布重要运输线、占据主要出海口的独立完善的煤炭内外贸运销体系。特别值得一提的是公司的铁路运输计划单列，2001 年集团获得省内铁路运输计划单列。

计划单列一直持续到现在。年铁路计划量稳步增加，公司的煤炭（焦炭）产销量借此也连年增长。对于上市公司，山煤集团承诺：在重组完成后，尽快将订货指标及铁路计划的权利人变更为中油化建。在订货指标及铁路计划的权利人变更为中油化建前，该公司允许中油化建使用订货指标及铁路计划，并对此不收取任何费用。铁路运输计划单利确保了公司未来自产煤炭的运输和销售。

煤炭出口业务以及重要的客户。成立于 1981 年的山煤集团，一直以来以煤炭出口为主要业务。国家对煤炭出口一直实行配额管理制度，山煤集团拥有中国煤炭自营出口权（中国四家之一、山西省唯一一家）。集团煤炭产品主要销往韩国、日本、中国香港、印度等亚太地区的电厂及钢铁厂，拥有韩国浦项、西部发电、东西发电和日本双日、伊藤忠、三井等一批大口业务配额。当然，中油化建在本次交易完成后暂时无法取得该项资质，与山煤集团已经签订《煤炭出口代理协议》。

在行业运行的低端，这些优势没有发挥出来，但终究会显山露水。公司同时加大了进口煤炭的业务，借此弥补出口的不足。

国内重要的上下游客户资源。公司煤炭贸易从以前的以外贸为主，逐渐转变为内贸和外贸相结合的模式，国内贸易逐渐占据主导地位。公司煤炭贸易主要是通过连接上下游客户的方式获得"佣金"收入。遍布于山西省全省的主要发煤站点，都是隶属于该公司的贸易公司。长期以来的贸易活动，使得公司掌握了上下游两端重要的资源，积累了丰富的销售经验。这对于公司今后不断增加的自产煤炭销售非常有利。

(3) 集团公司在资源整合过程当中快速发展。

趁着煤炭行业整合，竭力抢滩煤炭资源。山煤集团在煤炭资源整合方面具备几个重要的基础保障。一是政策的支持。省政府确定了煤炭资源整合的七家主体，分别是同煤集团、阳煤集团、焦煤集团、晋煤集团、潞安集团、煤销集团、山煤集团，集团公司煤炭资源整合的主体地位得以确立。二是市场的支持。目前受政策因素与市场因素的双重影响，煤炭资源整合的成本相对较低。相对于其他大的煤炭生产集团，公司在资源占有量方面积淀不够，更可能也更愿意大小通吃。三是银行的支持。山西省的第一笔煤炭资源整合项目授信花落山煤，工行、交行的巨额授信将为集团的资源整合提供强大的资金保障。四是山煤针对资源整合构建了科学的组织体系与高效的运行体系。集团管理层高度重视资源整合工作，兵分多路着力提高煤炭资源整合效率。

未来数年集团公司的煤炭产销量将快速增加。集团公司规划，整体煤炭板块2010年达到3000万吨的产能，经过3～5年能达到3000万～5000万吨。从现有的可获得的信息看，这一目标可以达到。在整合资源中，公司势在必行也是志在必得。当下，煤炭资源整合能力预期良好，多个大型项目已经得到实质性推进。

第三，上市公司煤炭产销量可望快速增长。

收入主要来自煤炭贸易，利润主要来自煤炭生产。从过去数年公司的收入结构看，煤炭贸易占到收入的 2/3 以上，并且也保持了较快的增长速度。至少从 2009 年的行业运行趋势看，煤炭贸易的数量以及收入增长幅度是比较有限的。另外，随着公司自产煤炭产量的增加，将逐渐占据公司拥有的铁路运力，煤炭贸易收入会微幅增长或者不增长，煤炭生产销售收入同步增加。此前以及今后，煤炭生产毛利率还将继续高于煤炭贸易，因此煤炭在利润中的占比也不断增加。我们也将分析的着力点放在煤炭生产这一主要业务上。

注入资产中的有 5 个煤矿。本次交易的标的资产中共有 5 家煤炭开采公司的股权，其中，由山煤集团持有的经坊煤业、凌志达煤业和大平煤业的股权为本次直接注入的 3 家煤炭开采公司股权，霍尔辛赫煤业和铺龙湾煤业的股权则由本次注入的煤炭贸易公司——山煤煤炭进出口有限公司持有。经坊煤业、凌志达煤业和大平煤业为在产煤矿，霍尔辛赫煤业和铺龙湾煤业为在建煤矿。

不考虑收购，现有煤炭生产未来三年将保持 37% 的快速增长。公司 2008 年的煤炭产量是 326 万吨，随着现有在产矿的改扩建以及在建矿的投产，2010 年合计生产能力至少可以达到 840 万吨。不考虑再次收购，公司煤炭产量的年复合增长率就达到 37.09%，收购集团公司的煤炭资产给公司的扩张提供极大空间。集团公司承诺，此次收购重组实施完毕后，将在该次兼并重组完成后，所收购煤矿建设完成、经营成熟、建立稳定的盈利模式、产生稳定利润或中油化建要求时，尽快将兼并重组取得的煤矿资产以合法及适当的方式注入上市公司。就目前掌握的情况来看，集团公司在 2010 年合计煤炭产能增量将达到 1500 吨，此后三年每年合计还会有 1000 万吨以上的增量。比较稳妥地估计，上市公司在 2010—2013 年每年平均可以收购集团公司 1000 万吨的煤炭产量。照此，上市公司此后三年的煤炭产量复合增长率将超过 50%。这是其他上市公司鲜见的快速增长。

稳妥估计，公司在 2010 年发行约 15000 万股，收购集团公司 1000 万吨的煤矿，当年贡献产量 600 万吨。煤炭销量也有同样数量的增加。

第四，煤炭板块贡献不断加大，带动今后三年业绩保持35%以上的增幅。

2009年煤炭生产成本有所下降。煤炭生产成本主要由固定资产折旧、人工费用、政策性成本、材料费等组成。由于数据可得的原因，我们在沟通基础上做了大体推测。由于煤炭产量增加，吨煤固定资产折旧成本下降。人工总费用保持不变或者略有下降。材料费用因物价水平的下降也略有下降。政策性成本无论会计政策是否变化，总量随煤炭产量增加而同步增加，但吨煤保持不变。

综合毛利率的提高主要得益于自产煤炭产销量贡献的增加。按照我们的预测，公司煤炭产销量连续三年保持至少35%以上的增幅。若考虑收购，增长幅度会更大。2007年和2008年，煤炭生产的销售净利率分别是18.65%和33.76%，而煤炭贸易的销售净利率分别是1.28%和0.85%。显然，煤炭生产的毛利率要远高于煤炭贸易的毛利率。煤炭产销量增加带动了未来三年公司的综合毛利率提高，分别为14.28%、17.09%和20.84%。

煤炭期间费用增幅高于营业收入增长。2009—2011年，公司营业总收入的增幅分别为1.66%、6.35%、16.62%，为稳妥计，我们假定同期期间费用分别增长9.86%、12.78%和32.67%。

根据海通证券的预测，2009—2011年EPS将分别达到1.14元、1.58元和2.16元。山煤集团自愿对中油化建本次交易拟购买的全部标的资产进行不可撤销的业绩承诺如下：标的资产2009—2010年实现的归属于母公司所有者的净利润分别不低于60252万元、75000万元和90000万元。假定注入资产时发行45000万股，那么承诺的三年EPS分别为0.80元、1.00元和1.20元。基于我们的推测，公司未来三年的业绩要远高于承诺，EPS将分别达到1.14元、1.58元和2.16元。

大盘进入反转小牛市之后，山煤国际一系列的资本运作之后，将会使其业绩在未来几年获得较为稳定的增长，让山煤国际的基本面得到根本性的改善，这也是支撑山煤国际股价不断上涨的动力源泉。

在大盘处于阶段牛市的格局下，购买基本面具有十足的安全边际，股价走势与大盘共振的山煤国际，是一种明智的投资决策。

通过上面几个案例，我们知道，在大盘处于牛市或者较长期的上涨格局中时,购买与大盘共振的股票,能够为我们带来非常不错的投资收益。

二、大盘处于上涨中震荡行情的股票投资

首先我们来看在大盘处于上涨中的震荡行情走势时,个股与大盘走势处于正相关关系的案例。

我们先来看案例一。

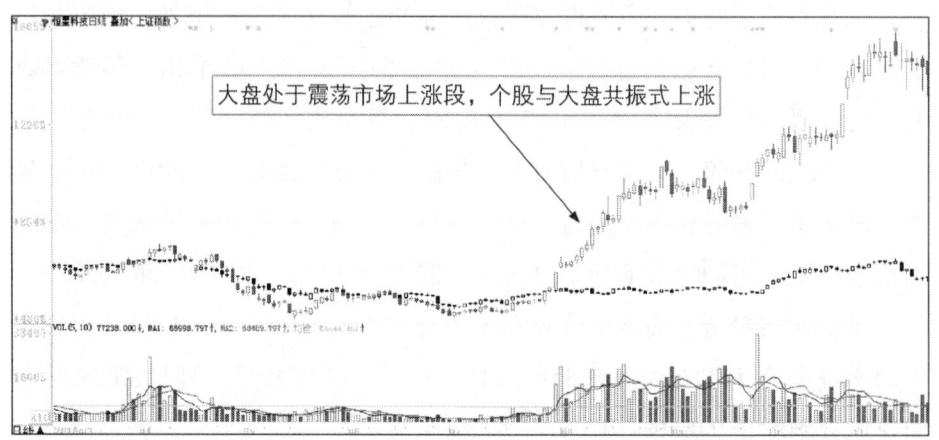

图1-4

恒星科技(002132)是一家从事子午轮胎用钢帘线、胶管钢丝的研究、开发、生产和销售的公司。公司前身为成立于1995年7月12日的巩义市恒星金属制品有限公司,2004年3月整体变更为股份有限公司。公司位于河南省巩义市。2007年4月,恒星科技在深交所上市,发行股票4100万股,募集资金3.28亿元。

图1-4所示的是恒星科技与上证指数2010年3～11月的日K线叠加图。2010年4～7月,上证指数处于震荡市场的下跌行情阶段,此时的恒星科技跟随大盘调整。2010年7月,大盘开始进入震荡市场的上升段,一直持续上涨至2010年11月才开始见到阶段高点,此时的恒星科技股价与大盘共振式上涨,整个震荡市场上涨段,恒星科技上涨了193%。此后,恒星科技股价逐步进入下跌行情,在震荡市场中,利用个股与大盘的共振上涨,我们同样可以获得不菲的收益。

当然，恒星科技股价能在震荡市场有如此的表现，离不开其基本面的催化，我们来看看恒星科技的基本面亮点：

第一，产能得到释放，使得公司营业收入大幅增加。

2010年1~6月，公司实现营业收入8.92亿元，同比增长78.91%；营业利润3914.76万元，同比增长20.72%；归属母公司所有者的净利润2854.82万元，同比增长2.57%。实现每股收益0.12元，略低于预期。

收入大幅增长主要是源于产能释放。报告期内，公司2万吨钢帘线募投项目投产，产能翻番，预应力钢绞线产能已经达到20万吨。上半年收入增长的主要原因是上述两个项目的产能释放，钢帘线、预应力钢绞线营业收入分别同比增长58.4%、89.1%。公司在2010年6月份完成定向增发，募集资金建设的2万吨钢帘线项目使钢帘线产能较2009年增长50%，达到6万吨，预计2010年、2011年的产量分别为4万吨、5万吨；预应力钢绞线2010年、2011年的产量分别为9万吨、13万吨。

钢帘线成为为公司利润贡献的主导产品。2010年上半年，公司综合毛利率同比微降1.17个百分点，至14.58%。分产品来看，钢帘线受益于下游子午轮胎行业的需求旺盛，毛利率上升7.45个百分点，至26.59%；但镀锌类和预应力钢绞线产品市场竞争较为激烈，原材料价格的大幅上涨对其盈利影响较大，其中，镀锌钢绞线毛利率下滑6个百分点，至8.45%；镀锌钢丝毛利率下滑1.4个百分点，至12.17%；预应力钢绞线毛利率下滑6.5个百分点，至12.7%。由于钢帘线收入占比只有23.4%，因此其他产品盈利能力的下滑拉低了公司整体的盈利能力。钢帘线毛利占比达到42.64%，第一次超过镀锌类产品，成为为公司利润贡献的主导产品。

第二，进军新能源领域，"超精细钢丝"大有可为。

公司正在实施年产5000吨超精细钢丝的项目。据了解，切割钢丝是直径在70~200μm的镀黄铜高碳钢丝，用来切割太阳能电池用的多晶硅以得到半导体晶片，以及切割水晶振子。切割钢丝需要如下特点：切割前后钢丝磨耗较小、有较高的切割精度，为了减小切口损耗，要求钢丝的直径很小，且具有很高强度，是一种耗材。公司预计8月底完成项目论证。预计投资1.8亿元，建设期为12个月，不过公司为尽快将超精细钢丝产品推向市场，将利用原有钢帘线前期生产设备为该项目提供半成品，公司预计下半年超精细钢丝产量为 300 吨～600 吨，按照市场价 11 万元/吨计算，可增加收入 3300 万～6600 万元，参考市场同类产品 40%～60% 的毛利率，该产品在今年下半年可贡献毛利 1300 万～3900 万元。假设 5000 吨达产，按照同样的方法计算，每年可贡献收入 5.5 亿元，贡献毛利 2.2 亿～3.3 亿元，取中位数 2.75 亿元，按 8% 的费用率和 15% 的所得税计算，可贡献净利润约 1.96 亿元，增厚 EPS 0.73 元。

随着我国多晶硅产能的扩张，作为多晶硅生产的辅助材料和耗材，切割钢丝销售空间将得到扩张，公司该项需求前景良好。

第三，股权处置增厚业绩。

公司于 2008 年年底参与认购风神股份增发 1000 万股，认购价 5.03 元，公司公告称将在适当时机处置所持股份，截至 8 月 26 日，风神股份收盘价为 11.38 元，公司的股权增值 6350 万元，假设按该价格全部处置，可增厚 EPS 约为 0.36 元。

第四，进军太阳能电池行业。

2010 年 9 月份，公司设立全资子公司恒星光伏公司，主要为公司下一步进入太阳能电池行业做好准备工作，计划由其负责太阳能电池硅片及组件的生产销售。公司目前的参股企业洛阳万年硅业主要生产多晶硅原料，用于太阳能电池硅片切割工艺的超精细钢丝项目已投资建设。我们认为此次公司投资涉足太阳能电池行业的目的是为了覆盖太阳能产业链。太阳能产业前景良好，公司多元化战略是值得期待的。

在震荡市场上涨段，那些具有基本面利好刺激的股票，一旦股价与大盘共振式上涨，便迎来了我们介入的良机。

我们接着来看案例二。

横店东磁（002056）是一家从事永磁铁氧体、软磁铁氧体、其他磁性材料及电池的生产和销售的公司。公司原名"横店集团高科技产业股份有限公司"，是经浙江省人民政府浙政发〔1999〕38 号文批准，由横店集团公司（现更名为"南华发展集团有限公司"）作为主发起人，联合浙江省东阳市化纤纺织厂、东阳市抗生素有限公司（现更名为"浙江康裕生物制

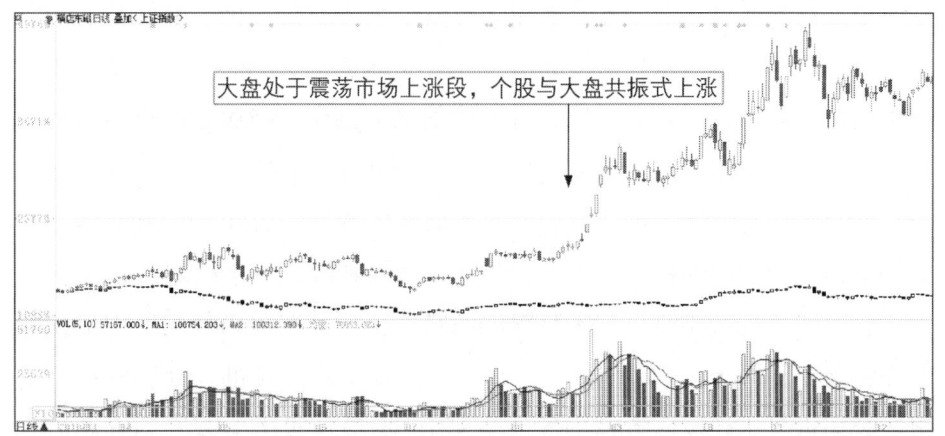

图 1-5

药有限公司")、东阳市有机合成化工九厂和东阳市荆江化工厂等四家法人单位,采用发起设立方式设立。于 1999 年 3 月 30 日在浙江省工商行政管理局登记注册,2002 年 3 月公司变更为现名。2006 年 8 月,公司股票登录深圳交易所,发行 6000 万股,募集资金 6.104 亿元。

图 1-5 所示的是横店东磁与上证指数 2010 年 3~12 月的日 K 线图叠加图。2010 年 4~7 月,上证指数处于震荡市场阶段的下跌行情,此时的横店东磁股价与大盘走势同步,2010 年 7 月之后,大盘逐步企稳,进入震荡市场的上涨段,此时的横店东磁股价再次与大盘同步上涨,形成良性的共振,至 2010 年 11 月,大盘见了震荡上涨段的阶段高点,横店东磁股价累计上涨了 236%,在震荡市场上涨阶段,我们投资那些与大盘共振上涨的股票,同样可以获得非常不错的收益。

横店东磁股价能在震荡市场有如此的表现,离不开其基本面的刺激,我们来看看横店东磁在当时的基本面亮点。

第一,磁性材料下游需求旺盛。

公司主营业务为软磁铁氧体和永磁铁氧体,产能达到 8.9 万吨,是国内唯一一家两种磁体都超过万吨的龙头企业。软磁铁氧体包括镁锌铁氧体、锰锌铁氧体、镍锌铁氧体及铁粉芯,镁锌材料主要应用于 CRT 显示器;锰锌和镍锌材料主要应用于液晶显示器(LCD);永磁铁氧体主要应用于音响,微波炉和电机。

磁性材料业务在浙江省节能减排力度加大下超出预期。浙江省未能完成中央政府的节能减排任务，2010年对小火电加大关停力度，大量中小企业包括中小磁性材料企业无法获得足够的电力供应。横店东磁作为金华的重点企业，受冲击很小，反而订单更满，售价更为坚挺。

受全球经济复苏，电子市场回暖等因素的影响，公司永磁铁氧体和软磁铁氧体系列产品的销售收入均比2009年同期增长了50%以上。

公司研发力量雄厚，技术紧跟国际知名公司，在国内外同行中保持着领先地位。

公司近3年获授或申请的发明专利有11项，实用新型专利有硬质合金贴片成型模具等112项。永磁材料方面，公司积极开发节能电机市场和汽车电机市场。目前主要客户已涵盖博世、法雷奥、西门子等全球知名汽车电机大厂，未来供货还将持续增长。另外，公司极有可能拓展到钕铁硼磁性材料领域。

软磁材料方面，在产能不变的情况下，公司应用于CRT显示器的软磁材料占比逐步减少，而应用于LCD显示器的磁性材料占比逐步增加。

第二，太阳能电池片投产增厚业绩。

2010年7月26日，公司公告投资8.7亿元，年产300MW的晶体硅电池片和50MW组件项目。

此次太阳能电池片与组件项目总投资8.73亿元，其中新增建设资产投资7.07亿元，铺底流动资金1.66亿元。项目自6月开始组织实施，于2012年5月建成。全部投产后将可达到年产300MW的太阳能电池片（包括200MW的多晶硅电池片和100MW的单晶硅电池片）及50MW的电池组件的目标，每年实现销售收入31亿元，利润总额3.04亿元。

公司于2009年10月投资2.62亿元建设100MW的晶体硅太阳能电池片生产线，3月投资3.16亿元建设100MW的太阳能单晶硅片项目。目前100MW电池片项目的前两条线已建成投产，并完成销售收入8800万元，利润总额超过1000万元。此次大幅扩张产能，反映出公司太阳能业务拓展顺利。

公司目前已进入第5条太阳能电池晶片的建设阶段，对应总生产能力已达到125MW。预计2010年年末，太阳能电池晶片产线可能达到10条。2011年年末太阳能电池晶片产线可能达到15条。2010年第2季度，公司太阳能业务营业收入预计为8800万元，对应利润总额为1200万元。我们初步预计，公司太阳能业务2010年的营业收入将大幅超越预期。

2010年以来全球光伏市场持续升温。iSuppli预计2010年全球光伏新增装机容量将达13.6GW，增长89%。目前全球已有部分地区的光伏发电成本已接近常规发电成本，或者说在无政府补贴的情况下已具有竞争力。我们看好该产业未来的发展空间。

此次扩产将使横电东磁进一步完善光伏产业链，提升规模效应，得以享受光伏产业光明的市场前景。EPIA统计的2009年全球十大太阳能电池厂商产量中，常州天合以399MW位居全球第八，国内第四。若不考虑其他厂商未来的产量增长，公司扩产至400MW后产量可跻身全球前列。

第三，领先同行的高端磁性材料投资项目。

2010年7月26日，公司同时公告软磁铁氧体项目总投资1.38亿元，其中固定资产投资0.93亿元，流动资金0.45亿元。项目计划自7月底启动，于2011年12月竣工投产。全部投产后实现年产6000吨锰锌软磁铁氧体和8000吨粉料的生产能力（一个锰锌工厂和两条湿法制粉线），其中8000吨粉料是为满足6000吨锰锌铁氧体生产的原材料所需，每年实现销售收入1.38亿元，利润总额0.34亿元。

中国目前大量产品性能在PC40左右，氮窑大批量生产合格的PC44材料还有困难。2009年40%的工厂开始进行产品结构调整，PC44以上性能的功率软磁铁氧体，2007年在国内总产量中约占10%，2009年增至25%左右。

目前公司已经具备氮窑大批量生产合格的PC44以上产品的能力，市场需求每年也有20%以上的增速。自2009年6月以来，公司产品一直供不应求。该项目将使公司提高产品竞争力，进一步做大做强软磁铁氧体产业。

第四，磷酸铁锂正极材料有望成为新增长点。

公司磷酸铁锂正极材料已解决粉体结构一致性的问题，相关技术指标稳定性也获得改善，公司目前已向国内外20多家锂电池厂商送样测试。2009年公司"磷酸铁锂电池极片及其制作方法"到美国和欧洲各申请专利一项。公司在汽车行业已具有一定的影响力，将有助于未来磷酸铁锂实现量产后的销售拓展。

伴随着主营业务磁性材料需求量的回升和产品价格的提高，以及多个项目正逐步进入收获期，横店东磁的业绩表现也是逐步提升，2010年上半年实现每股收益0.31元，并且1～9月业绩也是大幅预增，伴随着稀土价格的大幅飙升，横店东磁的业绩进入快速增长期。因此，横店东磁的基本面非常符合我们的基本面选股思路。

综上所述，在基本面符合我们投资逻辑的前提下，在震荡市场上涨段，一旦股票走势与大盘共振式上涨，便提供给了我们获利的好时机。

我们来看案例三。

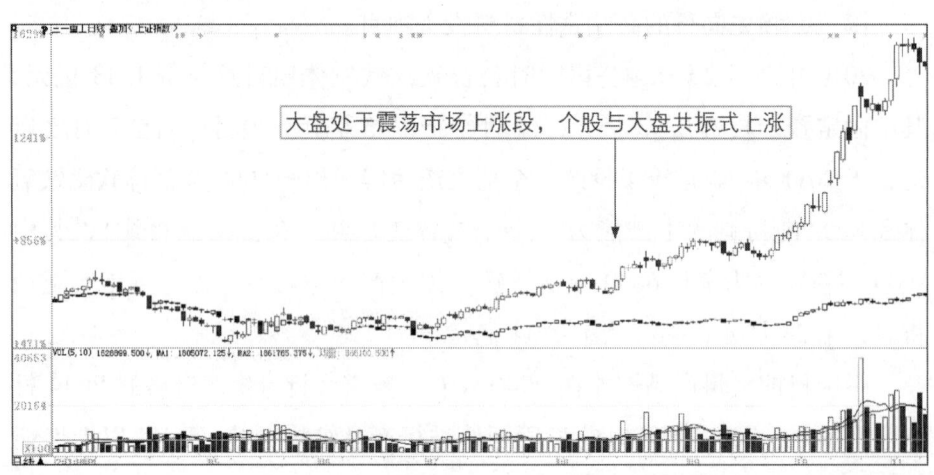

图1-6

三一重工（600031）是一家从事混凝土机械、路面机械、桩工机械、履带起重机械等工程机械的研发、制造、销售的公司。公司是经湖南省人民政府批准，由三一重工业集团有限公司整体变更设立的，于2000年12月8日在湖南省工商行政管理局注册登记并领取企业法人营业执照，注册资本为18000万元。有限公司以2000年10月31日为基准日，经审计净资产为18000万元，按1∶1的比例折为18000万股，由原有限公司股东三一控股有限公司、湖南高科技创业投资有限公司、锡山市亿利大机械有限公司、河南兴华机械制造厂和娄底市新野企业有限公司按它们在原有限公司的权益比例持有。2003年7月，三一重工在上海交易所上市，发行股票6000万股，融资9.336亿元。

图1-6所示的是三一重工与上证指数2010年3～11月这段时间的日K线叠加图。2010年4月，三一重工股价跟随大盘进入震荡市场下跌调整阶段，2010年7月之后，上证指数开始走入震荡市场上涨行情，三一重工股价与大盘同步上涨，形成良性共振，至2010年11月，三一重工股价累计上涨了199%。

三一重工能有如此强势的表现，同样要归功于其基本面的催化。

下面我们就来看看三一重工的基本面亮点。

第一，固定资产投资带动需求大增，混凝土、挖掘机、起重机成为带动业绩增长的三驾马车。

三一重工主营业务涉及混凝土机械、挖掘机、路面机械、起重机械和桩工机械等。其中混凝土机械销量全球第一，18吨全液压振动压路机市场国内占有率第一位，履带起重机市场份额位居国内第一。受益于城镇化建设加速，公路、铁路、城市交通轨道的跨越式发展，保障性住房推出等因素，2010年上半年公司实现营业收入为169.46亿元，较上年同期增长98.43%，净利润总额28.75亿元，较上年同期增长162%，我们预计全年收入增长有望达到50%。

混凝土商品化率与发达国家相比仍存在较大差距，混凝土机械仍将快速增长。公司目前53%的收入来自混凝土机械。发达国家人均混凝土指标为0.9～1.4立方米，我国人均指标为0.2～0.3立方米。我国的混凝土机械市场是寡头垄断市场，三一重工市场份额达到57%以上。徐工机械、中联重科、星马汽车等混凝土机械类产品毛利率远低于三一重工，充分显示了公司在该领域的竞争优势。公司以2.21亿现金收购生产混凝土搅拌运输车及底盘的湖南汽车，进一步完善了上市公司的产业链及盈利能力。

挖掘机的注入，成为新的增长动力。公司完成注入三一重机的挖掘机业务后，产品覆盖大中小挖，在国内市场处于领先地位。2010年销量达到

5000台，收入达到80亿元。三一重机2008年、2009年分别实现净利润1.456亿元和3.8亿元，呈现翻倍增长的态势。公司承诺2010年、2011年分别实现净利润不低于4.5亿元、5亿元，保证了挖掘机未来盈利的能力，公司挖掘机定位高端，产品价格毛利都高于竞争对手，在进口替代空间较大的市场中，未来高速增长可期。

收购三一汽车起重机业务，提升起重机产品竞争力。公司已有的履带起重机吨位高，起吊能力强，处于行业第一地位。公司现金20亿元收购三一汽车的汽车起重机业务，完善了起重机业务产品系列。2008年集团公司投资50亿元建设起重机宁乡产业园，公司现有的生产能力为3500台/年，宁乡产业园达产后将形成5000台/年的产能。公司承诺2010—2012年汽车起重机净利不低于2.44亿元、4.17亿元、5.53亿元，将较大增加公司的收益。

第二，销量大幅增长，市场份额进一步提升。

2010年前3季度公司实现营业收入25904百万元，同比增长82.45%；归属母公司股东的净利润为4445百万元，同比增长124.70%；EPS为0.88元，扣除非经常性损益后为0.80元。其中，第3季度收入为8958百万元，EPS为0.31元。公司业绩符合此前公告的预增情况（净利润增长118%~130%）。

主要产品热销：2010年以来，国内投资增速较快，公司采取了积极的营销策略，主要产品销量大幅增长，市场份额进一步提升。

根据行业协会统计，1~9月公司挖掘机销量接近9500台，同比增长123%，比行业增速高出40个百分点，市场份额提升至7.5%。汽车起重机销量达1500多台，同比增长65%，比行业增速高出28个百分点，市场份额提升至5.4%。履带起重机销量达到362台，同比增长77%，比行业增速高出16个百分点，市场份额提升至26.9%。

第三，出口将会成为公司新的增长动力。

三一重工总裁向文波先生提出到2012年出口占比要达到30%。这是国内市场竞争日趋激烈的情况下的必然选择。在金融危机前，2008年，三一重工的出口占比已经达到29.17%，三一重工已经建立了一定的客户群和品牌影响。随着国际经济的复苏,需求将得以恢复。30%的目标更多的是一个修复的进程。三一重工是国内最早开展海外战略的企业。目前,已基本完成海外印度、美国、德国、巴西四大生产基地和140个营销服务网络的布局,具备良好的硬件条件。

正是由于三一重工有稳定持续的业绩增长和与大盘共振式的股价表现,才使其成为当时震荡市场阶段的领涨龙头股之一。

在大盘处于震荡市场上涨段时,对于那些与大盘共振上涨的股票,一旦我们确认其基本面也十分优异,对这样的股票进行投资,获利是大概率事件。

其次我们来看在大盘处于上涨中的震荡行情走势时,个股与大盘走势处于负相关的关系的案例。

我们先来看案例一。

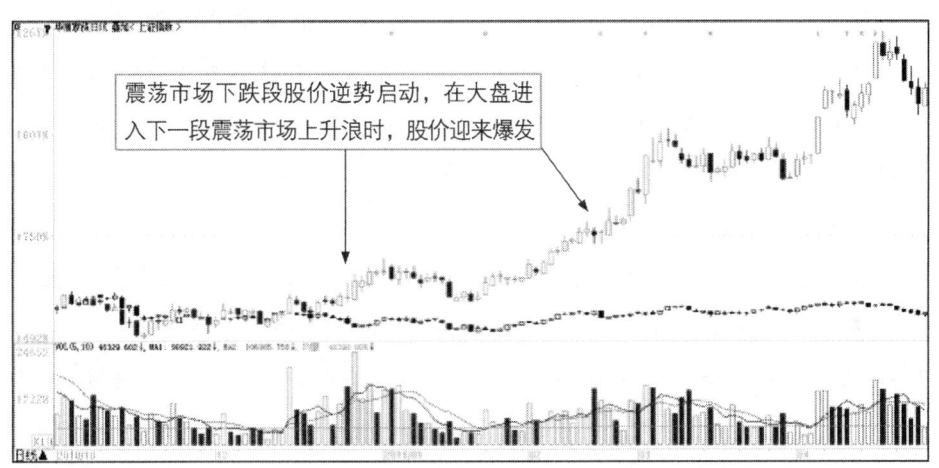

图1-7

华丽家族(600503)是一家从事房地产开发经营,房屋土地建设和房屋(附属内部装修设施)出售,租赁,物业管理,房屋设备,园林绿化,实业投资,投资管理的公司。公司的前身是福建省宏智科技发展有限公司。2008年7月,公司正式改名为华丽家族。

图1-7所示的是华丽家族与上证指数2010年10月至2011年4月的日K线叠加图。2010年11月至2011年1月这段时间,上证指数处于震荡

市场下跌阶段，而此时的华丽家族的股价却放量上涨，显示出其股价逆势走强的态势，由于此时华丽家族股价仍处于相对低位，我们可以判断此次华丽家族股价逆势而动是处于爆发前的征兆，最安全的买点应该是在大盘结束震荡市场下跌段后，进入下一次震荡上涨段的初期，2011年1月后，大盘再次进入上涨段，华丽家族股价迎来了爆发，三个月股价上涨了111%，可见，利用股价逆势而动，我们能够及时地在震荡市场中发现将要爆发的股票，获取非常可观的收益。

当然，华丽家族能有如此的表现，离不开其基本面的因素，下面我们就来看看当时华丽家族的基本面情况。

下面我们来看看东海证券分析师桂长远在2011年2月对于华丽家族的调研简报：

2010年全年业绩每股0.98元，基本符合预期

华丽家族公布了2010年年报，公司年内取得营业收入4.57亿元，同比增长471%，结算面积2.2万平方米，实现营业外收入5.15亿元，归属于母公司的净利润5.19亿元，每股收益0.98元，基本符合我们的预期。公司宣告拟每10股送红股3.5股，派发现金红利5元（含税）。

评述

公司实现净利润5.19亿元，股改承诺兑现，业绩主要来自于股权转让。2010年公司转让上海弘圣公司48.4761%的股权，为公司带来净利润3.92亿元，兑现资产重组时2009—2010年度净利润合计不低于6亿元的承诺。

公司财务状况稳健，资本开支可控，未来财务风险有限。账面现金12亿元，同比增长45.7%；期末资产负债率66.5%，比上年提高了5.9个百分点；真实资产负债率59.0%，较上年下降了1.6个百分点；长期借款增加了14亿元，净负债率提升22.9个百分点，达到83.6%，但仍属可控范畴。

公司资产质地优良，三个大型地产项目实为超级利润奶牛。"华丽家族·太上湖""上海新天地43街坊"和"汇景天地"清一色定位高端，其中上海新天地闻名世界，售价超过10万元/平方米，汇景天地售价7.5

万元/平方米，太上湖售价2万元/平方米（2010年结算毛利率高达53%）。保守估计，三个项目可贡献净利润90亿元，以现有股本计，合计每股17元。

往后看，收购金叠公司剩余股权将助推2011—2012年业绩。考虑到公司土地储备数量偏薄弱的现状，大股东承诺，待条件成熟时，金叠公司49%的股权部分甚至全部转让给上市公司。该项目预计在2011年完全竣工，49%的股权对应销售收入约50亿元，净利润不低于10亿元，收购将对公司2011—2012年的利润产生较大影响。

地产调控常态化，公司尝试培育第二主业。为有效平滑业绩波动，2010年公司收购华泰长城期货40%的股权，4个月便取得投资收益1000万元。2011年，公司将继续关注热门行业，选择在适当时间进行尝试性的投资。

以现有的股本计，预计公司2011年、2012年EPS分别为1.30元、1.82元，对应动态PE分别为13X、9X。保守估计公司NAV为21.8元，公司目前股价相对折价23%，具有很好的安全边际。设定公司未来6个月目标价为20元，给予"买入"的投资评级。

为了全面地了解该股票的基本面情况，我们再来看一看天相投资分析师石磊于2011年2月对于华丽家族的调研简报，内容如下：

2010年公司实现营业收入4.58亿元，同比增长471.2%；归属于母公司净利润5.19亿元，同比增长447.9%；扣除非经常损益后的净利润9390万元，同比增长19.23%；基本每股收益为0.98元，每10股发现金5元（含税），送红股3.5股。

净利润主要来源于营业外收入：期内公司取得营业收入4.58亿元，主要为苏州太上湖项目销售面积2.17万平方米，取得销售收入4.05亿元；实现营业外收入5.15亿元，其中非流动资产处置损益2365万元，主要是出售上海常春藤房地产公司85%的权益；收到张江镇政府补贴的扶持资金1005万元；转让弘圣房地产48.4761%股权的合同收购权获得收益5.05亿元，确认净利润3.92亿元。

2011年业绩目标30亿元，目前预售款对业绩的锁定性较小：期内预售面积 2.46 亿平方米，预售收入 6.92 亿元，主要来源是：苏州"华丽家族·太上湖"，预售面积为 1.41 万平方米，取得预售收入 1.6 亿元；"汇景天地"项目，预售面积 1.05 万平方米，取得预售收入 5.33 亿元。预售收入完成业绩目标的 23%。

项目储备较少，但项目盈利能力很强：公司目前有"华丽家族·太上湖""上海新天地 43 街坊"和"汇景天地"三个大型项目，规划建筑面积 122 万平方米，权益建筑面积 109 万平方米。另外大股东持有金叠房产（主要开发汇景天地项目）49% 的股权，承诺条件成熟时部分或全部转让给上市公司。这三个项目盈利能力均很强："汇景天地"项目可售面积约为 10.09 万平方米，预计全部销售后可实现销售收入约为人民币 45 亿元，产生的净利润约为人民币 10 亿元；太上湖项目为联排或独栋别墅，报告期结算毛利率为 53%；新天地项目未来毛利率也不低于 50%。公司计划 2011 年开工 21 万平方米，竣工 29.6 万平方米，按年均结算 20 万平方米计，项目储备可维持公司近 5 年的平稳发展。

积极发展第二主业：为规避地产行业波动风险，公司利用上海华丽家族投资公司为平台，密切关注并积极投资生物医药、新能源、节能环保和金融等行业。期内收购广东华孚投资 100% 的股权，收购总价为 5.55 亿元；间接收购获得华泰长城期货 40% 的股权，初始投资成本 2.4 亿元，报告期产生损益 1071 万元。公司计划 2011 年实现不超过 20 亿元的股权投资计划。

维持"增持"的投资评级。我们预测公司 2011 年、2012 年的每股收益分别为 1.22 元、1.69 元，按公司最近收盘价为 16.85 元计算，对应的动态市盈率分别为 14 倍、10 倍。维持"增持"的投资评级。

通过如上两篇简报，我们基本可以掌握华丽家族的基本面情况，两份简报都强调了华丽家族拥有非常高端的地产项目，能够为公司提供稳定的业绩支撑，同时，华丽家族也在逐步实施多元化战略，对冲房地产调控所带来的风险。两份简报预测的 2011 年的每股收益基本一致，都在 1.2 元以上，可见公司具有十足的安全边际。

对于那些在震荡市场下跌段就已经开始走强的股票，一旦大盘企稳，进入下一阶段的震荡市场上涨段行情，这些股票就有可能迎来爆发。

我们继续来看案例二。

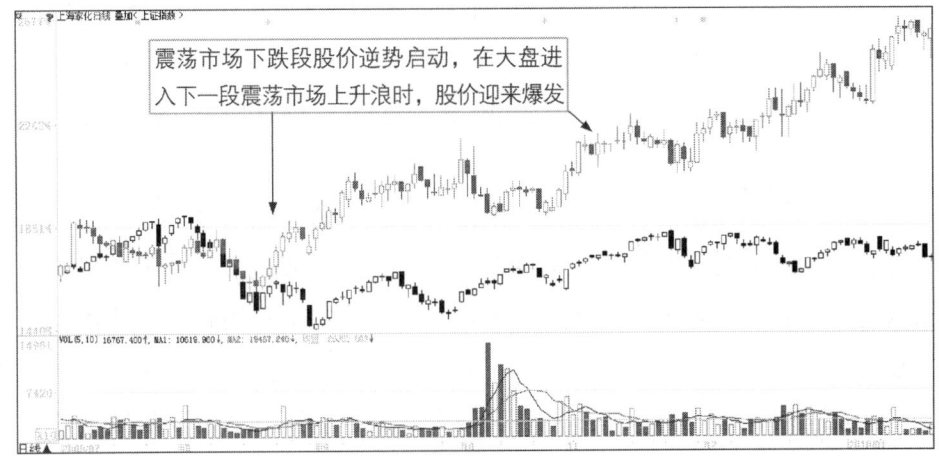

图1-8

上海家化（600315）是一家自行开发、生产、销售；与日本狮王公司共同合作开发、并自行生产、销售狮王、妈妈、力克品牌系列家庭保护用品；各种化妆品生产与管理的技术服务的公司。公司经上海家化（集团）有限公司、上实日用化学品控股有限公司、上海工业投资（集团）有限公司、福建恒安（集团）有限公司、上海广虹（集团）公司和上海惠盛实业有限公司等六家公司将原上海家化有限公司整体变更为股份有限公司。公司的总股本按同比例调整为19000万元。2001年3月，公司股票登录上海交易所，发行8000万股，募集资金7.344亿元。

图1-8所示的是上海家化与上证指数2009年7月至2010年1月这段时间的日K线叠加图。2009年8月之后，上证指数进入震荡市场格局，而上海家化的股价却依然逆势上涨，显示出了其股价的独立性，对于这种在大盘进入震荡市场下跌段依然表现强势的股票，在大盘再次进入上涨段时，股价极有可能迎来大爆发。2009年10月，上证指数开始走强，进入阶段上涨行情，上海家化股价则一路上涨，三个月股价上涨了40%以上。

当然，上海家化能够在大盘处于震荡市场时有如此的表现，其基本面的影响功不可没，下面我们就来看看上海家化的基本面亮点。

第一，战略转型以来，公司盈利能力逐年提升。公司2004年战略转型（定位为中高端化妆品生产企业）以来，综合盈利能力得以大幅地提升，2005—2008年的毛利率分别为39.51%、42.32%、45.71%和51.43%，2009年前三季度毛利率为53.32%（同比上升4.25个百分点），呈现出明显的递增态势；归属母公司净利润2005—2008年间的复合增长率则达到了68%。

第二，股权激励为公司的增长保驾护航。限制性股票激励计划的激励对象范围包括：公司董事长、副董事长；公司高级管理人员；子公司的中层管理人员；经公司董事会薪酬与考核委员会认定的营销骨干、技术骨干和管理骨干。

股权激励的落实，有助于提高核心团队的稳定性：公司股权激励计划已于2008年3月实施，包括公司高管，中层管理人员以及骨干员工等175人以8.94元/股的价格对公司增资530万股；自股权激励实施近2年以来，激励对象中仅有2人主动离职，核心团队的稳定性得以大幅度地提高，这对公司业绩的平稳快速增长起到了十分积极的作用。

第三，行业的稳定增长为公司的市场拓展奠定了良好的基础。从2003—2008年的数据来看，中国国内的日化市场保持了稳定、高速的增长。2009年的增长受金融危机影响预计略微回落，预计10年起将会保持10%左右的稳定增长。

第四，佰草集正处于增长的高峰区域。公司创立佰草集已经10年时间，2005年开始盈利，自2006年起开始进入高速增长期。2009年的销售收入仅为5亿元，作为多品种系列的化妆品规模还相对较小，未来3～5年处于品牌增长收获期。

第五，"双妹"品牌的推出。我们应该看到的是公司多年的品牌运营经验已经使得公司对于品牌的理解加深了一个层次。"双妹"品牌的推出不仅可以充实产品链，同时培育期过后可以接替"佰草集"品牌成为另一个高速增长的引擎。

第六，各项财务指标良好。公司在销售规模扩大的同时，现金流反而越来越充裕。存货和应收账款规模也保持稳定，负债率降低，同时由于毛利水平高的佰草集产品增长迅速，盈利的毛利率、净利率以及净资产收益率等指标也均得到改善。

根据国元证券的预测，上海家化2009年、2010年和2011年的每股收益分别为0.75元、1.02元和1.20元。

对于基本面具有安全边际的上海家化，在大盘处于震荡行情调整阶段时，股价就表现出强势格局，当大盘再次进入震荡市场上涨段，上海家化股价会迎来爆发。

我们接着来看案例三。

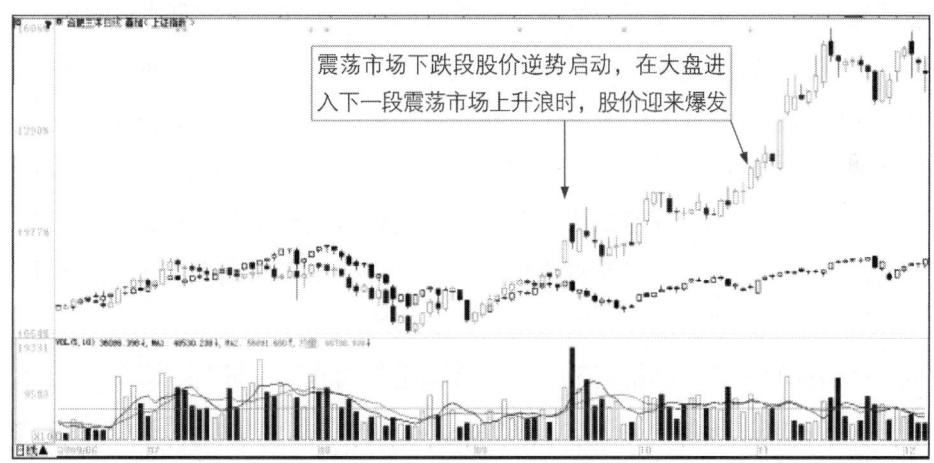

图1-9

合肥三洋（600983）是一家主要从事全自动洗衣机、电子程控器、离合器、微波炉及其他相关产品的生产、销售和服务的公司。本公司是由有限责任公司依法变更设立的股份有限公司，前身为中外合资合肥三洋洗衣机有限公司，系1994年3月16日，经合肥市对外经济贸易委员会合外经字〔1994〕第0059号文批准成立的中日合资有限责任公司。1997年3月，更名为合肥三洋荣事达电器有限公司。2000年1月，变更为外商投资股份有限公司，同时更名为合肥荣事达三洋电器股份有限公司，公司于2000年3月30日在合肥市工商行政管理局正式办理了变更登记，注册资本为18000万元。2001年6月，公司进行注册资本调整，调整后的注册资本为24800万元。2004年7月，公司股票登录上海交易所，发行8500万股，募集资金 2.0091 亿元。

图 1-9 所示的是合肥三洋与上证指数 2009 年 6～12 月的日 K 线叠加图。2009 年 8 月后，大盘进入震荡市场的下跌段，直到 2009 年 10 月才见底企稳，而合肥三洋的股价在 2009 年 9 月初便开始走强，显露出了逆势启动的特征，那么，在大盘进入下一阶段的震荡市场上涨段时，合肥三洋的股价将迎来爆发，2009 年 10～11 月，合肥三洋的股价上涨了 72%，表现不俗。

当然，合肥三洋在股价震荡市场逆势走强后，股价能有如此的表现，与其基本面有着重大关系，经研究，当时合肥三洋有以下的基本面亮点：

第一，销售屡超预期，"三三五"战略稳步推进。公司表示，2009 年第三季度销售回款近 4 亿元左右，较上年同期有较大的增幅，近期对第三季报的收入和利润预增 70% 和 80% 也相对保守，我们预计收入增幅在 70%～75% 之间的可能性偏大。第四季度的销售同样乐观，一方面洗衣机行业进入销售旺季，以旧换新等政策的落实进一步刺激消费，另一方面国庆节销售超出预期，仅滚筒洗衣机的销量就达到 2 万台左右，相当于 2008 年全年销量的一半，也相当于一二级市场全年的水平。此外，公司预计明年主营收入增长在 50% 左右，高增长速度将在销量达到 200 万～300 万台时有所放缓。

第二，返销日本的订单下月实施，出口业务顺利开展。目前公司出口业务主要由三部分组成：一是来自日本三洋返销本土的订单，2009 年 3 月份签订的 5 万台订单将在 11 月份正式供货，但对全年的收入影响不大。二是来自日本三洋销往其他地区的订单，数量为 10 万～15 万台。三是与伊莱克斯、惠尔浦签订的 OEM 订单，数量为 10 万台左右。预计全年出口 15 万台，明年实现 40 万台，增长 150% 以上。

第三，引领变频化潮流，生产一体化降低成本。2009 年以来，洗衣机变频化已成为行业发展的趋势之一，变频洗衣机可实现节能约 40%，降噪 30%～40%，因此各厂商纷纷加大了变频产品的研发和推广力度。目前变频产品占公司的收入比重不高，主要集中在滚筒洗衣机上，2010 年将尽快完成波轮洗衣机的变频化改造。为了增强差异化和成本领先的竞争优势，公司在 2009 年也加大了变频电机的生产力度，目前产量为 20 万台（10 万台波轮、10 万台滚筒），2010 年南岗工业园建成投产后将增加电机产量 100 万台，在充分自供后计划 2011 年前后实现外销。此外，目前仅是该公司和松下两家具有直流变频电机的技术，内资品牌基本缺失，电机自产可节约近 1/3 的成本。

第四，滚筒洗衣机比重上升，产品贴近市场需求。近几年洗衣机高端化趋势明显，滚筒洗衣机洗净度高、外观时尚，迎合了高端消费者的购买欲望，出现快速增长趋势。公司 2007 年 11 月推出滚筒产品，2008 年实现生产 4.8 万台，销售 4 万台，2009 年计划销售 10 万台，从第三季度的销售情况来看，目标已经确定实现。目前滚筒洗衣机销量占比为 19% 左右，预计年底将达到 25%，对公司毛利率的提升效果显著。此外，公司刚刚推出的小容量滚筒洗衣机深受市场欢迎，而斜式滚筒由于技术程度高（仅该公司和松下具备），设计人性化（便利填取衣物），节水省电效果好，市场前景广阔，公司预计未来将占国内市场 40%～50% 的份额。

第五，微波炉的发展前景广阔。短期内公司此项业务的市场竞争力偏弱、业绩贡献率低，原因一方面是当初对市场和营销体系的判断出现失误，另一方面是采用大家电组织架构和模式进行经营的效果不佳，但公司的无转盘微波炉在行业内具备技术领先水平，凭借较为高端的定位、较好的品质以及连锁卖场的支持，中长期具备较好的前景。公司已成立专门的事业部进行管理，预计 2009 年微波炉销量为 20 万台，2010 年将达到 50 万台。此外，小家电是公司未来发展的一个方向，在微波炉的基础上品类及规模均存在拓展空间。

第六，存在整合预期，水处理业务介入仍待时机。公司目前也不了解松下收购日本三洋的进展情况，但公司与日本三洋在相关业务上仍存在整合的预期，如小家电、冰箱、电池等，水处理业务也在洽谈阶段，公司认为此类业务国内普及率低，正处于导入期，毛利率超过 100%，但渠道和市场条件尚不成熟，国家的支持力度也不明朗，在相关政策出台后将会有较好的发展。

根据国都证券的预测，公司 2009 年、2010 年的 EPS 分别为 0.65 元和

0.88元,以10月20日收盘价17.15元计算,对应的PE值为26倍和19倍,估值仍处于偏低的水平。

合肥三洋不仅具有众多的基本面亮点,其公司的估值水平也非常低,具有十足的安全边际,符合我们基本面选股的条件。

对于在大盘处于震荡市场下跌段便开始走强的股票,一旦其基本面符合我们的投资逻辑,在大盘再次进入震荡市场上涨段后,我们就要特别关注此类的股票,如果这些股票的股价再次走强,便是我们介入的大好时机。

第二章

在单底、双重底和三重底买入

> 在单底、双底或三重底处买入。请记住这条规则：当市场穿过前面的头并反抽，或略为跌破时，那些本来是卖点的头或顶就成了底、支撑线或买点。不要忽视这一事实，即平均指数或个股第四次到达同一价格水平时，不是一个安全的卖点，因为它们几乎总是要向上突破。将这条规则反过来用在底部也一样。当股票第四次跌到同一水平时，它几乎总是要破位并继续下跌。
>
> ——江恩

在本章里我们按照单重底买入、双重底买入和三重底买入法分别介绍这三种股票买入的规则。

第一节　单重底买入

一、单重底概述

所谓股价波动的底部形态是指股价由下跌转为上升的转折点，这种转折可以是一个急速的过程，也可以是一个缓慢的过程。在底部股价可能是急剧振荡的，也可能是平缓波动的，由此形成了从最平缓的潜底到最陡峭的V形底的各种不同的底部形态。

所以我们平时所说的单重底的形态也就多种多样，最常见的有我们经常见到的平缓的圆弧底、也有快速变化的V形底。

下面我们就分别为大家介绍最为常见的两种单重底部。

（1）圆弧底

圆弧底形态属于一种盘整形态，多出现在价格底部区域，是极弱势行情的典型特征。其形态表现在K线图中宛如锅底状。

价格经过长期下跌之后，卖方的抛压逐渐消失，空方的能量基本上已释放完毕，许多的高位深度套牢盘，因价格跌幅太大，只好改变操作策略，继续长期持仓不动。但由于短时间内买方也难以汇集买气，价格无法上涨，加之此时价格元气大伤，只能停留在底部长期休整，以恢复元气，行情呈极弱势。持仓人不愿割肉，多头也不愿意介入，价格陷入胶着，振幅小得可怜，此时，价格便会形成圆弧底形态，该形态也被称之为价格"休眠期"。

在圆弧底形态中，由于多空双方皆不愿意积极参与，价格显得异常沉闷，这段时间也显得很漫长，在该形态内成交量极少。圆弧底形态通常是大型投资机构的吸货区域，由于其炒作周期长，故在完成圆弧底形态后，其涨升的幅度也是惊人的。投资者如在圆弧底形态内买进，则要注意大型投资机构在启动价格前在平台上的震仓。价格在完成圆弧底形态后，在向上挺升初期，会吸引大量散户买盘，给大型投资机构后期的拉抬增加负担，故大型投资机构会让价格再度盘整，从而形成平台整理，清扫出局一批浮动筹码与短线客，然后再大幅拉抬价格。在价格上涨途中，大型投资机构不断地利用旗形与楔形调整上升角度，延续涨升幅度。所以，圆弧底形态从某种角度上也可谓是黎明前的黑暗。在该形态内，价格貌似平静如水，实际上是在酝酿着一波汹涌的滔天大浪。

（2）V形底

V形底又被称之为V形反转，由于市场中卖方的力量很大，令股价稳定而又持续地挫落，当这股沽售力量消失之后，买方的力量完全控制整个市场，使得股价出现戏剧性的回升，几乎以与下跌时同样的速度收复所有失地，因此在图表上股价的运行形成了一个像V字般的移动轨迹。V形走势是个转向型态，显示过去的趋势已逆转过来。

V形走势，可分为三个部分：

第一，下跌阶段：通常V形的左方跌势十分陡峭，而且持续时间很短。

第二，转势点：V形的底部十分尖锐，一般来说形成这转势点的时间仅两三个交易日，而且成交量在这个低点明显增多。有时候转势点就在恐慌交易日中出现。

第三，回升阶段：接着股价从低点回升，成交量亦随之而增加。

"伸延V形"走势是"V形走势"的变形。在形成V形走势期间，其中上升（或是下跌）阶段呈现变异，股价有一部分出现向横发展的成交区域，其后打破这个徘徊区，继续完成整个形态。伸延V形走势在上升或下跌阶段，其中一部分出现横行的区域，这是因为在形成这个走势期间，部分人士对该形态没有信心，当这股力量被消化之后，股价又会继续完成整个形态。

V形反转的底部的注意事项：

第一，V形走势在转势点必须有明显的成交量配合，在图形上形成倒V形。

第二，股价在突破伸延V形的徘徊区顶部时，必须有成交量增加的配合，在跌破倒转伸延V形的徘徊底部时，则不需要成交量增加的配合。

上面我们仅仅介绍了圆弧底和V形底这两种比较常见的单重底情况，其实介于圆弧底和V形底之间还有许多不规则的底部形态，在此我便不再赘述。

二、单重底买入技巧

上面我们介绍了两种最为常见的圆弧底和V形底的基本内容。下面我们来介绍单重底的实际买入技巧，也就是我们常说的买入点位。

对于单重底的股票，不论是圆弧形底部、V形底部还是两者之间的其他不规则底部，我们都需要2～3周的时间来做一个确认，而且在买入时，最为有效率的方法就是在单重底的右侧，成交量开始缓缓放大，股票开始活跃起来时购买。

在大盘行情趋于稳定的前提下，如果某只股票形成单重底的走势，并且股价已经连续2～3个星期趋于某一个稳定的价格区间，未创新低，一旦该股票开始再次放量上攻，就是我们介入的时机。同时，我们需要在单重底股价维持平稳波动的2～3周中出现最低价的一周的平均价下方的3%以内设置本次操作的止损点，以免判断错误而给我们造成巨大的损失。

下面我们就来看几个具体的案例。

我们来看案例一。

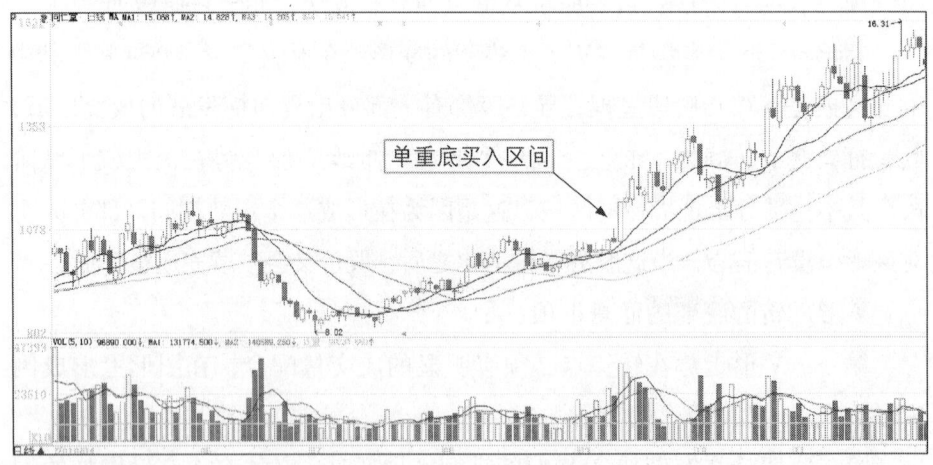

图 2-1

同仁堂（600085）是一家从事中药生产、科研、销售的公司。公司由中国北京同仁堂集团公司（1992年成立）独家发起，以集团下属的北京同仁堂制药厂、北京同仁堂制药二厂等六个单位的生产经营性资产投入公司来设立。1997年4月24日，京政函〔1997〕25号批准设立同仁堂股份有限公司。1997年6月，公司股票登陆上海交易所，发行5000万股，募集资金3.4248亿元。

图2-1所示的是同仁堂自2010年4～11月的日K线图。

2010年4月，上证指数开始进入震荡市场下跌行情，直到2010年7月，上证指数才见了阶段的低点，同仁堂股价自2010年5月以来快速下跌，2010年7月之后，逐步进入底部盘整区域，直到2010年9月初，同仁堂股价放量突破了底部盘整区域，迎来了单重底买入的良机，随后的两个多月时间，同仁堂股价上涨了48%。

当然，同仁堂股价在单重底后能有如此的表现，与其基本面的状况有着重大关系，下面我们就来看看其基本面的情况。

2010年8月9日，万联证券的分析报告如是说：

上市公司北京同仁堂股份有限公司以及其子公司北京同仁堂科技发展股份有限公司是同仁堂旗下医药工业的主要载体。两个公司共生产400多个中药产品，几乎囊括了所有的中医领域。众多的产品资源和同仁堂的金字招牌是公司最大的财富。

我们认为前几年同仁堂销售量增长较慢的原因在于其的"坚守"。在中药的生产上同仁堂坚守自己的信条，产品生产恪守古方，产品选料只用地道的中药材；在中药开发上同仁堂坚持传统剂型，主要以大蜜丸为主，下属同仁堂科技虽然也开发一些新剂型，但相对于同行而言也是较为保守的。

同仁堂的坚守虽然使公司增长较慢，但同时也使公司产品的疗效优于同类产品，在消费者中形成了良好的口碑，同仁堂的品牌就是高质量的代表。另外，同仁堂以传统剂型为主，这些产品经过了上千年的实践检验，安全性较高，相对新剂型来说风险较小。

2010年第一季度同仁堂销售增长率达到30%以上，远高于前几年的增长水平。我们认为同仁堂第一季度的高速增长具有持续性。

同仁堂股份上市时，收入利润均占集团的大半部分，而目前上市公司份额仅占三成，关联交易却越来越多，存在资产注入的可能性。

我们认为同仁堂不管在管理上、财务上还是在产品上都较为稳健，在前几年打下的坚实基础上，公司未来几年的增长将会提速，我们预测公司2010年、2011年、2012年的每股收益分别为0.71元、0.86元、0.99元，相对目前的股价2011年的PE约为30倍，其估值基本合理，考虑到公司的品牌影响力和未来资产注入的可能性，给予"增持"评级。

透过这份报告，我们知道同仁堂的基本面非常稳健，公司发展逐步步入快车道。

为了使我们的投资更加有把握，我们又研究了一份天相投资对于同仁堂的分析报告，内容如下：

2010年半年报显示，同仁堂实现营业收入20.02亿元，同比增长15.87%；营业利润3.29亿元，同比增长20.25%；归属于母公司净利润2.01亿元，同比增长17.86%，摊薄后每股收益0.39元。

促销力度加大，社区市场拓展较快。报告期内，公司实现营业收入20.02亿元，同比增长15.87%，主要是由于公司加大在基层医疗机构的促销力度，北京社区医疗市场的销售规模较去年同期增长20%。同时，由于促销力度的加大，公司销售费用率同比上升了0.32个百分点至20.23%。

成本控制能力较强。在上半年国内中药原材料市场价格上涨，甚至造成部分原材料短缺的情况，公司毛利率保持平稳，为46.81%，小幅上升了1.11个百分点，体现出公司良好的控制成本的能力。

公司研发的新产品郁乐胶囊，预计将于下半年试产，临床前景较好，公司对其寄予较高期望。八类新药坤宝片目前已完成临床用药制备工作，二期临床研究已启动。

看好集团公司对股份公司的拉动效应。同仁堂集团2009年销售收入约100亿元，2014年的目标是达到200亿元，各业务模块增长良好，除同仁堂股份及同仁堂科技两家上市公司外还拥有以经营滋补保健品为主的同仁堂健康药业、同仁堂药材公司等优质资产，集团下属同仁堂药店近千家，未来5年集团开设药店有望达到2000家。集团公司打造的这个商业平台，主要以销售同仁堂产品为主，股份公司可以通过这个平台来实现产品在自有渠道的延伸，集团公司零售终端的建设将为股份公司的增长提供良好助力。

盈利预测：我们预计公司2010—2012年EPS为0.64元、0.76元、0.87元，根据23日收盘价25.20元计算，对应动态市盈率为39倍、33倍、29倍，估值合理，我们认为公司比较适合长线投资，维持"增持"的投资评级。

从如上报告我们可以得知，同仁堂在社区医疗方向找到突破口，集团对公司的业绩拉动效应逐步显现。

综合这两份报告，我们可以得出同仁堂业绩稳健，具有安全边际，同时公司的发展也有条不紊，在未来几年有望维持高增长的步伐。

因此，对于这种基本面优异的股票，一旦确认其技术面为单重底形态，便迎来了我们的买入机会。

我们接着来看案例二。

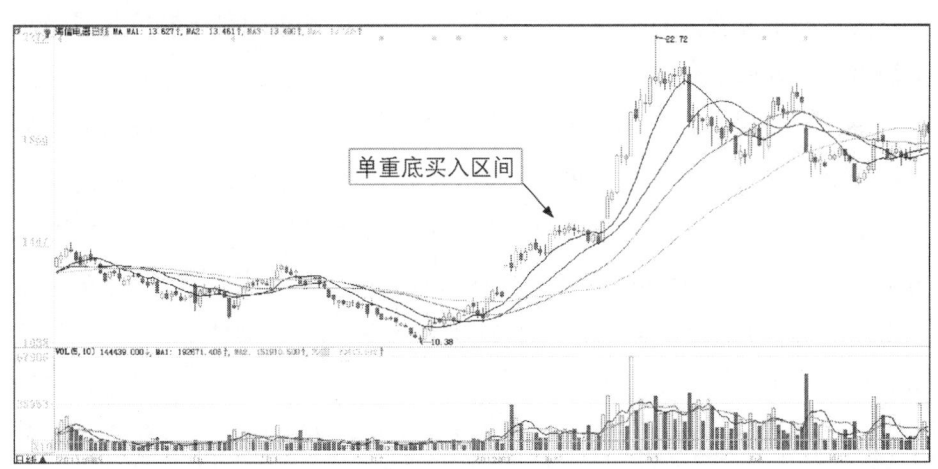

图 2-2

海信电器（600060）是一家从事电视机、广播电视设备、通信产品制造，信息技术产品、家用电器、商用电器、电子产品制造、销售和服务的公司。公司由青岛海信集团发起，经青体改发〔1996〕129号文批准，由集团公司将其下属的电视事业部进行非经营性资产剥离后,以电视二厂、电视三厂、配套件厂、注塑厂、基板厂及相关资产等折资入股,采取社会募集方式设立。1996年12月6日,正式定名为"青岛海信集团公司"。1997年4月,公司股票登录上海交易所,发行7000万股,募集资金4.256亿元。

图2-2所示的是海信电器自2011年8月至2012年5月的日K线图。2012年1月之后,上证指数在经历了长期下跌后终于迎来了阶段的反弹行情,海信电器也跟随大盘逐步反弹,2012年1月下旬,海信电器放量突破了单重底的盘整区间,迎来了单重底的买点,此后,海信电器股价一路上涨,一个多月中股价上涨了47%,给我们在弱市市场中带来了丰厚的收益。

当然,海信电器股价能有如此的表现,与其基本面息息相关,接下来我们就看看当时海信电器的基本面状况。

为了更加完整地了解海信电器当时的基本面情况,我们先看几份研究简报之后再对其下最后的结论。

我们先来看看2011年12月20日,申银万国发布的对于海信电器的研究简报,内容如下:

事件:海信电器于2011年12月20日发布公告:公司控股股东海信集团有限公司(简称"海信集团")的一致行动人青岛海信电子产业控股股份有限公司(简称"海信电子控股")在2010年12月28日至2011年12月19日期间总计增持9618049股(达上市公司总股本的1.11%)。结合第三季度末持股数计算,其从第三季度末至今共增持约3209680股(占总股本的0.37%)。

控股股东低点增持,彰显投资价值。(1)短期来看,公司作为黑电龙头,受益于第三季度以来的行业需求回暖。结合主要竞争对手创维数码和TCL所公布的月度销量数据以及渠道调研结果,我们预计,公司第四季度内销增速情况将略好于创维,出口仍能保持稳定增长,全年业绩确定性较高;(2)中期来看,考虑到上游面板产能供大于求的格局不改,主要竞争对手缺乏打价格战的实力,我们对2012年黑电行业的竞争环境表示相对乐观，预计行业内销量增速为12%，基于此判断，我们认为公司2012年凭借在LED、3D电视等领域的显著优势，市场份额有望继续提升，而模组整机一体化和产品结构优化致毛利提升，加之内部管控能力加强，2012年盈利水平仍有提升的空间。

二代i'TV推出，未来有望成为业务亮点。公司在9月底推出第一代i'TV（个人手持移动电视产品），属试水市场需求的实验类产品，因此主要配套四款大尺寸高端机型贩卖且渠道铺货较少，出货绝对数较低。公司在11月底正式推出第二代产品，产品性能在第一代的基础上做出较大的改进，产品渠道铺货范围将在近期大规模地展开并配以广告投放，针对需求渐起的个人手持移动电视市场，i'TV未来有望成为公司业务亮点。

看好行业需求逐渐回暖与公司盈利水平提升，建议"增持"。我们维持2011的年盈利预测为1.42元，并小幅上调2012年EPS至1.61元，目前股价（11.28元）对应PE分别为7.9倍和7.0倍，估值水平已较低，维持"增持"评级。

我们接着来看2011年12月28日东兴证券发布的关于海信电器的研究报告，简要内容如下：

事件：近期我们到海信电器实地调研，就彩电行业发展、智能电视和3D电视的推广情况、公司的成本控制能力等问题与公司进行了沟通交流。

观点：1. 国内彩电行业增速平稳，产品结构优化是重点。从历年国内厂商的销量变化中可以看出，总销量基本保持小幅增长，2010年在海外销量大幅增长的情况下总销量增长幅度较大，2011年总销量预计与2010年持平。出口方面可能由于海外局势动荡存在小幅波动，但是就国内市场部分而言，国产品牌内销量维持在一个较为稳定的水平，2011年大致为4000多万台，预计2012年保持稳定。虽然当前家电下乡政策面临逐步退出、以旧换新也即将结束，但是对彩电行业的影响是暂时的，可能会存在短期的提前购买行为，但是政策的实施对居民彩电的需求总量影响不大。综合来看国内彩电行业的增速平稳。

对于彩电行业而言，不断推出新产品，通过优化高端产品的销售占比是提升企业盈利增长的重要来源。从产业在线的数据来看，彩电出口部分的LCD渗透率在2011年的前10个月已经达到81.63%，内销部分的LCD渗透率在2011年的前10个月达到了88.17%。

2. 公司的产品结构优化业内领先。根据中怡康数据显示：上半年海信平板电视销量占有率达到15.53%，海信LED电视零售量占有率达到21.38%，海信3D电视零售量占有率达到19.92%，海信网络电视的销售量占有率为22.9%，高居行业第一位。

从海信自身的角度来看，当前公司的LED电视出货占比约为60%、网络电视出货占比约为50%、智能电视出货占比为7%~8%、3D电视出货占比约为30%、PDP电视出货占比约为5%。（备注：各产品类别是并行关系）。其中3D电视出货占比提升很快，从年初的3%~5%上升到现在的30%。智能电视出货占比也高于行业5%的水平。只有高附加值产品的占比提升，才能保证公司的盈利水平。

3. 借助I'TV进入平板电脑领域。I'TV，意为：我的个人智能电视。实现了大屏幕电视、小屏I'TV、智能手机间的"三屏互动""协同互传"，真正实现了随时、随地、随心地观看电视，同时，植入智能推荐、社区交友等软件应用，使该产品兼有网络、娱乐、PC及社交等功能。

2011年8月16日，海信推出全球首款个人智能电视I'TVM280系列；2011年11月30日，海信个人智能电视I'TV2M1101系列全新上市，显示了公司强劲的新产品开发和推广速度。根据IDC的预测，平板电脑的出货量2012年将达到820万台，海信电器通过电视应用巧妙地进入了这个新兴领域，同时也丰富了公司的智能电视产品体系。

4. 模组自制持续推进降低成本。液晶模组制造是平板电视的上游产业，海信电器在国内首家实现了模组与整机的一体化整合结构设计，并实现了背光、模组及至整机的一体化流水线制造，通过提高模组的自我配套能力能有效控制成本，提升整机毛利空间。目前模组自制率约为50%，希望2012年能达到60%~65%的自制比例。

结论：基于公司的行业龙头地位，公司在改善产品结构和控制成本方面优势明显，实现了内涵式的业绩增长。随着智能电视和3D电视的渗透率逐步提高，公司的业绩将稳定增长。预计公司2011年、2012年ESP为

1.36元、1.51元，对应PE为8.53倍、7.7倍。12月28日公司股价于11.59元，我们认为2012年为10倍PE较为合理，六个月目标价为15元，维持"推荐"评级。

申银万国的报告传达给我们的最重要的信息就是公司高管对海信电器进行了大幅的增持，这也彰显了公司内部人士对于公司发展的信心；此外，东兴证券的研究报告传达给我们的信息是海信电器在国内彩电和智能电视领域内引领潮流，行业龙头地位稳固，未来公司的业绩将会稳步发展。通过以上两份报告的介绍，我们知道海信电器的基本面非常稳健，公司具有十足的安全边际，对于这样的股票，一旦股价形成单重底形态，便迎来了我们买入获利的好时机。

我们继续来看案例三。

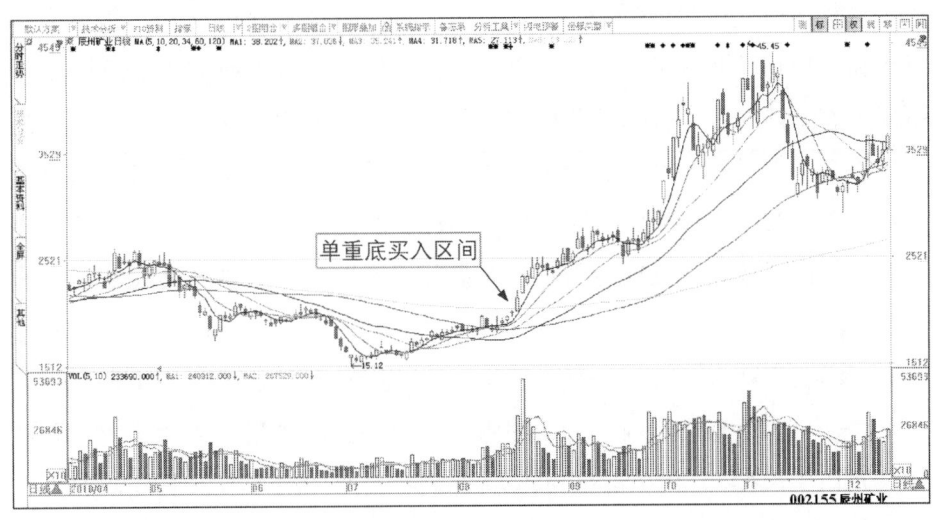

图2-3

辰州矿业（002155）是一家主营金锑钨及其共（伴）生矿的勘探、开采、冶炼和加工业务的公司。公司前身为湖南省湘西金矿，为全民所有制企业，直属原湖南省黄金工业总公司（现为湖南金鑫黄金集团有限责任公司），后者是省直大型国有企业。该企业最早可追溯到清同治年间，已有超过130年的金矿开采历史。1950年5月建矿，1976年6月正式命名为冶金工业部湘西金矿，1989年6月下放湖南省，成为湖南省湘西金矿。2000年12月经湖南省经贸委湘经贸〔2000〕704号文件批准，湘西金矿以其全部经营性资产改制为湖南辰州矿业有限责任公司。2006年4月辰州有限股东会做出决定，将辰州有限以截至2005年12月31日经信永中和会计师事务所有限公司审计的净资产按0.66988951的比例折合为总股本240000000股，整体变更为股份有限公司。2006年5月18日召开创立大会。6月1日公司在湖南省工商行政管理局办理变更登记，注册资本240000000元。2007年8月，公司在深交所上市，发行9800万股，募集资金12.25亿元。

图2-3所示的是辰州矿业自2010年4~12月的日K线图。2010年4月开始，上证指数走入下跌通道，辰州矿业也跟随大盘下跌，2010年7月，辰州矿业跟随大盘企稳，2010年7月底开始，辰州矿业进入单重底的徘徊盘整区域，连续十几个交易日，股价处于盘整震荡的格局，2010年8月中旬，辰州矿业放量突破了单重底的盘整区，确认了我们之前所说的单重底形态，此时正是我们按照单重底买入法买入辰州矿业的买入区间。在随后的2个多月时间里，辰州矿业持续上涨了80%。这是一个可以让我们检验单重底买入法威力的实际案例。当然，在当时的环境下，辰州矿业能够有如此的涨幅，不仅仅与当时的大盘环境有关，更重要的是其基本面的因素。

下面我们就来了解一下当时催化辰州矿业股价上涨的基本面亮点。

第一，业绩符合预期。报告期内，公司共实现销售收入109544.37万元，同比增长65.61%；营业利润11484.06万元，同比增长122.09%；利润总额8554.62万元，同比增长75.92%；净利润6427.40万元，其中归属于母公司净利润6606.01万元，同比增长81.09%。每股收益为0.12元。

第二，锑制品成为公司的亮点。公司共生产黄金2214千克，同比增长7.6%，其中自产矿产金1181千克（包括含量金98千克），同比减少7.73%，冶炼金（含收购合质金）1033千克；共生产锑制品11796吨，同比增长48.32%，其中精锑5189吨，同比增长72.11%，氧化锑6566吨，同比增长32.97%；共生产仲钨酸铵838标吨，同比减少3.57%，全部为自产。

第三，锑钨既做出了特色，又保障了盈利。黄金产品业务收入占全部主营业务收入的 45.46%，上年同期为 59.31%，减少了 13.85 个百分点；锑制品为 43.73%，上年同期为 28%，增加了 15.73 个百分点；仲钨酸铵为 7.38%，上年同期为 8.72%，基本持平。黄金毛利率下降 13.24 个百分点，精锑毛利率增加 21.71 个百分点，氧化锑毛利率增加 13.79 个百分点，仲钨酸铵毛利率增加 15.22 个百分点。公司黄金业务确保盈利的作用有所减弱，而锑钨组合既打造出了特色，又保障了业绩。

第四，金属等产品价格上涨有助于公司业绩的稳定增长。公司主导产品的价格表现明显优于其他金属品种，金价年初以来上涨了 7%，锑上涨了 50% 以上，APT 上涨了 20% 以上。同时，公司各品种的产量也有一定增长。公司计划 2010 年生产锑制品 22100 吨，其中自产锑精矿 14000 吨；生产黄金 4912 公斤，其中自产黄金 2760 公斤；生产钨 2000 吨。

第五，公司矿产资源丰富，大股东存在资产注入预期。公司拥有和控制矿业权 39 个，其中：探矿权 21 个，面积 359.73 平方公里；采矿权 18 个，面积 39.7336 平方公里。2009 年年底公司保有资源储量：金属量金 36836 千克，锑 174722 吨，钨 45540 吨。公司同时存在外延式扩张的潜力：大股东金鑫黄金集团下属的湖南黄金洞矿业有限责任公司，拥有储量近 20 吨的黄金洞矿山，存在注入上市公司的预期；公司计划在未来 3 年每年出资 5 亿元外购资源。

根据爱建证券的预计，2010 年、2011 年、2012 年每股收益达到 0.55 元、0.83 元、0.95 元，市盈率分别为 31.58、20.90、18.32。我们认为未来金、钨价格仍将震荡上行，锑价仍将保持高位，维持"推荐"评级。

可见，单重底买入法不但要在技术走势上需要符合我们的买入规则，同时对公司的基本面也有着非常重要的要求，如果出现单重底买入位置的股票基本面不佳的情况，该股票也不是上好的买入品种。

我们来看案例四。

锡业股份（000960）是一家从事有色金属锡及其深加工产品的生产和销售业务的公司。公司由主要发起人及控股股东云南锡业公司将其选矿、冶炼、深加工、销售及原料开发部份的主要生产经营性净资产作为国有法

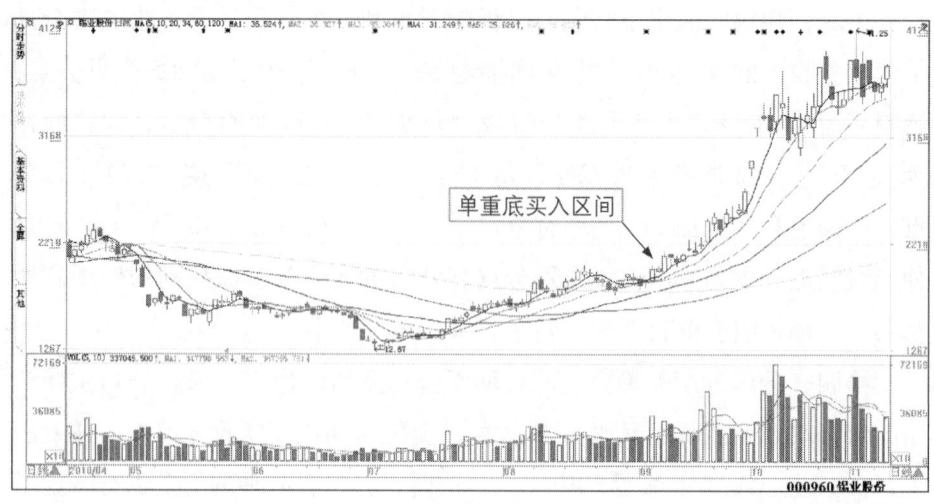

图 2-4

人股投入，与个旧锡资工业公司、个旧锡都有色金属加工厂、个旧聚源工矿公司、个旧银冠锡工艺美术厂共同发起设立。2000年2月，公司股票在深圳交易所上市，发行1.3亿股，募集资金7.8亿元。

图2-4所示的是锡业股份2010年4~11月的日K线图。与案例一相类似的是，2010年7月之后，锡业股份也开始逐步企稳，股价开始回升，从2010年7月底到2010年9月初，锡业股份进入了一个单重底的盘整期，2010年9月上旬，锡业股份股价开始启动，放量突破了盘整期高点，此时正是我们按照单重底买入法买入的良好时机，随后，锡业股份出现了80%的上涨。

当然，锡业股份能有如此的表现，还要归功于其不错的基本面状况，下面我们来看看锡业股份的基本面亮点。

受益于主营产品的价格上涨，业绩有望提升。

LME锡价自2009年年初见底后持续走高，并于近期创出反弹新高，LME锡价走势和铜、铝、铅、锌工业金属价格走势出现分化。同时LME锡库存量出现快速下降，现货较期货溢价快速上升，表明下游需求恢复良好。世界锡主要出口国印度尼西亚2010年上半年出口精锡43263吨，同比下降14.5%，这主要是由于印度尼西亚陆上锡资源正在逐渐枯竭，产量明显下降，而海上勘探开采能力不足。国际锡业协会（ITRI）认为由于供应紧张 2010 年全球锡市场将短缺 1.5 万吨，而 2009 年为过剩 2 万吨。

金属锡将是 2010 年最先出现供应短缺的基本金属，在良好的基本面支持下 LME 锡价仍有上行空间。锡价上涨受益最大的为上游采矿企业，锡业股份为全球最大的锡生产企业，目前锡精矿自给率 30%，随着锡价上涨，公司第三季利润将会继续提升。

随着主营产品价格不断攀升，公司业绩也持续上涨，在 2010 年业绩向好，大幅增长的预期下，公司股价在 2010 年 9 月之后才得以一路狂飙，大幅上涨。

我们继续来看案例五。

图 2-5

宁波富邦（600768）是一家从事铝板材、铝带材、铝箔材、煤炭、金属材料、橡胶制品的批发、零售、代购代销；仓储；汽车修理等业务的公司。公司以宁波市第三运输公司为主体，联合深圳蓝天基金管理公司、宁波联合实业有限公司等九家法人共同发起，于 1993 年 5 月 23 日注册登记；股份总数为 3800 万股。公司原名称为宁波市华通运输股份有限公司，经公司第四次股东大会决议更名为宁波市华通股份有限公司。1996 年 11 月，公司在上海交易所上市，发行股票 1360 万股，融资 7072 亿元。

图 2-5 所示的是宁波富邦 2010 年 11 月至 2011 年 4 月的日 K 线图。

自2010年11月开始,宁波富邦便进入了下跌通道,直到2011年1月底,宁波富邦才跟随大盘见底企稳,自2011年1月底至2011年3月初,宁波富邦缓慢上涨,从2011年3月初到3月底宁波富邦都处于单重底的盘整行情之中,2011年4月初,宁波富邦放量突破之前的盘整区域,迎来了单重底的买入区域,之后宁波富邦9个交易日内持续上涨了44%。

当然,宁波富邦的上涨同样与其基本面的因素息息相关。

2011年3月29日,宁波富邦公告称,2010年1~12月每股收益0.156元,每股净资产1.08元,净资产收益率15.04%;营业总收入8.58亿元,同比增长65.05%;实现净利润2086.95万元,同比增长856.60%。

净利润大幅增加是支撑宁波富邦这次股价突然爆发的最根本原因。

所以,我们按照单重底买入规则,不但要确认股票整固期,同时还要在股价突破整固期之后,考察公司的基本面情况,如果公司业绩达不到预期,甚至出现下滑,或者公司估值水平过高,这些情况都不适应介入。

第二节 双重底买入

一、双重底概述

双重底也称"W底",是指股票的价格在连续二次下跌的低点大致相同时形成的股价走势图形。两个跌至最低点的连线叫支撑线。它的形成是这样的,在下跌行情的末期,市场里股票的出售量减少,股价跌到一定程度后,开始不再继续下跌,与此同时,有些投资者见股价较低,开始进入市场吃进,这样,在买盘的力量的推动下,股价又慢慢地回升,但这时,投资者仍受下跌风的影响,不敢大胆地买进,因而购买力不强。而卖者觉得价格不理想,在一旁观望。于是股价涨涨停停,到达一定阶段后,市场的股票供应量增加，价格再次回落。当回落到前一次下跌的低价位后，市场中的买盘力量增加，股价开始反弹，反弹到前次的高点后，便完成双重底图形。

（1）双重底图形

双重底图形的特点是，两个低价支撑点位置相当，而且整个股价走势中，股价的变动与成交量的变动向同一方面变化。

值得提出的是，在双重底形成的过程中，如果股价从第二个支撑点反弹后，出现了第三次回跌，其跌幅不得超过第二次跌幅的1/3，而后立刻反弹，创造新的高点。只有在这种情况下，才能确认双重底已经形成，否则股价可能仍处于低价调整期。

一旦双重底图形形成后，投资者可抓紧时机，大量买进。双重底是标准的低价反转型，此后，股价定会不断上升。

（2）准确判断双重底形态

首先我们要弄清双重底的内在含义。如果是真正底部技术意义的双重底形态，其反映的是市场在第一次探底消化获利筹码的压力后下探，而后再度发力展开新的行情。既属于技术上的操作，也有逢低吸筹的意义，也就是在第一次上涨中获得的筹码有限，为了获得低位的廉价筹码，所以再度下探。这就反映出两重含义：一是做多的资金实力有限并且参与的时间仓促，所以通过反复的方式获得低位筹码同时消化市场压力，否则市场的底部就会是V形的；二是市场的空方压力较大，市场上涨过程中遇到了较大的抛盘压力，市场并没有形成一致看多的共识，不得不再次下探。

一个成功的双重底应该有两个最基本的特征：

第一，从技术形态来看。在两个底部中第二个底部的位置更高，意味着市场做多的力量占据上风，否则就表明当前走势是弱势的，即这种双重底是很弱的；

第二，成交量明显放大。不仅是上涨过程中有成交量配合，并且在下跌缩量中成交量与前期相比也是明显放大的，表明有新资金介入，成交量越大越好。当然，如果是缩量直接涨停则是更强的表现。只有具备这两个基本特征，才能判断市场走势已经企稳，后市有一轮上涨行情。

（3）需要注意的内容

许多投资者往往喜欢在市场趋势下跌中运用这种技术形态来判断底部和预测未来，但在实际的走势中，如果大的趋势是向下的，途中出现这种短期的双重底多数情况下会演绎成 M 头形态继续走低。真正成功地使用该种技术形态是在大趋势向上途中，市场股指或者个股股价遇到了获利回吐的压力后出现调整和波动，只有这时成功的概率才较高，而在趋势向下的情况下运用这种形态判断底部常常是错误的。因此，在具体的个股操作时，建议投资者关注那些大趋势向上的个股。

二、双重底买入技巧

上面我们已经说过要成功判断股票是否已经形成双重底，仅仅只看股票是否已经形成 2 个价格相当的最低价并不能得到确认，必须要等到股价已经成功突破两个最低价之间的最高点，并且回落幅度不得超过双重底形成过程中第二次下跌幅度的 1/3，在此时，我们才能说真正的双重底已经形成了，对我们来说，最为稳健的买点就是在股价突破 2 个低点之间的最高价，并且回落幅度小于第二次下跌幅度的 1/3，同时股价再次走入上升趋势的初期买进，为了保险起见，我们需要在第二次下跌幅度的 1/3 处的向下 3% 以内设置止损点，用以规避可能判断错误给我们带来的巨大损失。

接下来我们通过几个案例来形象地认识双重底的买入点位。

我们先来看案例一。

金种子酒（600199）是一家从事白酒生产与销售的公司。公司发起人安徽金种子集团有限公司 1996 年 11 月 29 日成立。1998 年 5 月 27 日经安徽省人民政府皖政秘〔1998〕89 号文批准，由安徽金种子集团有限公司作为独家发起人，以其生产经营性资产及其相关负债进行重组，并拟通过募集的方式设立股份有限公司。1998 年 8 月，公司股票登录上海交易所，发行 6500 万股，募集资金 3.549 亿元。

图 2-6 所示的是金种子酒 2011 年 4 月至 2012 年 7 月这段时间的日 K

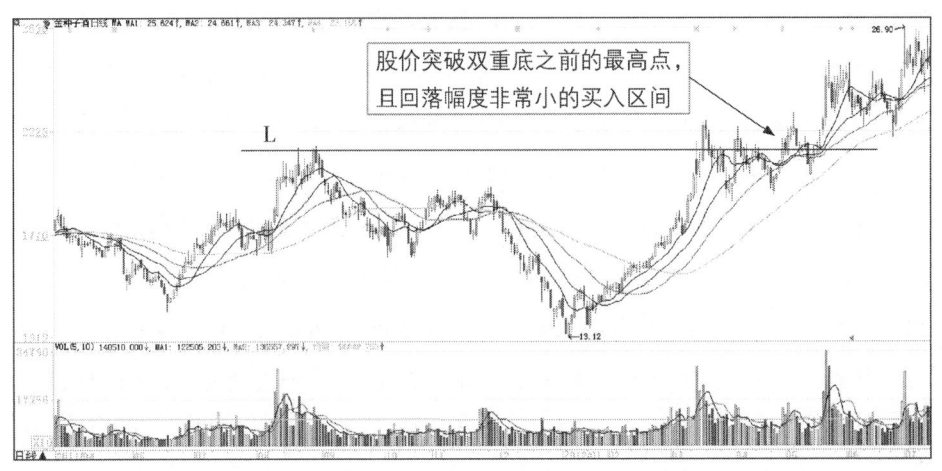

图 2-6

线图。2011年4月之后,大盘进入下跌趋势,金种子酒在这样的大盘环境下形成了双重底的形态,2012年1月之后,大盘进入阶段反弹行情,金种子酒股价一路上涨,突破了前期双重底区间的最高点,在经历了几次回调后,股价终于在L线附近企稳,此时我们基本可以确认金种子酒的双重底形态,也迎来了我们介入的良机,此后,金种子酒继续上涨了26%。

当然,我们敢于在金种子酒形成双重底形态后介入,与其基本面有着重大关系,下面我们就来看看金种子酒的基本面状况。

我们来看看安信证券2011年10月底发布的对于金种子酒的调研报告摘要,内容如下:

第三季度虽然是销售淡季,但业绩超过预期。前三季度实现销售收入14.0亿元,同比增长39.96%。第三季度实现销售收入4.1亿元,同比增长14.86%。前三季度实现净利润2.84亿元,同比增长152.3%。第三季度实现净利润8260万元,同比增长209.6%。2011年全年业绩高增长是大概率事件。

盈利能力持续提升。前三季度公司销售平均毛利率达到59.4%,同比提升了17个百分点,第三季度单季度毛利率60.6%,同比提升了19.4个百分点。公司毛利率的提升由两方面因素驱动:(1)白酒收入占比的提升,白酒收入占比由2010年的65%提升至2011年中期的85%以上;

（2）白酒产品结构的升级，中高端酒销量增长。前三季度营业税金及附加同比增长了 6.6 个百分点，可能是中高端酒增长导致消费税从价税款增加，但这也验证了公司白酒销售结构的升级。前三季度销售费用占比也提升了 6.5 个百分点，销售净利率却大幅提升 9 个百分点达到 20%。

新品徽蕴金种子的增长是亮点。2011 年的重点新品是徽蕴金种子酒，6 年出厂价 118 元，终端价 248 元，10 年出厂价 258 元，终端价 680 元，20 年出厂价 588 元，终端价 1280 元。徽蕴的渠道利润空间都在 100% 以上。从徽蕴系列终端价定位来看，与省内旺销的古井贡年份原浆价格区间大体相当。年份原浆系列的成功，已经证明在安徽省内市场对于类似定价的产品，无论是经销商还是消费者终端都有很高的接受度。从省内市场地区局部看，金种子又和古井有所隔离，我们认为徽蕴金种子酒可在省内市场实现高速增长。

成立醉三秋销售公司，产品线清晰划分。公司年中成立了醉三秋销售公司，意在会其从品牌上和经营上和金种子系列区别开："醉三秋"覆盖 50～110 元的市场区间，"金种子"覆盖 110 元以上的价格区间，这样的定位更加清晰。公司一直采取独家代理的模式，经销商代理的白酒有排他性。但公司是给予经销商足够的盈利空间，代理政策可保经销商利润丰厚。目前公司的销售渠道已下沉至县级市场，2011 年会进一步把渠道下沉到乡镇，在渠道深耕方面，公司可能是皖酒中做得最好的。

盈利预测和投资评级。预计公司 2011 年 EPS 0.72 元，对应 2011 年 PE 仅 26.3 倍，预计 2012 年 EPS 为 1.13 元，2012 年动态 PE 仅 16.9 倍，给予公司"增持 - A"的投资评级。

根据安信证券的预测，2011 年，金种子酒预计将有 0.72 元的每股收益，业绩具有安全边际，同时金种子酒 2012 年的动态 PE 仅 16.9 倍，享有较高的估值优势。随着新产品的拓展，公司的发展前景越来越广阔。

进入 2012 年后公司的业绩预告频频传来，公司业绩保持了持续的高增长：2011 年年报业绩预期保持快速增长的同时，2012 年一季报业绩预增略超预期。1 月 20 日公司对年报业绩进行了预增公告，预计 2011 年归属于母公司所有者的净利润同比增长 110% 以上，预计 2011 年公司 EPS 为

0.68元。2012年第一季度，公司预计业绩同比增长60%以上，净利润继续保持了较快的增长态势，分析净利润增长的主要原因可能为白酒销售收入增长、销售结构的好转、产品毛利率上升所致。

预期毛利率将继续大幅提高，省外市场和新品徽蕴金种子经营良好。2011年上半年，公司综合毛利率大幅增加15.89个百分点，其中公司酒类毛利率上升3.9个百分点，达到68.71%，酒类毛利率上升的主要原因是产品结构优化调整，这一特点在2011年第三季度变得尤为明显，第三季度公司毛利率同比增加19.35个百分点，随着徽蕴金种子在下半年的强力销售，及产品结构的进一步升级优化，毛利率上升是趋势，这一趋势有望一直延续至2012年第一季度。由于在央视及地方电视等媒体大幅投放广告，公司前三季度的销售费用达到2.1亿元，同比增长76%，管理费用率控制良好，同比下降了0.71个百分点。公司销售费用率的大幅提升对于公司产品后续的扩张销售有利，目前公司大力扩展省外市场以及导入销售高端新品徽蕴金种子酒，销售费用必然、也需要大幅提高。预计，公司省外市场将会有大的改观，从公司的发展趋势看，2012年省外市场的开拓以及省内市场销售结构的进一步优化和升级是最为主要的看点，这也将推动公司业绩在2012年有良好的表现。

我们看到，即使进入2012年，公司的业绩也是保持着良好的增长势头，而且还有越来越好之势，对于这种基本面优异的股票，在股价形成双重底形态之后，我们要敢于介入，享受获利的快感。

我们继续来看案例二。

威孚高科（000581）是一家从事内燃机燃油系统产品、燃油系统测试仪器和设备的制造的公司。公司的前身及发起人无锡油泵油嘴厂成立于1958年。1988年4月，公司更名为无锡油泵油嘴集团公司。1992年改组为股份有限公司，1994年，无锡威孚集团有限公司成立。1998年9月，威孚高科登陆深圳交易所，发行1.2亿股，募集资金5.856亿元。

图2-7所示的是威孚高科从2010年4～11月底的日K线图。2010年4月，上证指数开始走入下降通道，威孚高科也开始下跌，与大盘不同的是，在2010年5月，威孚高科便创下了新低，此后，大盘虽然继续创下

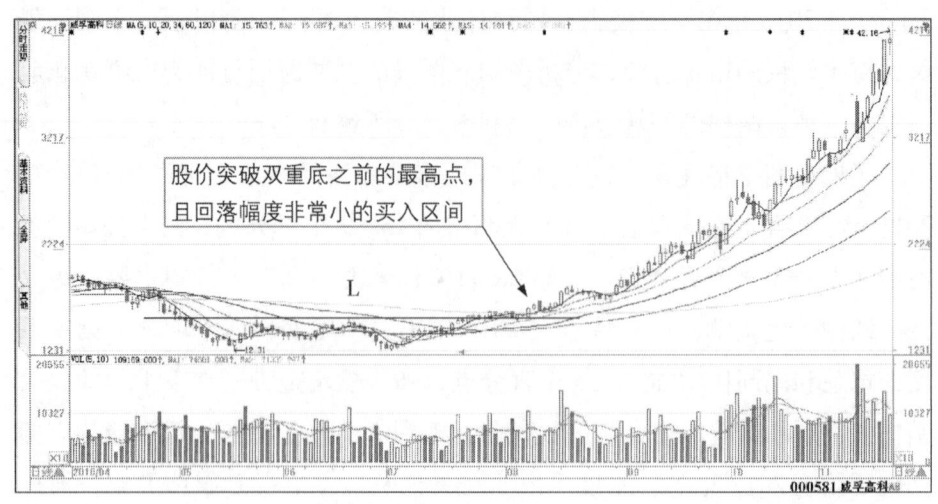

图 2-7

新低,直到 2010 年 7 月才真正见底,而威孚高科却没有再创新低。不过威孚高科两次最低点之间的价格非常相近,形成了两个价格相当的最低点,至 2010 年 7 月,我们不能说威孚高科已经形成了双重底的形态,还要看威孚高科能否突破两个底部之前的最高点,在图 2-7 所示的 L 线的位置,2010 年 7 月下旬,威孚高科终于突破了 L 线,并且突破后不久股票只回落至 L 线附近便不再回落,再次进入了上升通道,按照我们之前所说的双重底的买入位置,在威孚高科股价突破 L 线后回落,之后再次脱离 L 线上升之时是我们的介入区域。在此区域介入威孚高科之后,3 个月后便可收获 146% 的收益,这便是成功运用双重底的魅力所在。

当然,威孚高科能有如此的表现,其基本面的作用同样功不可没,我们来看看其基本面的亮点。

第一,旗下控股子公司的重卡柴油机配套产品及电控 VE 泵等产品销量大幅增长。

2010 年 1～6 月我国重卡销售量为 58.4 万辆,同比增长 112.7%,其中半挂牵引车销量 20.2 万辆,同比增长 227.5%。公司的 PW2000 主要为 EGR 国三标准重卡柴油发动机配套,上半年销量约为 14 万套,比上年同期翻了近三番。参股 31.5% 的 RBCD 主要为高压共轨国三标准柴油发动机配套,上半年实现投资收益 1.16 亿元(去年同期亏损)。

威孚高科生产为商用车配套的柴油燃油喷射系统产品及乘用车尾气催化净化器。利润主要来源于参股公司博世汽柴及中联电子贡献的投资收益,共占到净利润的51%,其中博世汽柴占36%。

博世汽柴受益于上半年重卡的爆发性增长,销量翻番。博世汽柴生产的高压共轨系统主要用来配套重卡,业绩随重卡行业的变化变化。2010年上半年我国共销售重卡58.4万辆,同比增长113%。上半年博世汽柴净利润为3.68亿元(去年同期为-0.17亿),为公司贡献投资收益1.16亿元。预计2010年全年博世汽柴可贡献投资收益3亿元。博世汽柴在高压共轨领域技术领先,随着市场对高压共轨的认同不断提高,博世汽柴的销量后期有望持续稳健增长。

中联电子贡献投资收益稳定,跟随乘用车市场增长。旗下合资公司联合电子占到国内电控市场40%的市场份额,优势难以改变,但进一步增加市场份额也显得更加困难,未来联合电子的增长主要依赖于整个乘用车市场的增长。上半年受益于乘用车市场的高速增长,业绩高速增长,2010年上半年净利润2.4亿元,贡献投资收益0.48亿元。未来增速将同步于乘用车行业的增速。

威孚金宁为高端轻型车、皮卡、SUV、MPV国三标准柴油发动机配套的电控VE泵上半年销量超过8万套,比上年同期翻了近两番,该产品在市场具有垄断地位,预计产品毛利率超过30%。威孚金宁未来还将受益于轻型商用车的排放升级。VE泵可以升级到国四标准,公司正在进行开发与试生产。

第二,收购宁波天力,增压器将成利润新增长点。

宁波天力目前主要产品为中小型柴油机增压器,汽油机增压器项目已有技术及产品的储备。汽油机涡轮增压器成本低,可以提高燃油经济性5%~10%。目前国内市场装机率低,公司看好未来增压器行业的发展前景及宁波天力的技术研发能力,结合自身渠道的优势,有望开辟另一个盈利点。

第三,国Ⅳ排放法规实施时间表出台将进一步提升公司竞争力。

公司相关技术研发一直走在同行前列,2012年国Ⅳ可能正式实施,公司有望在竞争中占得先机，成长空间值得期待。

根据国都证券的预测，公司2010—2012年每股收益为1.23元、1.55元、1.78元，对应2010—2012年动态市盈率分别为14倍、11倍和10倍。

我们看到，威孚高科受益于子公司进入收获期，业绩率先爆发式增长，同时公司的技术在同行业中领先，核心竞争优势非常明显，而且公司的业绩非常优秀，市盈率低，具有十足的安全边际，如此优异的基本面状况，再配合我们的双重底买入规则，会使我们的投资变得更加安全，更加有效率。

我们来看案例三。

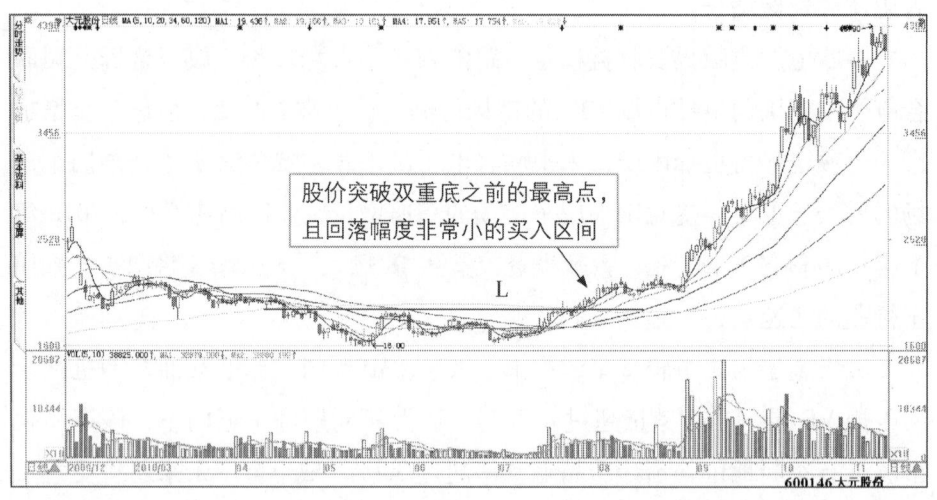

图 2-8

大元股份（600146）是一家生产销售工程用塑料板材、管材、异型材、电线、电缆的公司。公司独家发起人宁夏大元炼油化工有限责任公司的前身宁夏炼油厂是国务院1985年批准建设的中型燃料型炼油厂；1998年经批准在对原宁夏炼油厂进行改制的基础上，成立国有独资的有限责任公司，由宁夏大元炼油化工有限责任公司作为独家发起人，采用募集方式设立本公司。1999年7月，公司股票登录上海交易所，发行6000万股，募集资金2.37亿元。

图2-8所示的是大元股份2009年12月至2010年11月的日K线图。

大元股份自2009年12月开始大跌之后，股价便陷入低迷中，直到2010年5月中旬，大元股份才创下了上一轮下跌浪的最低点，2010年7月初，大盘创下新低，而大元股份则二次探底，并没有形成新低，二次最低点的价格相差非常小，形成了准双重底的形态，2010年7月下旬，大元股份终于突破了两次低点之间的最高点，即图2-8所示的L线的位置，随后股价便开始缓缓上升，虽然在2010年8月，大元股份跟随大盘横盘震荡，但是股价跌幅非常有限，大元股份在2010年8月底开始放量上攻，该轮行情自买入区间开始，已经上涨了120%。

当然，大元股份能够有这样的表现，与其基本面的转好有着重大的关系。

我们就来看看2010年7月国海证券分析师张晓霞对大元股份的调研简报，内容如下：

公司目前的主营业务为生产销售PVC板材和碳纤维制品。由于PVC板材等公司现有产品受到宏观调控和国际市场变化的影响较大，公司2009年出现亏损。为提高资产质量、增强持续盈利能力，公司希望通过非公开发行股票，收购珠拉黄金100%的股权，实现企业转型，增强公司持续盈利能力。

黄金作为贵金属和天然货币，同时受其商品属性和货币属性影响。当商品属性主导时，黄金价格与一般大宗商品价格走势相近；当货币属性主导时，因为黄金主要用于对抗信用资产（纸币）贬值，所以高通胀及经济危机严重的时候，会有较好的表现。

近期美国经济数据不佳，面临的通货膨胀压力减小，令投资者买入黄金对抗通胀风险的需求大大削弱，不利于黄金价格短期内走强。然而由于美国经济增长趋缓，低利率政策时间延长，且欧洲债务危机仍有进一步蔓延的可能性，市场仍会寻求保值及避险而大量买入黄金，所以我们认为，黄金的中长期后市表现仍将强于大势。

根据大元股份2月公告的非公开发行预案，公司拟非公开增发11000万股募集资金购买阿拉善左旗珠拉黄金开发有限责任公司（简称珠拉黄金）100%的股权、珠拉黄金低品位含金矿石堆浸二期项目以及补充流动资金。截至2009年12月31日，珠拉黄金采矿权范围的实际保有矿石储量高于380万吨，实际金金属量高于7.55吨，累积低品位剥离含金矿石2000万吨（平均品味0.74克/吨，含金金属量约14.8吨）。

珠拉黄金为露天式开采，生产规模为60万吨/年，金金属量1.2吨。黄金采坑已进入主力开采期，矿石品味趋于稳定，剥采比进一步降低，开采成本也随之下降。经过数年的黄金采选加工，珠拉黄金已积累了2000万吨左右的低品位剥离含金矿石，试用氰化堆浸浸金——炭吸附解析工艺进行生产。一期堆浸项目达产后，年处理量将达到80万吨/年，金金属量0.6吨。

假设黄金矿石价格为200元/金属克，则珠拉黄金2010年及2011年的净利润约为1.05亿元和1.4亿元。按照2010年2月大元股份的增发预案计算，则增厚大元股份2010年和2011年每股收益0.35元和0.45元。相对于目前股价的估值水平大约为60倍PE，在行业内相对偏高，给予"中性"评级。

上面的简报只介绍了大元股份非公开增发收购珠拉黄金后对其业绩的贡献，虽然上面的研究简报对于大元股份的估值并不低，但是之前大元股份已经经历了长于大盘和大部分股票的下跌周期，同时根据大元股份2010年7月21日的公告，公司2010年1~6月每股收益为0.058元，净利润为1161万元，上年同期为-1922万元，同比扭亏。净利润扭亏也正说明大元股份的基本面情况正在逐渐好转，而且有转型进入黄金行业之后业绩增长的预期，在双重底确认之后投资大元股份是一个相对安全的投资决策。

第三节 三重底买入

一、三重底概述

三重底既是头肩底的变异形态,也是W形底的复合形态,三重底相对于W形底和头肩底而言比较少见,却又是比后两者更加坚实的底部形态,而且形态形成后的上攻力度也更强。

三重底形态的成立必须等待有效向上突破颈线位时才能最终确认。因为,三重底突破颈线位后的理论涨幅,将大于或等于低点到颈线位的距离。所以,投资者即使在形态确立后介入,仍有较大的获利空间。

三重底的形态特色:

第一,多发生在波段行情的底部或是多头与空头行情的修正走势之中。

第二,三个底部与颈线的距离大致相当。

第三,三重底的右肩成交量应该明显地较其他两者大。

第四,三重底的任何一个底亦有可能以圆底的形态呈现。

(1) 三重底的取决因素

三重底的上涨力度,主要取决于以下因素:

第一,股价从三重底的第三个底部上升时,成交量是否能持续性温和放大。

第二,股价在向上突破颈线位的瞬间时成交量是否能够迅速放大。

第三,三重底的低点到颈线位的距离。距离越远,形态形成后的上攻力度越强。

第四,股价在底部的盘旋时间。通常股价在底部盘旋越久,其上涨力度越大。

（2）三重底的研判技巧

在三重底的研判过程中最值得注意的要点是：三重底不是依据有三个低点就能形成的，三针探底的形态只能表示股价的走势图形具有三重底的雏形，未来发展极有可能向三重底演化，至于最终是否能构筑成三重底，并形成一轮上升行情，还需要进一步的检验。

三重底成立的确认标准是：

第一，三重底形态的三次低点时间，通常至少要保持在 10～15 个交易日，如果时间间隔过小，往往说明行情只是处于震荡整理中，底部形态的构筑基础不牢固，即使形成了三重底，由于其形态过小，后市上攻力度也会有限。而近期的三重底的第一和第二低点之间间隔 9 天，第二和第三低点之间间隔 11 天，只是勉强符合标准。

第二，三重底的三次上攻行情中，成交量要呈现出逐次放大的势态，否则极有可能反弹失败。如果大盘在构筑前面的双底形态时，在期间的两次上升行情中，成交量始终不能有效放大的话，将极有可能导致三重底形态的构筑失败。

第三，在三重底最后一次的上攻行情中，如果没有增量资金积极介入的放量，仍然会功败垂成。所以，三重底的最后一次上涨必须轻松向上穿越颈线位时才能最终确认。股价必须带量突破颈线位，才能有望展开新一轮的升势。

投资者在实际操作中不能仅仅看到有三次探底动作，或者已经从表面上形成了三重底，就一厢情愿地认定是三重底而盲目买入，这是非常危险的。因为，有时即使在走势上完成了形态的构造，但如果不能最终放量突破其颈线位的话，三重底仍有功败垂成的可能。三重底由于构筑时间长，底部较为坚实。因此，突破颈线位后的理论涨幅，将大于或等于低点到颈线位的距离。所以，投资者需要耐心等待三重底形态的彻底构筑完成，在股价成功突破颈线位之后，才是最佳的建仓时机。大可不必在仅有三个低点和形态还没有定型时过早介入，虽然有可能获取更多的利润，但从风险收益比率方面计算，反而得不偿失。

二、三重底买入技巧

与双重底类似，对于三重底的买入，我们必须在已经确认了三重底的形态之后，才会自然地迎来三重底的买入位置。

对于稳健的投资者来说，对于正处在形成三重底过程中的股票，在其第三个低点形成之后的反弹中，股价已经有效突破颈线位后的回档确认时是非常不错的买入时机。因为在此时股价有效突破了颈线的压力，说明股票即将要形成了三重底的形态，通过微小的回调确认后，清洗了一些跟风盘，更加有利于股价上涨，因此股价在突破颈线进入回调后我们要时刻关心回调的幅度，如果回调幅度不大，之后又再次进入了上涨行情，回调确认完毕，此时就是我们介入的最佳时机。

为了保险起见，我们在按照上述思路操作三重底股票时，一定要给自己留下后路，即在颈线位置到第三个最低点之间下跌幅度的1/3处向下3%以内的位置设置止损点，这样可以在判断错误时保住自己的大部分资金。

下面我们就来看几个实际的案例。

我们先来看案例一。

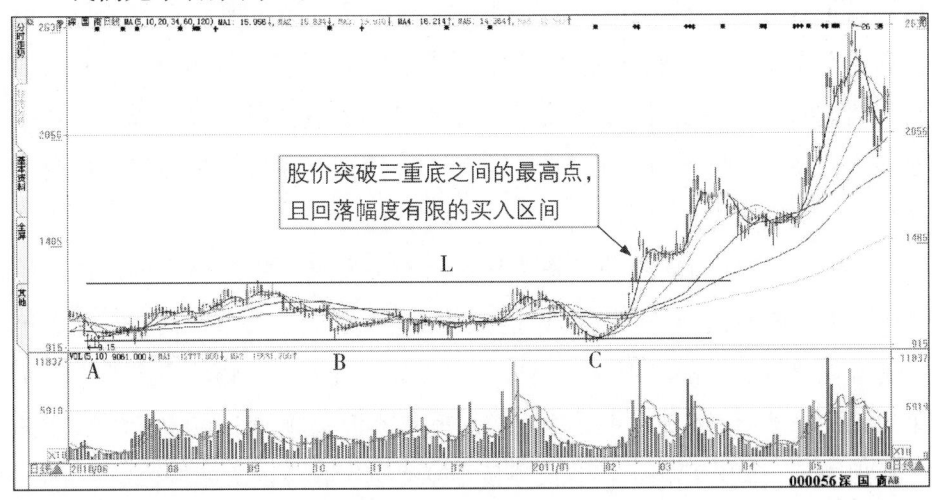

图2-9

深国商（000056）是一家从事连锁商业经营、房地产开发和物业管理的公司。公司前身为1983年由特发公司独资兴办的深圳市国际商场。1984年12月改建成深圳市国际企业有限公司。1992年12月，原公司通过改组定向募集设立深圳市国际企业股份有限公司。1995年8月18日，公司改组为公众股份公司，并向境外投资者新增发行B股5000万股。1996年7月，深国商登录深圳交易所，发行2000万股，募集资金9560万元。

图2-9所示的是深国商2010年6月至2011年5月的日K线图。从图中可以看到，深国商从2010年6月至2011年2月这8个月间形成了图2-9所示的A、B、C三个明显的低点，2011年2月下旬，深国商向上突破了三个低点之间的最高点位置，即图中所示的L线的位置，随后虽然深国商股价经历了小幅回落，但是却没有跌入到三重底形态之中，此时正是三重底的买入区间，至2011年5月，深国商累计上升了84%。

当然，深国商能有这样的表现，离不开其基本面的催化，催化深国商上涨的最大因素是它的"晶岛项目"。

2010年，公司完成了股权重组和董事会换届选举，同时，公司也完成了13个亿的信托融资及"晶岛项目"的房产证办理。未来公司将集中全力发展位于深圳福田中心区的大型购物中心"晶岛项目"。

2010年，公司大力推动了"晶岛项目"的启动进程，预计2011年年内可以正式开业。2010年度，公司重新梳理了"晶岛项目"的定位、设计和业态布局，聘请了英国知名设计公司Benoy进行整体设计。"晶岛项目"将定位于中高端时尚购物中心，未来计划引进国际一线品牌以及各类时尚流行品牌。公司引入了经验丰富的专业团队，项目的精装修和招商工作目前正在紧张进行中，预计2011年年内可以正式开业。

"晶岛项目"重新启动，公司基本面有望迎来大幅反转。公司之前的主营业务不断亏损，一直靠高息借款及出售资产维持运营。公司2003年低价拿地获得的"晶岛项目"因拖欠工程款一直处于停顿状态。然而近年来房价的暴涨使得公司"因祸得福"，虽然"晶岛项目"一直无法顺利开发实现销售，但公司被迫持有该项目却享受到了物业的大幅升值。

一旦深国商的"晶岛项目"正式开业，那么将给深国商的基本面带来很大的反转，这也是催化深国商股价上涨最重要的基本面因素。

我们来看案例二。

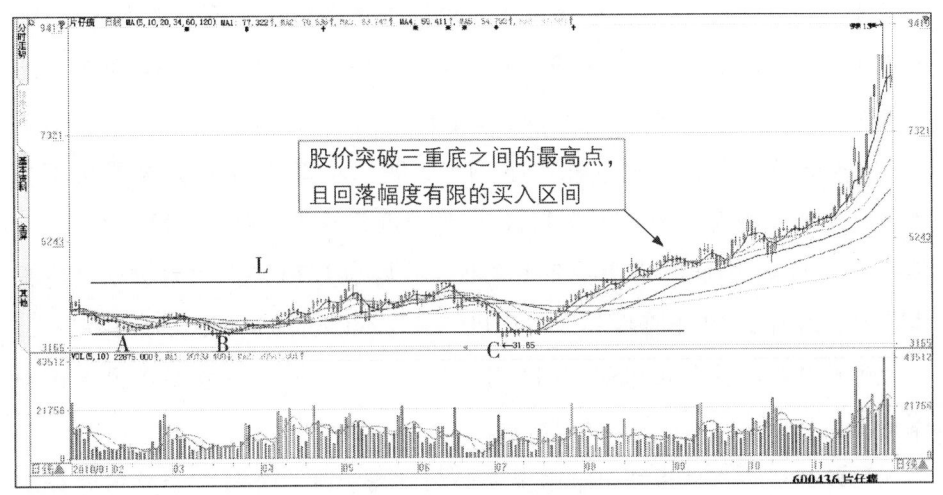

图 2-10

图 2-10 是片仔癀（600436）2010 年 1~11 月的日 K 线图。从图中可以清晰地看到，在 2010 年 1~7 月这 7 个月间，片仔癀形成了图中所示的 A、B、C 三个低点，形成了一个准三重底的形态，2010 年 8 月中旬，片仔癀成功突破了三个低点之间的最高点的压力位置（图中所示的 L 线的位置所在），随后股价只有少许回落，之后便开始温和放量上升，此时，正是三重底的买入区间。形成买入位置之后，股价在随后的 2 个月内上涨了 86%。当然，这同样要归功于片仔癀基本面的催化。

下面我们就来看看当时催化片仔癀上涨的基本面因素。

我们来看看 2010 年 7 月，天相投资分析师刘宇斌对片仔癀的调研简报：

2010 年半年报显示，公司实现营业收入 4.14 亿元，同比增长 21.60%；营业利润 1.12 亿元，同比增长 41.77%；归属于母公司净利润 9519 万元，同比增长 45.33%，摊薄后每股收益 0.68 元。

营业收入平稳增长。报告期内公司实现收入 4.14 亿元，其中实现医药工业收入 2.05 亿元，同比增长 36.02%；医药商业收入 2.23 亿元，同比增长 4.97%；化妆品收入 1537 万元，同比增长 22.08%。医药工业中片

仔癀系列收入为1.81亿元，同比增长24.00%。

毛利率提高，净利润快速增长。公司综合毛利率为39.61%，同比增长1.37个百分点，这是由于医药工业中片仔癀系列产品毛利率上升较快，比上年同期上浮3.48个百分点，以及年初片仔癀内销价格上调所致，这也使得公司净利润增速快于营业收入增速。

片仔癀内销价格上调，将增厚EPS 0.09元。2010年1月公司发布公告，片仔癀产品内销价格每粒上调20元。调价后出厂价为200元/粒，上调幅度为11%，预计2010年全年净利润将增加1275万元左右，以目前股本计算，预计2010年将增厚EPS 0.09元。公司提价频率大概为两年1次，上次国内价格提价是在2007年11月份，这次提价后预计在两年内价格将保持稳定。

化妆品业务将成为公司未来重要的利润增长点。公司将和韩国的科丝美诗公司合作研发药妆，立志打造中国第一药妆。

公司已征地70亩，未来用于药妆的扩大生产。2009年2月4日控股子公司漳州片仔癀皇后化妆品有限公司更名为"福建片仔癀化妆品有限公司"，控股子公司漳州片仔癀大药房连锁有限公司更名为"漳州片仔癀国药堂医药连锁有限公司"，这两家控股子公司的更名对于公司经营影响不大，不过从公司控股的两家子公司变更后的名称可以看出公司做强的动力，相信化妆品业务将成为公司未来重要的利润增长点。

盈利预测：我们预计公司2010—2012年EPS为1.33元、1.64元、2.13元，根据28日收盘价41.19元计算，对应动态市盈率为31倍、25倍、19倍，估值处于较低的水平，我们维持"增持"的投资评级。

通过上面的调研简报，在当时我们可以判断产品提价对于片仔癀的业绩增长具有积极意义，同时公司正在培育化妆品业务这个新的利润增长点，再加上公司的市盈率水平不高，业绩非常有保障，这些都是我们在出现三重底买入区间之后，敢于介入该股的重要原因。

第三章

按百分比买卖

> 在从任何高位下跌50%的位置买入，或在从任何低位反弹50%的位置卖出，只要这些下跌或反弹处于主要的趋势之中。正如利用平均指数的百分比那样，你可以利用个股的百分比判断阻力位和买卖点。你可以使用3%～5%，10%～12%，20%～25%，33%～37%，45%～50%，62%～67%，72%～78%，以及85%～87%这些百分比。其中最重要的阻力位是50%和100%以及与100%成比例的部分。
>
> ——江　恩

第一节　百分比买卖法概述

所谓的百分比买卖法就是我们根据股票的价格或者其他指标达到某一百分比之后，所做出的买卖决策。

我们来看以下示意图。

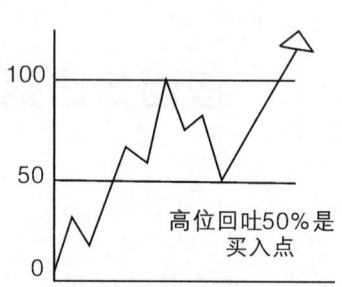
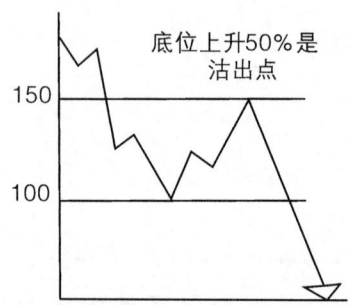

图 3-1

图 3-1 所示的是两幅以价格作为百分比的示意图。图 3-1 左图所示的是上涨趋势中的百分比运用，从该图中我们看到的是一只在上涨趋势中的股票，股价回调至上一轮上涨幅度的 50% 左右之后，股价企稳回升，而当股价回调至上一轮上涨幅度的 50% 附近开始回升之时，就是百分比买卖法的买入时机。

而图 3-1 右图所示的是一直处于下跌趋势中的股票，股价在反弹至下跌幅度的 50% 左右处，股价继续保持下跌趋势，而股价反弹至上一轮下跌幅度的 50% 附近，进而继续下跌的初期就是百分比买卖法的一个卖出时机。

以上案例就是价格百分比买卖法的经典案例之一，当然百分比比率不仅仅只是 50% 的比率，还有许多其他的百分比比率。

一个市场顶部或底部的百分比水平，往往成为市场的重要支持或阻力位，以下这几个百分比水平值得特别留意。

(1) 3%～5%；

(2) 10%～12%；

(3) 20%～25%；

(4) 33%～37%；

(5) 45%～50%；

(6) 62%～67%；

(7) 72%～78%；

(8) 85%～87%。

下面我们继续来看一下在上涨行情中调整浪的支持水平。

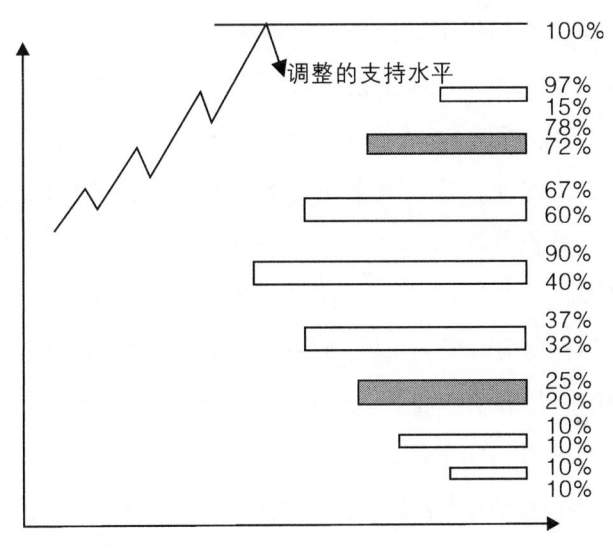

图 3－2

图 3－2 所示的是在上涨趋势中，各个敏感的百分比比率对于调整行情的支持水平，透过上图我们可以看到，33%～37%、45%～50%、62%～67%这三组百分比比率的支撑效果最为理想。

这三组支撑力很强的比率也当之无愧地成为我们进行百分比买卖法操作的重要参考比率。

更加详细的案例情况我们会在本章的后面介绍。

第二节 价格百分比买卖法

第一节我们简单介绍了百分比买卖法的一些基本知识，接下来我们就从实战角度来讲述百分比买卖法，争取能够让广大投资者学以致用。

对于价格百分比买卖法，我们分为两部分来讲述，一部分就是在上升趋势中的价格百分比买入时机，另一部分就是在下降趋势中的价格百分比卖出时机。

我们先来看上涨趋势中的价格百分比买入情况。

对于上涨趋势，并不仅仅是指牛市，除了大牛市之外，在大熊市之后的修复性上涨，例如2008年年底至2009年8月这段时间，又或者在大盘处于震荡市场的上涨段，这些大盘环境下的上涨趋势都可以让我们运用价格百分比的方法来操作。只是在不同的环境下，适用的百分比比率有所不同而已，一般来说，在大牛市中，回调的百分比比率比较小，在大熊市过后的反弹上涨趋势和震荡市场的上涨趋势中，回调的百分比比率则比较适中，而在大盘弱势的震荡市场环境下，回调的百分比比率可能比较大。

下面我们就来看一些案例。

我们先来看在牛市中或者较长的上涨趋势中的价格百分比买入法案例。

我们先来看案例一。

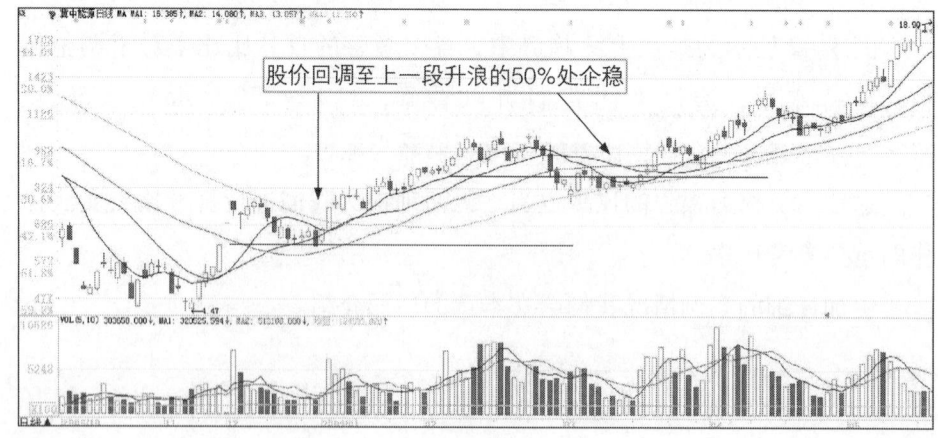

图3-3

冀中能源（000937）是一家从事煤炭生产及销售的公司。公司独家发起人隶属于原煤炭工业部的国有大型煤炭企业，其前身邢台矿务局于1997年改制为邢台矿业（集团）有限责任公司。公司经批准，由邢台矿业（集团）有限责任公司独家发起，将其所属三个煤矿经评估后投入，采取募集方式设立的股份有限公司。1999年9月，公司股票登录深圳交易所，发行1亿股，募集资金7.83亿元。

图3-3所示的是冀中能源2008年10月至2009年5月这段时间的日K线图。2008年11月初至2008年12月中旬，冀中能源经历了快速反弹，股价从最低的4.47元上涨至最高的7.82元，随后，冀中能源股价开始回调，当冀中能源股价开始回调至这一段上涨段1/2的位置时，即股价下跌至6.15元附近，股价随即企稳，又开启了新一段的上涨行情。

在2008年12月末至2009年2月中旬这段时间里，冀中能源又迎来了新一段的上涨行情，此段上升浪中，冀中能源股价从最低的6.18元上涨至最高的10.9元后，再次进入回调行情，当股价回调至本轮上涨段的1/2处，即8.54元附近时，冀中能源股价再次企稳，随后又经历了新一段的上涨行情。

可见，在上涨行情中，当冀中能源股价调整至上涨段的1/2处时，股价在经历了短暂的整理后，随即又会迎来一波新的上涨行情，直到上涨行情终结，因此，当其股价调整至上一段上涨浪的重要位置企稳时，便是我们的介入时机。

当然，冀中能源股价能有如此的表现，也离不开其基本面的影响，下面我们来看看当时冀中能源的基本面情况。

我们来看看2009年年初，招商证券分析师卢平和王培培发布的对于冀中能源的研究报告，以下是简要内容：

2008年每股收益增长182%：2008年公司实现收入、营业利润和净利润92.8亿元、28亿元和20亿元，同比增长75%、176%和175%，归属于母公司的净利润为19.6亿元，同比增长182%。折每股收益2.49元。低于此前的业绩快报数2.64元/股。第四季度EPS仅为0.15元（母公司报表显示Q4EPS为0.5元，扣除煤炭减值准备0.11元和维简费等会计政策调整的增厚0.22元,母公司现有业务实现EPS为0.39元),远低于前三季度的平均值0.59元,主要是金牛化工亏损拖累所致。

业绩增长在于煤炭业务,新合并的金牛化工亏损:2008年公司煤炭业务实现营业利润30.7亿元,较2007年的9.4亿元增长225%(占比110%),新合并的金牛化工(持股30.29%)营业利润亏损2.75亿元(占比-10%)。金牛化工2008年亏损3.2亿元,按权益计算影响公司每股收益0.12元。

煤炭产销量小幅增长,煤炭业绩的增长主要在于煤价的上涨:2008年公司煤炭产销量分别为1167.89万吨和966.59万吨,同比增长3.4%和9.2%,其中洗精煤产量492.17万吨,增长10%。2008年公司综合销售煤价780.95元/吨,较2007年的427.28元/吨增加了354元/吨,增幅为83%,煤炭销售成本也随煤价上涨至323.21元/吨(增加了78元/吨,增幅为32%)。煤炭毛利率为58.6%,同比增加16个百分点。

大量计提资产减值损失影响每股收益0.22元:2008年公司计提资产减值准备为23547.5万元(其中煤炭业务和化工业务分别计提11128.8万元和12160.94万元),较2007年的2224万元增长959%,资产减值损失影响每股收益0.22元。大量计提资产减值损失主要是因为2008年度应收款项余额增加,按照正常比率计提的坏账准备为12883.45万元;固定资产减值准备计提6703万元为合并金牛化工所致。

维简费和安全费用会计政策调整增厚每股收益0.22元:公司维简费和安全的计提标准为6元/吨和25元/吨,2007—2008年两项政策调整减少成本分别为1.7亿元和2.3亿元(2007—2008年吨煤成本减少15元和20元),2007—2008年增厚净利润分别为1.4亿元和1.7亿元,折每股收益为0.18元和0.22元。

整体上市有序推进中,煤炭产能将翻番:2008年年底公司启动的整体上市有望在2009年完成,目前公司本部产能1036万吨,段王煤化和天泰煤业将技改成180万吨和90万吨,资产注入产能1294万吨,公司的煤炭产能将达到2600万吨。较目前产能翻番。而股本仅从目前的78795万股增加至118795万股,增加51%。

盈利预测：预计公司2009—2010年EPS分别为1.64元和1.72元，同比增长-36%和5%，考虑整体上市增厚业绩约20%，则2009—2010年EPS分别为1.97元和2.06元。

投资建议：整体上市后2009年PE为9.6倍，低于行业均值水平，维持"审慎"推荐投资评级。

通过上面的报告，我们知道，即使在2008年金融危机的环境下，冀中能源的全年业绩还是实现了大幅增长，同时，公司还具有整体上市的预期，同时，公司业绩优良，基本面具有十足的安全边际，对于有这样的基本面特征的股票，在上涨趋势中，一旦其股价调整至上一段上涨段的重要位置后企稳，就是我们介入的好时机。

我们继续来看案例二。

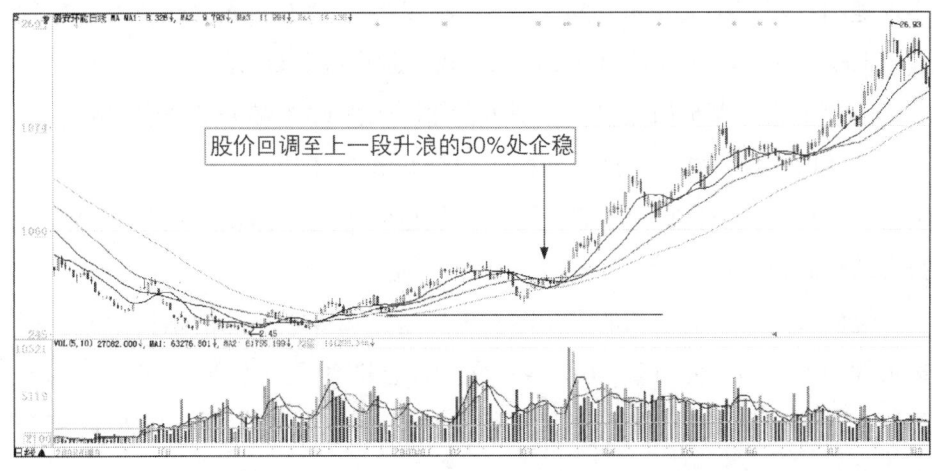

图3-4

潞安环能（601699）是一家从事原煤开采、煤炭洗选的公司。公司是2001年7月10日经山西省人民政府晋政函〔2001〕202号文批准，以集团公司为主发起人，联合郑州铁路局、日照港（集团）有限公司、上海宝钢集团国际经济贸易有限公司、天脊煤化工集团有限公司和山西潞安工程有限公司等5家单位，以发起设立方式设立，于2001年7月19日在山西省工商行政管理局登记成立的股份有限公司。2006年9月，公司股票登录上海交易所，发行1.8亿股，募集资金19.8亿元。

图 3-4 所示的是潞安环能 2008 年 9 月至 2009 年 8 月的日 K 线图。2008 年 11 月初，潞安环能股价跟随大盘缓缓上涨，至 2009 年 2 月中旬，潞安环能迎来了上涨段的调整，在这段上涨段中，潞安环能的股价从最低点的 2.45 元上涨至最高点的 8.2 元，当股价回调至这段上涨段的 1/2 处，即股价下跌至 5.33 元附近时，逐步企稳，此后，潞安环能的股价又进入另一段上涨浪中，如果我们在潞安环能的股价调整至上一段上涨段的重要位置时介入，将会获得非常丰厚的收益。

当然，潞安环能股价能有如此的表现，离不开其基本面的刺激，下面我们就来看看刺激潞安环能股价上涨的基本面亮点：

第一，主营业务稳步发展，造就业绩稳定增长。

公司 2009 年第一季度实现营业收入 390887 万元，同比增长 25.11%；实现利润总额 96013 万元，同比增长 18.83%；实现归属于母公司的净利润 71100 万元，同比增长 30.42%。实现每股收益 0.60 元。

公司主业为煤炭和焦炭，分别占营业收入的 63% 和 13%。公司煤化工项目包括即将投产的 60 万吨/年的甲醇项目和在建的 40 万吨/年的二甲醚项目。不过，在焦化行业不景气之际，打造煤焦化一体化短期内难以成为公司的新增长点。

促使公司净利润增长的主要因素仍然是公司煤炭业务的销售价格和销售量的同比增加。公司 2009 年第一季度的毛利率水平达到 38.10%，相比 2008 年全年下降了 3 个百分点。销售净利润率达到 18.19%，与 2008 年全年的毛利率水平相当。

公司煤炭产品主要分为混煤（含混块）、洗精煤、喷吹煤、洗块煤和其他洗煤。其中混煤和喷吹煤构成公司收入的主要来源。喷吹煤的主要用途是钢厂高炉喷吹。多品种的煤炭产品增强了公司的抗风险能力。

公司的期间费用率控制合理。财务费用率为 0.54%，较上年同期降低 0.12 个百分点。管理费用率为 7.33%，同比下降了 0.48 百分点。销售费用率为 4.91，同比上涨了 1.07 个百分点。

2009 年煤炭产量的增加主要来自于屯留矿二期，产量增长 10% 左右。未来，根据大股东潞安集团在公司上市时的承诺，集团公司将在

5～10年内逐步把全部煤炭资产注入股份公司。除上市公司以外，大股东还拥有7个煤矿，20亿吨左右的可采储量。现有在建的产能约3000万吨。

第二，公司对于大幅控制管理费用的信心十足。

公司在2008年年报里预计2009年每股收益为2.37元，同比仅下降4%。在2008年公司吨煤净利131元/吨和假设2009年综合煤价下降55.5元/吨的情况下（尽管预测公司产量增长10%至2009年为2840万吨）。在随一季报公布的2008年度股东会议资料里公司做了详细的说明，其中关键的假设是管理费用大幅度下降。2008年的管理费用为22亿元，2009年公司预计的管理费用为13.4亿元（与2007年的13.3亿元相当），减少了8.6亿元，减幅达39%。管理费用的减少额基本上抵消了主营业务利润的减少额9.1亿元，从而保证公司净利润下降较少。从管理费用率的角度看，2007—2009年的分别为12.8%、13.2%和8.1%，从吨煤管理费用的角度看，2007—2009年的分别为68元/吨、95元/吨和52元/吨。管理费用如此大幅下降，我们推测一是产量上升规模效益体现，降低了吨煤管理费用，二是公司2008年的业绩盈余管理部分在2009年释放。

第三，资产注入的预期。

公司存在资产注入预期和整合小煤矿预期，2006年上市时，公司集团承诺，未来5～10年内择机实现整体上市，加之山西省政府推动在2015年前实现五大集团整体上市，公司存在资产注入和整体上市预期。近期山西省实施大规模的资源整合，作为五大集团之一的公司应该能够分享到资源整合盛宴。

可见，对于基本面优异，具有安全边际的股票，在上涨趋势中，当其股价调整至上一段上升浪的重要位置企稳时，往往就会迎来我们介入的良机。

我们继续来看案例三。

开滦股份（600997）是一家从事能源化工投资、煤炭批发、煤炭开采、原煤洗选加工、炼焦及化工产品生产销售的公司。公司是经河北省人民政府股份制领导小组办公室冀股办〔2001〕68号文批准，由开滦（集

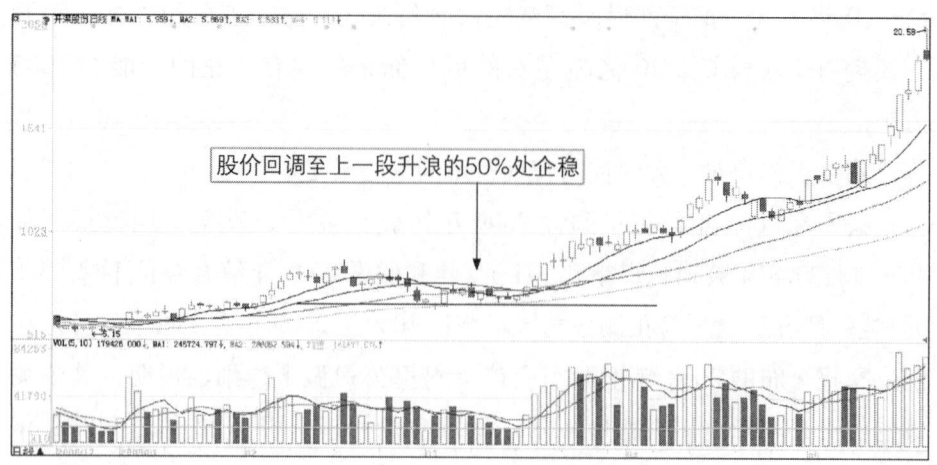

图 3-5

团）有限责任公司作为主发起人，联合中国信达资产管理公司、上海宝钢国际经济贸易有限公司、中国华融资产管理公司、煤炭科学研究总院、西南交通大学共同发起设立的股份有限公司。2004年6月，公司股票登录上海交易所，发行1.5亿股，募集资金10.5亿元。

图3-5所示的是开滦股份2008年12月至2009年5月这段时间的日K线图。2008年10月底，大盘逐步见底企稳，在这样的环境下，开滦股份的股价逐步跟随大盘进入上涨行情，在2008年12月末至2009年2月中旬这段时间中，开滦股份迎来了一段上升浪，股价从最低的5.15元上涨至最高的8.95元，之后，开滦股份的股价开始回调，当股价回调至上一段上涨段的1/2处附近，即股价调整至7.05元附近时，逐步开始企稳，随后，开滦股份的股价进入新一段的上涨行情中。

当然，开滦股份能有如此的表现，也与其基本面有着重大关系，下面我们就来看看当时开滦股份的基本面情况。

我们来看看2009年4月国泰君安分析师杨立宏与金润发布的对于开滦股份的调研报告，以下是内容纪要：

2009年Q1公司实现收入19.76%，同比下降5.54%，实现净利润2.39亿元，同比下降13.15%，EPS为0.37元，高于我们预期的0.32元。

环比4季度来看，收入增长6.57%，毛利率由第4季度的2.10%回升至27.73%，该毛利率水平甚至高于2008年Q31.2个百分点。公司未公布母公司报表，使我们无法对焦煤和焦炭业务做进一步的分拆分析，不过照总公司的经营情况看，利润的主要来源依然是焦煤业务，焦炭业务尽管仍不贡献利润，但已扭亏，对公司业绩造成拖累的局面已经明显改善。

目前公司焦煤价格为1050元/吨，我们预计第2季度下调空间不大，较第1季度均价低80元左右，比上年第2季度均价下降25%，因而焦煤业务第2季度同比、环比都下降的局面基本确立；焦炭业务方面，包含今年新投产的中润2期在内维持着100%的产能利用率，从我们折算的公司焦炭业务毛利来看，4月份焦炭业务毛利低于第1季度，但由于公司焦化项目的陆续投产及价格的上涨，公司焦炭业务的盈亏平衡点由1800元/吨下降到1500元/吨，而目前唐山地区的焦炭价格维持在1500元/吨。下游钢材价格连跌10周后出现企稳迹象，焦炭业务需求再度恶化的可能性不大，未来焦炭价格将逐步筑底，因此我们判断焦炭及焦化业务第二季度仍维持保本状态，合计两个季度EPS为0.33元左右。

我们依然从三个方面看好公司的中长期发展：首先，第4季度需求休克和高价库存造成焦炭业务巨额亏损，造就了公司业绩的最差时点，未来盈利将逐步改善；公司焦、化业务在行业景气低谷进行了产能扩张，使公司在未来将加倍地分享行业的复苏；集团煤炭产能是上市公司的3倍，加之冀中能源整合后河北煤炭的竞争格局，公司有条件、有动机地推进整体上市，只是一个时间问题。

我们微调公司2009年业绩，EPS由1.30元调整到1.39元，2010年维持1.64元的预测，动态PE为18倍和15倍，维持对公司28元目标价和谨慎增持评级。

从上面的研究报告来看，作为周期性的股票，开滦股份的基本面具有十足的安全边际，对于这种基本面优异的股票，在大盘处于上涨的环境下，一旦其股价调整至上一段调整浪的重要位置后企稳，也就给我们提供了非常不错的介入机会。

我们继续来看在震荡市场中的价格百分比买入法案例。

我们先来看案例一。

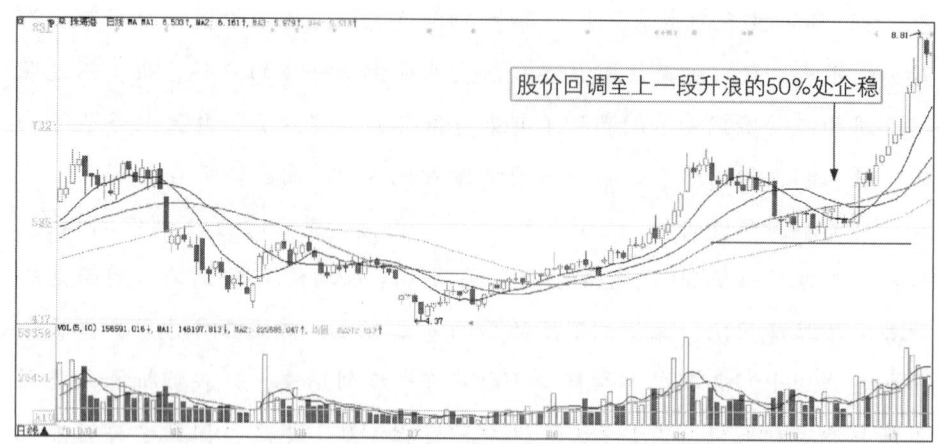

图 3-6

珠海港（000507）是一家从事港口及其配套设施的项目投资；电力项目投资等业务的公司，公司前身为珠海富华涤纶丝厂，成立于 1986 年。1989 年进行股份化改组，同年 3 月 8 日向社会公众和法人发行股票 120 万股。1994 年 4 月，将首次发行的股票折为每股 1 元，并将 1992 年 2 月发行的扩股集资券转为公司股本，发行公众股 5228.3 万股，法人股 2881 万股，1993 年 3 月 6 日，粤富华 A 在深交所上市。

图 3-6 所示的是珠海港 2010 年 4~11 月这段时间的日 K 线图。2010 年 7 月，大盘见了震荡市场的阶段低点后，开始逐步上涨，珠海港的股价跟随大盘上涨，2010 年 7 月初至 2010 年 9 月初，珠海港在这段上涨行情中，股价从最低的 4.37 元上涨至最高的 7.02 元后开始回调，当珠海港的股价回调至上一阶段上涨段的 1/2 处，即股价回调至 5.7 元附近时，逐步企稳，随后，又开启了另一段的上涨行情，股价在 16 个交易日内上涨了 49%。

当然，在震荡市场中，珠海港的股价能有如此的表现，与其基本面有着重要关系，下面我们就来看看珠海港的基本面状况。

珠海港控股集团有限公司注册资本为 30 亿元人民币，坐拥总股本只有 3.4 亿的小股本壳公司粤富华。珠海市政府赋予了珠海港在珠海特殊的行业地位，要把珠海港打造成珠海市龙头企业，建设成集港口物流，电力能源和化学化工为一体的综合企业。因此珠海港在地理位置、政策等方面都具备比较持久的护城河。

未来做大做强珠海港这个企业，其壳资源也就是现在的珠海港（000507）必须具备强大的造血功能，即再融资的能力，具备了再融资能力才有利于企业的长期发展。要具备再融资能力，企业的业绩必然要节节高升，这是一个良性循环。

公司进一步集中股权，巩固大股东地位，享受企业快速发展所带来的回报。珠海港股份有限公司（以下简称"公司"）于2011年7月1日收到第一大股东珠海港控股集团有限公司转来的珠海市人民政府国有资产监督管理委员会（以下简称"珠海国资委"）珠国资〔2011〕181号《关于无偿划转珠海港股份有限公司市属国有股权的通知》，其主要内容如下：本次股权无偿划转的相关情况经珠海市人民政府同意，拟将珠海市纺织工业集团公司（以下简称"纺织集团"）持有公司的23407041股股份及纺织集团下属全资子公司珠海经济特区冠华轻纺总公司（以下简称"冠华轻纺总公司"）持有公司的6468000股股份，合计29875041股股份（占公司总股本的8.66%）无偿划转给珠海港控股集团有限公司（下称珠海港集团）持有。

本次股权划转前，珠海港集团持有公司股份56568194股，占公司总股本的16.4%，为公司第一大股东；上述股权无偿划转完成后，珠海港集团将持有公司股份86443235股，占公司总股本的25.06%，仍然为本公司第一大股东。本次股权划转完成后，珠海国资委仍为公司实际控制人。

本次股本划转完成后，纺织集团和冠华轻纺总公司将不再持有公司股份。

下面我们再来看看公司主营业务的情况。目前公司的主要收益贡献来源于港口物流、电力能源和化工等产业的投资收益。

港口物流（占比43%）：公司坚持并购和对外合作双管齐下发展港口物流业，煤炭储运中心和30万吨级油码头等项目的建设发展前景良好，货源有保障，达产没有问题，港口物流有望在2012年腾飞。在大股东珠海港控集团实施"西江战略"的大背景下，公司多次组织对西江沿线各港口项目投资进行调研分析，在年报中更是把加大对西江流域码头的投资力度作为 2011 年头等大事来抓，我们预计公司在 2011 年可能会通过并购或新建的方式加快对西江流域码头的实质投入。

投资煤炭储运中心项目：2011 年 3 月，公司拟与中国神华和广东粤电发能投资共同签署《神华粤电珠海港煤炭码头有限公司合资协议》，设立神华粤电珠海港煤炭码头公司，共同推进珠海港高栏港区神华煤炭储运中心项目，公司持有项目公司 30%的股权。项目预计建设期为 2～3 年，预计正式运营后第二年开始产出效益。

项目投资，建设原油、成品油码头：2011 年 2 月 25 日公告，公司拟与中化实业有限公司在广东省珠海高栏港铁炉湾合作建设原油、成品油码头及储运设施项目。项目内容包括 30 万吨级油码头、300 万立方米原油、成品油仓储库区和连接广东相关炼厂的输油管线。现就相关前期合作事项达成框架性协议，协议中未界定具体的投资金额，无生效附加条件。项目是优质项目，具备较强的盈利能力，但短期内无利润贡献。

港口物流仍处于培育期，有望在 2012 年腾飞：2010 年 11 月，公司以 14500 万元竞得中国外轮理货总公司珠海公司等七家公司 100%的股权，主营业务变更为港口物流业。

电力能源（占比 32%）：公司 2010 年实现净利同比增长 93%，电力投资稳定贡献 1.2 亿元。

电力能源实现稳定高额收益的同时，公司也积极地进入电力能源自主经营环节，高栏岛风电场项目 2011 年年中令部分风机并网发电，年底全部安装完成，为电力能源板块形成稳定利润增长提供保障。

投资收益（占比 25%）：公司参股 15%的珠海 BP 化工实现了 9300 万的投资收益。

与外资巨头合作 PTA 项目：2004 年 5 月，公司和英美石油化工控股公司、BP（中国）投资有限公司在英国伦敦共同签署了关于珠海碧阳化工有限公司的 PTA 二期项目的意向书，计划投资总额估计为 3 亿美元，PTA 二期项目完成后，合资公司的产能估计将由现在的每年 35 万吨增加到每年 120 万吨。预计将于 2012 年第一季度投产。PTA 项目解决了融资、原材料供应以及技术转让问题，对公司利润贡献极大。

公司2011年仍将依靠投资收益提供业绩支撑。2012年开始,主业培育进入相对成熟期,高栏港商业中心,风电业务以及物流项目进入收获期,主业贡献利润比重将增加;同时,考虑珠海港作为珠海港口建设和发展资本平台功能的重要地位,公司未来的股价催化剂将是集团对珠海港港口资源的整合。

根据长江证券的预测,珠海港2010—2012年EPS分别为0.63元、0.86元和0.96元,对应PE分别为17.14倍、12.66倍和11.24倍。

珠海港基本面有着众多亮点和惊喜,同时其基本面还具有十足的安全边际,对于这样的股票,一旦其股价在震荡市场回调至上一段上升浪的重要位置后企稳,便提供给我们一个非常好的介入时机。

我们继续来看案例二。

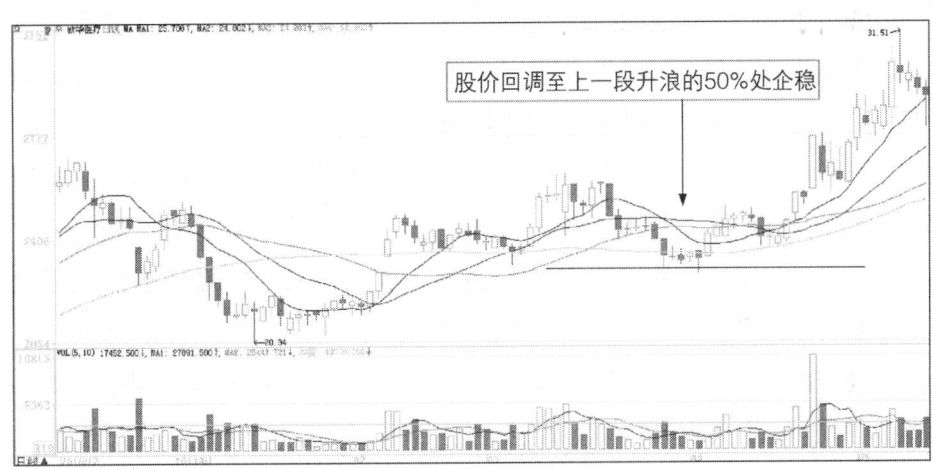

图3-7

新华医疗(600587)是一家从事消毒灭菌设备、放射诊断治疗设备的生产与销售的公司,公司的设立方式为定向募集。1993年3月10日,山东省淄博市经济体制改革委员会批准,同意将山东新华医疗器械厂医院设备分厂的生产经营性净资产3004.3万元折为国家股2500万股,并以1:1.2的比例溢价发行600万股内部职工股,以定向募集方式设立股份有限公司。2002年9月,公司股票登录上海交易所,发行2100万股,募集资金1.932亿元。

图 3-7 所示的是新华医疗 2010 年 12 月至 2011 年 5 月这段时间的日 K 线图。2011 年 1 月初，大盘逐步进入震荡市场上涨段，新华医疗的股价跟随大盘逐步上涨，至 2011 年 3 月中旬，在这段上涨段中，新华医疗的股价从最低点的 20.34 元上涨至最高点的 26.42 元，随后股价开始回调，当其股价回调至上一段上涨浪的 1/2 处，即 23.38 元附近时，逐步企稳，又进入另一段上涨浪中，随后，新华医疗的股价在 22 个交易日内上涨了 30%。

当然，新华医疗股价能有如此的表现，与其基本面有着重要关系，下面我们就来看看其基本面的亮点。

第一，业绩符合预期，2010 年公司业绩在 2009 年较高增长基数的基础上继续保持高速增长。

公司 2010 年实现营业收入 13.4 亿元，同比增长 52%，这主要是因为公司业务的显著增长和众生医药加入合并报表；归属母公司净利润 6462 万，同比增长 46%，基本每股收益 0.45 元。

第二，充足的订单保障高增长的持续。2010 年年底预收款项同比大幅增长 108%，接近 3 亿元，反映出订单的充足，2011 年的高增长有订单保障。

第三，规模效应有望提升利润空间。由于公司主要提供基础医疗设备，毛利率和净利润率较低，随着公司销售收入的连续快速增长和整体解决方案占比的提高，规模效应有望凸显，销售费用率和管理费用率有望下降，净利润率有望提升。

第四，医院市场景气和新版 GMP 标准实施带来内生性增长加速。新医改方案推出后，医院消毒灭菌需求明显扩大。药厂需求方面，新版 GMP 标准 2011 年 3 月进入实施阶段，过渡期 3~5 年，药厂更新设备需求巨大。非 PVC 软袋大输液生产线项目 2010 年度销售良好，成为重要的利润增长点。

第五，外延式增长将是公司未来的又一主线，年报中强调资本运营。淄博矿业集团入主公司时承诺支持公司做大、做强，公司的外延式扩张明显加速，先后入主医药流通企业淄博众生医药，增资控股上海泰美。密集的并购标志着公司的发展思路是把外延式并购和内生性增长并举，主要瞄准医疗器械和医疗服务两大方向。

第六，致力于多元化发展，大健康产业的战略布局初现端倪。淄矿集团入主后已经将公司定位为集团的大健康产业平台。为此，公司正致力于多元化发展，分别从自主研发和外延并购两方面着手。公司自2009年起开展战略研发，2010年投入2502万元，目前公司已在北京和上海建立战略研发中心，负责中长期的研发项目，其中部分项目已经成熟，即将进入产业化阶段。而考虑到大股东急切做大健康产业的意愿和强大的现金流，外延并购则是公司实现多元化发展的首选。2010年，公司主要收购了上海泰美医疗器械、淄博众生医药和北京威泰克三家商业企业，以渠道为切入点实现产业链延伸的意图明确。此外，公司还在积极向医疗/制药专业工程服务商转型，在原先消毒供应室专业工程的基础上，公司相继推出了手术室、微生物检验室等一系列的整体解决方案，通过一体化服务来抢占市场。总结来看，公司定位于大健康产业平台，以外延并购为主、战略研发为辅的战略布局已经明朗。通过前期的实地调研，我们了解到公司对于通过战略升级（以并购为主）实现做大做强的意愿十分强烈，未来的收购计划值得期待。

根据湘财证券的预计：2011—2013年公司基本每股EPS分别为0.75元、1.21元和1.91元。

对于新华医疗这种核心业务处于景气高峰，而且公司大健康产业经过战略升级后，业绩有望再攀高峰，并且基本面有着十足安全边际的股票，一旦在震荡市场上涨趋势中，股价回调至上一段上涨浪的重要位置后企稳，那么便迎来我们的介入良机。

上面我们探讨了价格百分比的买入位置，接下来我们来看看在大盘处于弱势的下跌趋势中的价格百分比卖出法的相关案例。

我们先来看案例一。

湖北宜化（000422）是一家从事化肥、化工产品生产与销售的公司。公司前身为宜昌地区化工厂，始建于1977年；1992年更名为湖北宜昌化工厂。1992年12月，经股份制改造，定向募集设立湖北宜化（集团）股份有限公司，公司总股本为4903.54万股。1993年6月6日，公司注册成

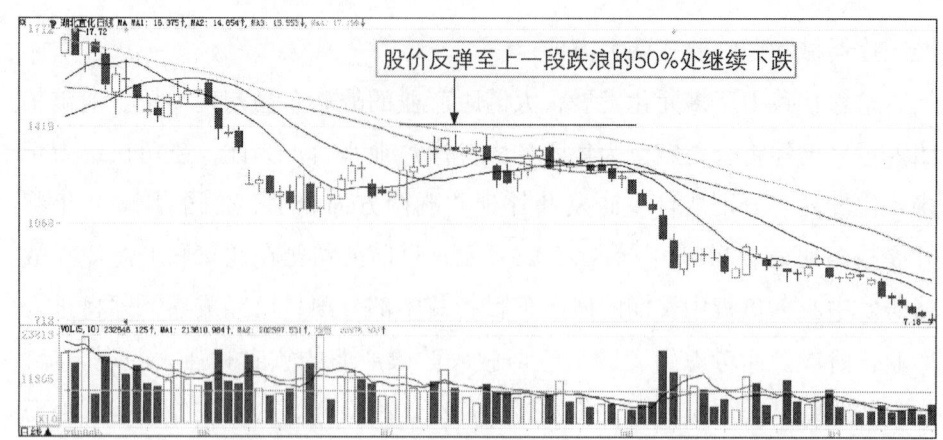

图 3-8

立。1996年8月,公司股票登录深圳交易所,发行1635万股,募集资金9646万元。

图3-8所示的是湖北宜化2008年5~9月这段时间的日K线图。2008年5月后,湖北宜化继续熊市下跌浪,股价自最高点的17.72元下跌至10.94元后,开始反弹,当股价反弹至上一轮下跌浪的1/2处,即14.33元附近时,继续掉头向下,快速进入下跌行情,可见,对于下跌浪中的股票,一旦其股价反弹至上一轮下跌浪1/2处的位置,甚至还不及1/2处时,若股价继续走弱,我们便应及早清仓,以免造成更大的损失。

我们继续来看案例二。

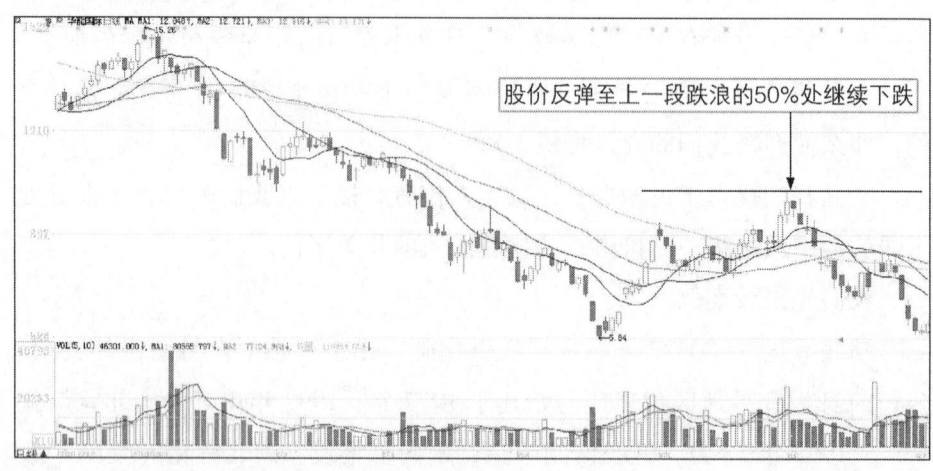

图 3-9

华能国际（600011）是一家从事发电业务并向其所在地的省或地方电网销售电力的运营企业。公司是经原国家经济体制改革委员会体改生〔1994〕74 号文批准，由华能国电与河北省建设投资公司、福建投资开发总公司、江苏省投资公司、辽宁能源总公司、大连市建设投资公司、南通市建设投资公司以及汕头市电力开发公司共同作为发起人，以发起设立方式于 1994 年 6 月 30 日在北京注册成立的股份有限公司。发起人投入资产共同投资建设的大连电厂、上安电厂、南通电厂、福州电厂和汕头燃机电厂以及其他扩建项目和新建项目，经评估后的净资产总值为 53.57 亿元，其中 37.50 亿元作为发起人股份（折股比例约为 70%），其余 16.07 亿元计入资本公积。2001 年 12 月，公司股票登录上海交易所，发行 3.5 亿股，募集资金 27.825 亿元。

图 3-9 所示的是华能国际 2007 年 12 月至 2008 年 7 月这段时间的日 K 线图。2008 年 1 月初，上证指数进入熊市行情，华能国际也正是从 2008 年 1 月开始，快速下跌，股价从最高的 15.26 元跌至 2008 年 4 月最低点的 5.84 元，随后，华能国际经历了一轮反弹行情，当股价反弹至上一轮下跌浪的 1/2 处，即 10.55 元附近时，再次掉头向下，随后又进入了另一轮凶猛的下跌行情，如果我们在股价反弹至上一轮下跌浪的重要位置时没有及时清仓，那么损失将是难以估量的。

我们继续来看案例三。

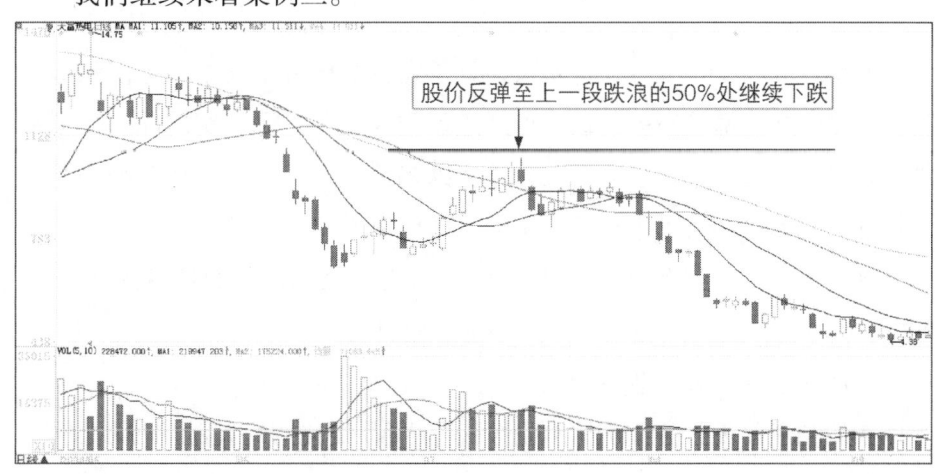

图 3-10

天富热电（600509）是一家从事火电、水电、供电、供热业务的公司，1998年12月，新疆生产建设兵团同意石河子电力工业公司联合农七师电力工业公司、新疆石河子造纸厂、石河子市水泥制品厂和新疆石河子一四八团场共同发起设立新疆天富股份有限公司。经自治区人民政府批准，1999年3月28日公司正式注册登记，注册资本为10908.50万元。2000年6月原新疆天富电力股份有限公司正式更名为新疆天富热电股份有限公司，2002年2月，公司股票登录上海交易所，发行6000万股，募集资金4.2亿元。

图3-10所示的是天富热电2008年5~9月这段时间的日K线图。2008年5月中旬，天富热电在经历了一轮反弹后，股价继续进入下跌浪中，此轮下跌浪中，天富热电的股价自最高点14.75元下跌至本轮最低点的6.86元，随后，天富热电股价开始反弹，当股价反弹至上一轮下跌浪的1/2处，即10.81元附近时，快速掉头向下，进入新一轮的下跌浪行情中，如果我们未在其股价反弹至上一轮下跌浪的重要位置及时卖出，那么损失将会是非常惨重的。

第三节　区间换手率百分比买卖法

所谓区间换手率百分比买卖法，就是在大盘或者个股处于上涨趋势中时，自上一次上涨趋势中的最高点开始区间换手率达到一定的比率而形成的买入时机；或者在大盘或个股处于下跌趋势中时，自上一次下跌趋势中的最低点开始区间换手率达到一定的比率而形成的卖出时机。

这里所说的一定的比率，根据多年的统计经验，我们选取了45%~50%、62%~67%、33%~37%和100%这几个。

下面我们就来看一些案例。

我们先来看在上涨趋势中区间换手率达到一定比例的买入时机的案例。

我们先来看案例一。

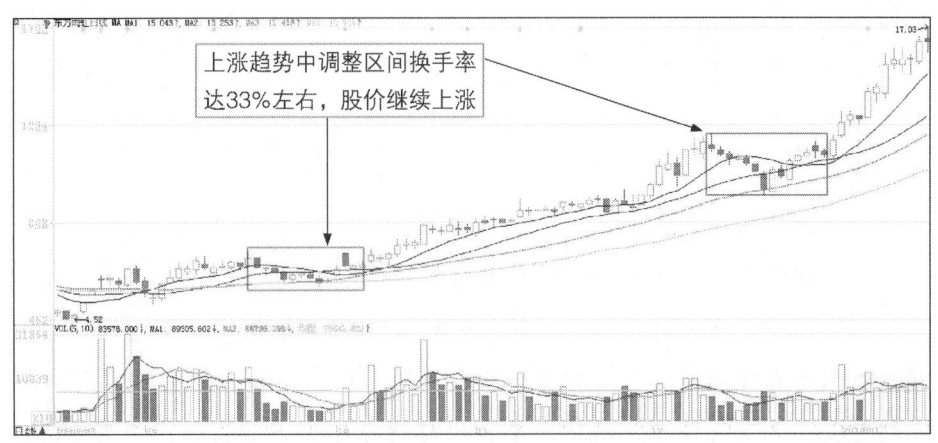

图 3-11

东方雨虹（002271）是一家从事建筑防水材料的研发、生产、销售和防水工程施工业务的公司。公司前身为北京东方雨虹防水技术有限责任公司，成立于1998年3月30日。2000年10月13日，北京东方雨虹防水技术有限责任公司整体变更为北京东方雨虹防水技术股份有限公司。2008年9月，公司股票登录深圳交易所，发行1320万股，募集资金2.2875亿元。

图3-11所示的是东方雨虹2009年8月至2010年1月这段时间的日K线图。2009年10月，上证指数在经历了调整后继续进入上涨行情，而东方雨虹股价已经在2009年8月中旬提前见底企稳，开启了上涨行情，在2009年9月中旬至2009年10月中旬这段时间，东方雨虹股价进入了调整阶段，当这段调整区间的累计换手率达到33%左右时，股价继续上涨了77%才进入了下一段的调整行情，2009年12月中旬至2009年12月底，东方雨虹经历了上涨途中的另一次调整，令人吃惊的是，在这段调整区间的累计换手率达到33%左右，东方雨虹股价再次企稳，进入下一段的上涨行情，在随后的12个交易日中累计上涨了42%，可见，若个股处于上涨趋势中，当其调整阶段的区间换手率达到重要位置并企稳时，就可能给我们带来不错的介入时机。

当然，东方雨虹能有如此的表现，也离不开其基本面的刺激，下面我们就来看看这段时间东方雨虹的基本面状况。

我们来看看2009年10月申银万国分析师王华发布的对于东方雨虹的

调研报告,以下是内容纪要:

防水冠军,优势突出。公司是建筑防水材料行业中最具竞争力和成长性的龙头企业,产品包括防水卷材和防水涂料两大类近百个品种,广泛应用于建筑、高速公路和桥梁、地铁、高铁、机场和水利设施等领域。公司连续四年销售额位列行业第一,在销售规模、产品质量、研发实力、企业品牌、管理水平和市场网络建设等方面,均居国内前列。

行业规模在420亿元以上,新型防水材料年均增速17.6%。新兴绿色屋顶技术可以隔热降温、降低碳排放、节约土地利用和净化空气,所用防水材料要求具有高强度、高延伸率和耐植物根穿刺性能,预计将新增160亿元以上的市场规模。行业分散,公司市场占有率不足3%,在房地产领域和万科、金地、华润等强强联合,在基建领域凭借技术优势抢占高端市场。随着营销网络成型,市场份额将大幅提升。

从北京走向全国,演绎快速扩张故事。公司原以北京市场为主,在"渗透全国,走向国际"的战略指导下,现已形成北京工厂占领华北,上海工厂辐射华东,岳阳工厂覆盖华中,成都、广州分公司分据华西、华南的战略布局。公司从2006年开始构建全国性营销网络,已逐渐形成直销和渠道相结合的多层次营销网络:房地产和基建项目依靠直销团队,各地中小型工程依靠500多家经销商,家庭装修防水依靠各地大型家装连锁、建材超市和建材市场等分销商。我们认为经过两年的磨合历练,经销商、分销商销售将为公司带来爆发性增长。

实际产能增加186%,毛利率稳定。上海及岳阳基地年底全部建成,产能将达到改性沥青卷材2500万平方米、高分子防水卷材500万平方米、防水涂料3.5万吨。公司产品面向中高端市场,附加值相对较高,成本转嫁能力较强,新配方、新产品不断推出,得以享有充分的定价权,我们预计毛利率仍将维持在28%~30%。

建议"买入"。我们预期2009—2011年公司实现每股收益0.88元、1.53元和2.21元,未来三年保持50%以上的利润增速。作为技术领先、品牌一流的防水材料第一厂商,公司在房地产、基建领域都拥有竞争对手难以匹敌的垄断性优势,在从北京走向全国,多层次营销网络开始发力的背景下,未来三年公司仍将处于高速发展期;从长远来看,公司未来将积极扩展到防腐、防污、防渗、隔音、保温、节能材料领域,成为全方位的建筑材料商,长期成长性值得看好。

我们认为公司有理由享受2010年30倍的PE,将未来6个月目标价定为45.90元,距当前股价还有30%的上涨空间,首次评级为"买入"。

根据上面的研究报告,我们可以看出,东方雨虹的业绩正在进入稳定增长的阶段,且公司股价具有十足的安全边际,就是因为在这样的基本面的刺激下,东方雨虹股价在调整中区间换手率达到重要的百分比时才会迎来快速上涨。

我们继续来看案例二。

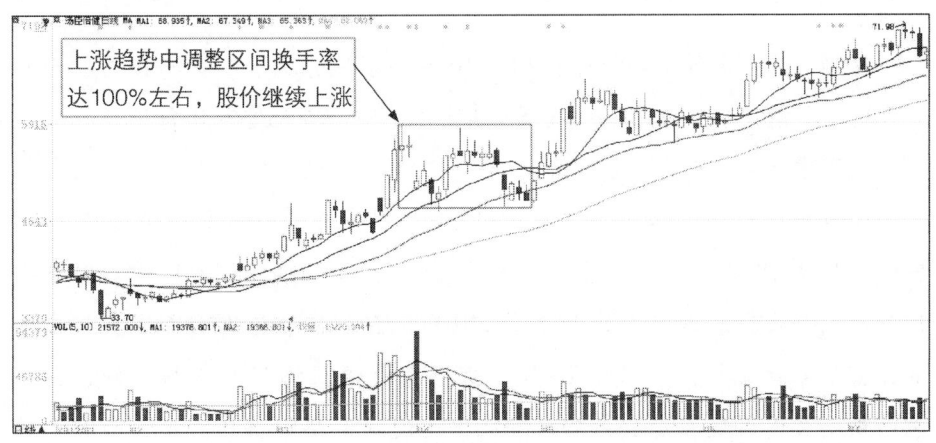

图 3-12

汤臣倍健(300146)是一家从事膳食营养补充剂的研发、生产和销售的公司。2008年8月1日,经股东会决议,珠海海狮龙保健食品有限公司以截至2008年6月30日经正中珠江审计的账面净资产值32873399.44元按1.0958:1的比例折为3000万股,整体变更为股份有限公司。2008年8月27日,正中珠江对申请设立股份公司的注册资本实收情况进行了审验,并出具了广会所验字〔2008〕第0702810040号验资报告。2008年10月15日,公司在珠海市工商行政管理局完成变更登记,注册资本为3000万元,公司名称变更为"广东汤臣倍健生物科技股份有限公司"。2010年12月,公司股票登录创业板,发行1368万股,募集资金14.2525亿元。

图 3-12 所示的是汤臣倍健 2012 年 1~7 月这段时间的日 K 线图。2012 年 1 月，大盘进入阶段反弹行情，汤臣倍健股价继续延续之前的上涨趋势，2012 年 3 月底至 4 月底，汤臣倍健的股价进入了上涨中的调整行情，自 2012 年 3 月 27 日起，当汤臣倍健的股价调整至区间换手率达到 100% 左右时，汤臣倍健股价快速进入了下一段的上升浪中，股价在 8 个交易日内上涨了 28%，给我们带来短期快速获利的机会。

当然，汤臣倍健股价能有如此的表现，与其基本面有着重要关系，下面我们就来看看其基本面的状况。

我们先来看看 2011 年 5 月 13 日兴业证券发布的对汤臣倍健的调研报告，简要内容如下：

投资要点：

近期，我们参加了汤臣倍健的 2010 年年度股东大会，并与公司管理层就公司经营情况、发展战略，及膳食营养补充剂行业动态等进行了交流。

调研要点：

品牌宣传投入继续加大：公司 2011 年第一季报显示，其用于品牌宣传的费用达 1870 万元，占营业收入的比例进一步增加至 14%，较 2010 年同期有明显上升。这一方面是由于 2010 年经营中考虑到下半年要推出新的品牌形象代言人，所以在 2010 年上半年大幅压缩了品牌推广费；另一方面则是公司希望在资金充裕的情况下适度加大品牌推广力度，为品牌的长远发展奠定基础。我们预计公司 2011 年后三季度的宣传费用仍将与第一季度持平，虽然这在短期内将在一定程度上压缩利润空间，但长期来看却有助于企业打造其核心品牌竞争力。

终端扩张速度快于预期：公司上市时曾提出计划在 2012 年年底销售终端数量增至 20000 家。截至 2010 年年底，公司销售终端数量已达 13000 多个，较 2009 年年底增加 5700 多个，公司计划 2011 年将这一数目增至 18000 家，进一步巩固其强势渠道品牌地位。考虑到部分连锁商超由于政策因素限制了产品入店的进度（新的保健食品管理条例预计年内公布，目前有关部门收紧了保健食品销售资格的认证），公司在销售终端扩张方面的潜力仍然较大。

非直销市场大有可为，专卖店模式凿空开路：目前中国膳食营养补充剂的销售途径仍以直销为主（以安利中国区为代表，去年销售额超过200亿元人民币），占比超过80%，而美国及日本市场对应比例仅为20%和36%，我们预计，随着公众对膳食营养补充剂认知的深入和市场规模的扩大，公司所处的非直销领域将逐步成为与直销领域并驾齐驱的业务模式。目前公司除了通过连锁商超（约占近20%销售额）和传统经销商（约占80%销售额）模式继续巩固其在非直销领域的市场强势地位外，还积极拓展以连锁营养中心为代表的专卖店销售模式，截至2010年年底专卖店数目已达223家。我们认为，作为公司的新型业态，连锁营养中心占公司销售额比例虽然较低，但却有可能成为公司面向未来的销售模式（美国专卖店销售占膳食营养补充剂销售总额的38%），而连锁营养中心也将为公司品牌形象的提升、支持网络的健全以及商超布局的完善发挥重要作用，"阻击"NBTY、GNC等国际巨头在非直销领域的扩张。

募投项目进展顺利：公司募投项目进展顺利，新的生产基地即将封顶，预计2011年年底有望投产，届时产能将提高4倍左右，满足公司未来几年的发展需求，公司IPO超募资金高达12亿元，未来无论将超募资金投入品牌宣传和渠道扩张，还是通过收购方式进一步实现纵向一体化，都将加速公司的发展，帮助"汤臣倍健"品牌从渠道性强势品牌向大众知名品牌过渡。

盈利预测：我们维持此前做出的盈利预测，预计公司2011—2013年EPS分别为2.75元、3.90元和5.05元。作为国内行业龙头，公司将继续受益于行业的高增长和业内集中度的提高，其"品牌+渠道"的战略有望使其成为民族品牌中为数不多的可与外资保健品相抗衡的企业，继续维持其'推荐'评级。

透过上面的报告，我们看到随着汤臣倍健品牌建设的提出和终端的快速发展，汤臣倍健的业绩将进入快速稳步发展期。

我们再回过头来看看汤臣倍健基本面的亮点：

第一，品牌渠道建设效果显现，业绩超预期。

公司业绩快速增长的主要原因有：

品牌及渠道建设带来的销售收入增长。主要是以姚明为核心的品牌推广效应在终端逐步显现；以百强医药连锁为重点的渠道深度经营取得明显进展；前期新开网点销售逐步提升；新网点的拓展按销售增长计划推进等。今年第一季度的销售费用率相对较低，但预计2012年全年的销售费用率将与过去三年的销售费用率保持基本稳定；2011年第4季度部分销售收入未确认。

公司品牌是公司的核心竞争力。公司持续增加品牌建设投入，2011年公司品牌建设投入8432万元，品牌建设费用率由2007年的2.82%提升至2011年的12.82%，显示出公司正在不断地构筑品牌壁垒。公司2010年12月上市后成为保健品行业的第一家上市公司，渠道品牌力快速上升，吸引了优质代理商，使得终端扩张速度迅速提升。截至2011年12月共有330多家经销商，终端数量21000多家，主要形式是药店及商超。公司计划2012年终端扩展至30000家，维持扩张态势。我们分析认为，考虑到约36万的药店终端数量，公司尚有巨大的终端扩张潜力，预计2012年终端数量可达到30000家，同比增长43%，渠道扩张的驱动因素仍在，但增速将有所下降。

第二，加速连锁营养中心建设，提升品牌力、渠道力与服务力。

连锁营养中心是公司营销网络建设的重大创新，目前国内膳食营养补充剂领域尚无品牌连锁中心。连锁经营模式是国际膳食营养补充剂领先企业采取的主流经营模式之一。截至目前，GNC在整个美国和50个国际市场的特许经营业务领域拥有超过7000家的零售店（其中包括超过1000家的特许经营的商店和1200家零售店中店）。根据GNC 2008年年报显示，2008年GNC公司全年收益合计16.56亿美元，其中专卖店收益为14.77亿美元，占89.19%。从未来的发展来看，连锁经营模式也将是中国膳食营养补充剂未来发展的主流渠道模式之一。我们认为公司大力布局连锁营销中心有助于公司威慑渠道、提升品牌力与服务力，使公司的自主营销与渠道销售相得益彰。

2011年公司已有438家连锁店，公司计划在2013年扩张至1163家。主要通过几种方式：

（1）建设连锁运营管理中心，构建现代连锁经营管理体系。

（2）投资商业店铺开设旗舰店，以示范效应规范带动联营、加盟连锁营养中心的发展。

（3）省会城市和重点市场建立直营店。

（4）利用现有渠道资源，重点发展联营店。

（5）尝试建立加盟体系，加快连锁营养中心的拓展速度。

第三，持续地研发投入，加强公司产品力。

2011年公司研发投入2317万元，销售收入占比为3.52%。截至2011年12月31日，公司已拥有、在审批及拟申请国家食品药品监督管理局批准的营养素补充剂和保健食品批准证书的数量分别是41个、17个及30个，证书数量在同业中处于领先地位。考虑到国内批准证书需要两年时间，公司已建立一定的产品证书壁垒。另外，公司始终坚持"取自全球，健康全家"的品牌理念，2011年度公司从国外采购主要原料的比例达到73.35%，我们认为优质原料能使公司的产品力得到持续提升，利好公司的长远发展。

根据华创证券的预测，公司2012—2013年EPS分别为1.28元、1.90元及2.81元（送转前原为2.4元、3.2元及4.2元），对应PE分别为37X、25X、17X。维持"推荐"评级，目标价在51.2～57.6元。

通过为期两年的对汤臣倍健的基本面追踪，我们发现，汤臣倍健的业绩确实保持着稳定的增长，同时公司的基本面有着十足的安全边际，对于这种处于上涨趋势的股票，一旦其股价在调整至区间换手率达到重要的百分比的位置后企稳，便迎来了我们介入的良机。

我们继续来看案例三。

双良节能（600481）是一家制造和销售中央空调系统主机及末端产品，并提供中央空调系统维修服务的公司。1995年10月4日，江苏双良特灵溴化锂制冷机有限公司设立；1997年2月3日注册资本增加到23194248美元；2000年4月10日更名为江苏双良空调设备有限公司；2000年11月，公司经中华人民共和国对外贸易经济合作部批准，由江苏双良空调设备有限公司依法变更为股份有限公司，公司注册资本为22600

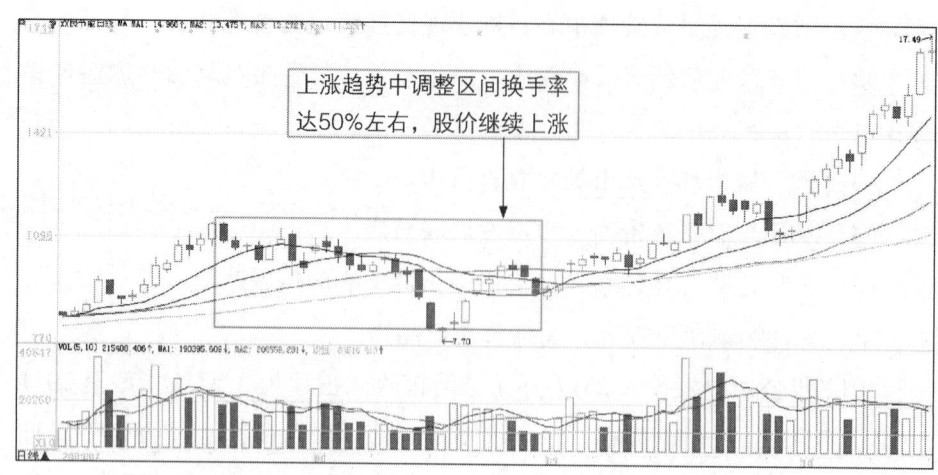

图 3-13

万元，2000 年 12 月 20 日领取变更后的企业法人营业执照。2003 年 4 月，双良节能登录上海交易所，发行总股本 8000 万股，募集资金 5.8 亿元。

图 3-13 所示的是双良节能 2009 年 7～10 月这段时间的日 K 线图。自 2009 年 7 月下旬至 2009 年 8 月末，双良节能迎来了上涨途中的调整行情，自 2009 年 7 月 21 日起，当双良节能调整区间换手率达到 50% 时，迎来了再次上涨的行情，随后，双良节能股价在一个多月的时间里上涨了 84%。

当然，双良节能股价能有如此的表现，与其基本面有着重要关系，下面我们就来看看其基本面的亮点。

第一，溴冷机行业龙头，行业标准制定者。公司是溴化锂制冷机的国内第一品牌，拥有超过 25 年的空调行业经验，占据溴化锂中央空调市场 20% 以上的份额，并积极向余热利用节能型溴化锂制冷机业务拓展。目前公司溴冷机业务分为：民用、一般工业、余热利用型三类，占比分别为 20%、40% 和 40%。整体订单增速有望保持在 20%。

第二，空冷器行业新秀，市场份额迅速扩张。公司利用在溴冷机行业积累的深厚的换热技术积极拓展空冷器市场空间，并逐步形成较强的核心竞争力。在国家大型专项设备国产化的政策推动下，以哈空调、双良为代表的内资企业迅速扩大空冷器市场份额。双良空冷器市场份额从 2007 年的 1% 迅速增长至 2008 年的近 8%，预计未来 3 年公司将占有空冷器市场 20% 左右的市场份额。

第三，苯乙烯业务具有规模优势和区域优势，经济复苏下盈利获得保障。公司苯乙烯业务具有规模优势，总产能为 42 万吨/年，位列全国第三。同时还具有地域优势，公司产品大部分为省内销售，仅在公司所在地江阴 100 公里的半径内，苯乙烯的年需求量就约有 200 万吨。在下游家电行业 EPS 包装材料、建筑保温材料 EPS、PS 工程塑料、汽车行业 ABS 工程塑料以及汽车轮胎原料丁苯橡胶的需求回暖的背景下，公司苯乙烯盈利大幅回升，并将获得持续保障，预计公司苯乙烯将获得相对稳定的 10% 的毛利率回报。

第四，海水淡化设备和 EPS 业务是 2010 年的新增长点。海水淡化设备将满足沿海电厂的淡水需求；而向下游拓展发泡聚苯乙烯（EPS），将延长苯乙烯产业链，降低经营风险，获取稳定收益。

根据申银万国 2009 年的预计，公司 2009—2011 年将实现 EPS 为 0.56 元、0.75 元和 0.92 元，复合增速为 27%。

对于双良节能这种业绩保持稳定增长的公司，一旦其在上涨趋势中调整区间换手率达到重要百分比位置后企稳，便迎来了我们介入的时机。

我们再来看看在下跌趋势中区间换手率达到一定比例的卖出时机的案例。

我们先来看案例一。

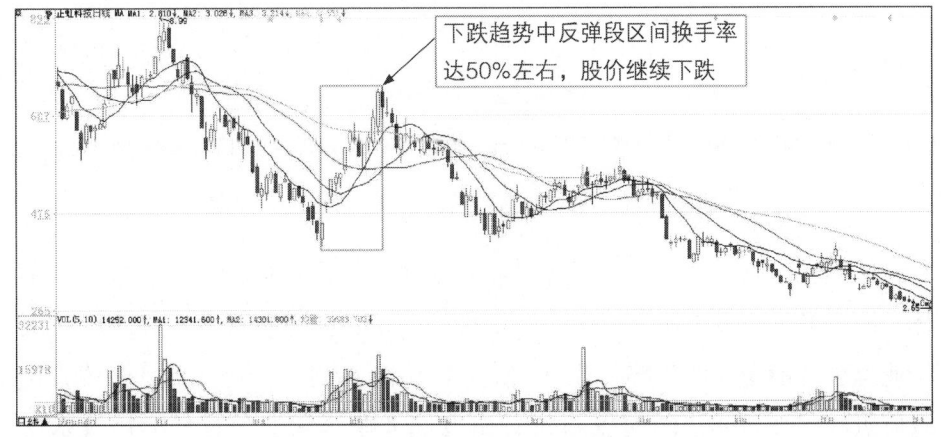

图 3-14

正虹科技（000702）是一家从事各类饲料的研制、生产、销售；农业产业化的系列开发；生物工程科技项目的投资、开发；经营本企业《中华人民共和国进出口企业资格证书》核定范围内的进出口业务等的企业。公司的前身是成立于1986年的国营屈原农场饲料厂，1994年更名为湖南正虹饲料厂，经济性质为国营。1994年，经岳阳市人民政府岳发〔1994〕20号文批准，成立岳阳市屈原农垦集团公司为独家发起人，对其下属的正虹饲料厂进行股份制改组，募集设立正虹科技，1997年3月，公司股票登录深圳交易所，发行5000万股，募集资金3.53亿元。

图3-14所示的是正虹科技2008年1～11月这段时间的日K线图。2008年4月下旬至5月中旬，正虹科技股价在反弹中区间换手率达到50%左右，此后，正虹科技股价快速回落，进入了下一段的下跌行情中，对于在下跌趋势中，反弹区间达到重要百分比，并且股价随即走弱的股票，我们要及时卖出，以免造成更大的损失。

我们继续来看案例二。

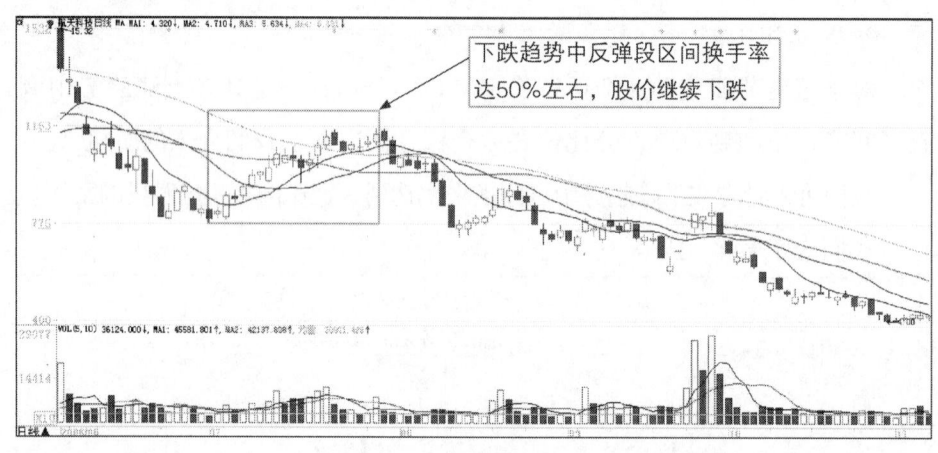

图3-15

航天科技（000901）是一家从事汽车电子、家用电子、微特电机、固体火箭、航天产品的研发、生产和销售的公司，公司主要发起人中国航天工业总公司前身为国防部第五研究院，1956年始建。公司经黑龙江省人民政府黑政函〔1998〕66号文批准，由发起人联合天通计算机应用技术中心、哈尔滨工业大学高新技术开发总公司、北京奥润办公设备技术公司等

7家公司共同发起，以募集方式设立的股份有限公司。1999年4月，公司股票登录深圳交易所，发行3000万股，募集资金1.86亿元。

图3-15所示的是航天科技2008年6～11月这段时间的日K线图。2008年7月初至7月末，航天科技股价在反弹中区间换手率达到50%左右，此后，航天科技股价快速回落，进入了下一段的下跌行情中。对于在下跌趋势中，反弹区间达到了重要百分比，并且股价随即走弱的股票，我们要及时卖出，以免造成更大的损失。

我们继续来看案例三。

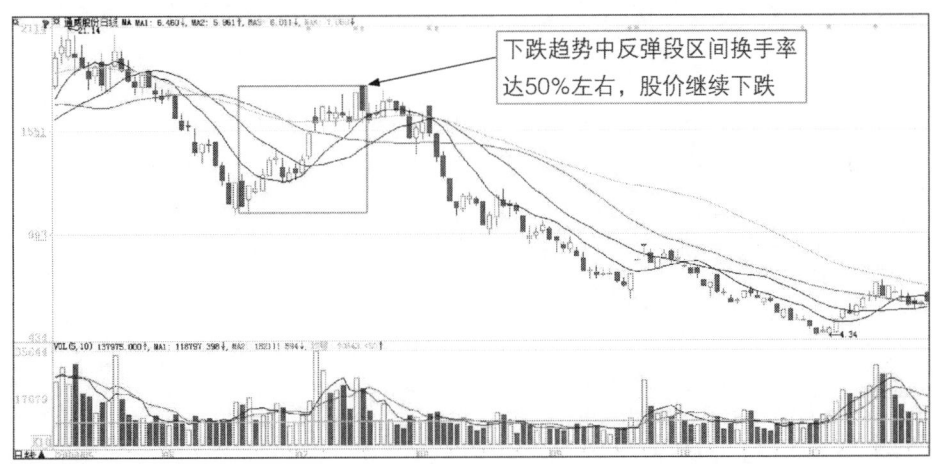

图3-16

通威股份（600438）是一家从事生产、销售饲料及饲料添加剂的公司。2004年3月，公司股票登录上海交易所，发行6000万股，募集资金4.5亿元。

图3-16所示的是通威股份2008年5-11月这段时间的日K线图。2008年6月中旬至7月下旬，通威股份进入了反弹阶段，当股价在反弹中区间换手率达到50%左右时，通威股份的股价快速掉头向下，进入下一轮下跌浪中。

通过以上几个案例，我们更加加深了印象，对于在下跌趋势中，反弹区间达到重要百分比，并且股价随即走弱的股票，我们要及时卖出，以免造成更大的损失。

第四章

按三周上涨和下跌买卖

> 当主要趋势向上时,可在牛市中在为期3周的调整或下跌后买入,因为这是大牛市的平均调整时间。在熊市中,如果你知道趋势向下,可在大约为期3周的反弹后卖出。当市场上涨或下跌30天,甚至更长后,下一个需要留心头部和底部的时间周期大约是6至7周,这将是一个买卖点,当然不要忘记根据这些阻力位设置止蚀单,以保护投资。如果市场反弹或下跌45至49天以上,那么下一个时间周期大约是60至65天,这是熊市中反弹以及牛市中调整的最常见的平均时间。
>
> ——江恩

虽然本章标题是按三周上涨和下跌买卖，但是本章的核心思想并不是简简单单地告诉大家在牛市或者熊市中都按照三周的操作方法机械地去操作我们中国的股票，本章我们只是借鉴江恩买卖规则的思想，把这样的思想运用到中国的股票投资中来。

要把江恩的思想运用到中国的股票市场中来，我们就不能将江恩在几十年前对美国市场的结论简单地运用在中国市场中，而应该充分运用各种手段，来具体分析中国的市场情况。

第一节　中国股市的上涨和下跌规律

按三周上涨和下跌买卖是江恩在 20 世纪初期对于美国股票市场的经典总结，时间过去了将近 100 年，对于中国的股票市场是否会有与此相类似的规律，我们可以看看接下来的总结分析。

我们来看看自 1990 年以来所有上涨趋势中上涨段和调整段的交易日情况的统计和 1990—2009 年所有下跌趋势中下跌段和反弹段的交易日情况的统计。

表 4-1　上证指数 1990—12—19 至 2009 年所有上涨趋势中的上升段

小周期					
上涨段			调整段		
时间区间		交易日	时间区间		交易日
底	顶		底	顶	
1990—12—19	1991—01—14	18	1991—01—14	1991—05—17	87
1991—05—17	1991—07—01	32	1991—07—01	1991—07—15	11
1991—07—15	1991—09—17	47	1991—09—17	1991—09—30	10
1991—10—03	1992—05—26	164	1992—05—26	1992—11—17	124
1992—11—17	1993—02—06	63	1996—12—11	1996—12—25	11
1994—07—29	1994—09—13	33	1999—06—30	1999—12—27	123

续表

小周期					
上涨段			调整段		
时间区间		交易日	时间区间		交易日
底	顶		底	顶	
1996—09—13	1996—12—11	61	2000—08—22	2000—09—25	25
1996—12—25	1997—05—12	86	2001—01—08	2001—02—22	24
1999—05—17	1999—06—30	33	2005—09—20	2005—10—28	24
1999—12—27	2000—08—22	155	2006—03—01	2006—03—08	6
2000—09—25	2001—01—08	70	2006—07—05	2006—08—07	24
2001—02—22	2001—06—14	76	2007—01—24	2007—02—06	10
2005—06—06	2005—09—20	77	2007—05—29	2007—06—05	6
2005—10—28	2006—03—01	80	2008—12—09	2008—12—31	17
2006—03—08	2006—07—05	81	2009—02—17	2009—03—03	11
2006—08—07	2007—01—24	115			
2007—02—06	2007—05—29	71			
2007—06—05	2007—10—16	91			
2008—10—28	2008—12—09	31			
2008—12—31	2009—02—17	28			
2009—03—03	2009—08—04	107			
所有平均		72			34

表4—2 上证指数1990—2008年所有的下跌趋势

小周期					
下跌段			反弹段		
时间区间		交易日	时间区间		交易日
底	顶		底	顶	
1993—02—16	1993—03—25	28	1993—03—25	1993—04—29	26
1993—04—29	1993—07—27	64	1993—07—27	1993—08—17	16
1993—08—17	1993—10—25	49	1993—10—25	1993—12—08	33
1993—12—08	1994—07—29	162	2001—10—22	2001—12—05	33

续表

小周期					
下跌段			反弹段		
时间区间		交易日	时间区间		交易日
底	顶		底	顶	
2001—06—14	2001—10—22	88	2004—09—13	2004—09—24	10
2001—12—5	2002—01—29	37	2005—02—01	2005—02—25	12
2004—09—24	2005—02—01	87	2007—11—28	2008—01—14	32
2005—02—25	2005—06—06	67	2008—04—22	2008—05—06	9
2007—10—16	2007—11—28	32	2008—09—18	2008—09—25	6
2008—01—14	2008—04—22	66			
2008—05—06	2008—09—18	96			
2008—09—25	2008—10—28	19			
全部平均		66			20

透过表4-1和表4-2，我们可以看到在上涨趋势中的平均调整时间为34个交易日，而在下跌趋势中的平均反弹时间为20个交易日，这与江恩所统计的3周时间的确有差异，如果我们按照每周5个交易日来计算的话，中国股市的上涨趋势的调整时间平均为7周左右，而中国股市的下跌趋势的反弹时间平均为4周左右。

在上涨行情中，由于上涨的周期较长，相应调整的时间也比较长，而在下跌行情中，由于下跌时留给投资者卖出的时间非常有限，所以在下跌行情中反弹的天数仅仅为20个交易日。

当然，在实际运用中，绝对不是所有股票都适用这种机械式的周期，也不太现实，我们更多的应该是去吸取其中的思想，为我们所用，比如，在上涨趋势的上涨行情中，上升浪一般比调整浪要长，而且在牛市和市场比较不错的上涨趋势中，上涨段的周期往往是调整段的1倍左右，而在熊市或者下跌段中，反弹的周期往往只有下跌周期的1/3左右，这些都是我们可以总结到的一般规律，而实际情况不可能与我们总结的一模一样，我们要吸取的是其中的思想，相信江恩所示的三周调整法也是想表达股票的一种调整周期的思想。

我们继续来看出现较多的上涨趋势中的震荡行情的情况。

表 4-3　1990—2009 年上涨趋势中的震荡趋势

小周期					
上涨段			调整段		
时间区间		交易日	时间区间		交易日
底	顶		底	顶	
1995—02—07	1995—04—10	45	1994—09—13	1995—02—07	98
1995—04—27	1995—05—22	17	1995—04—10	1995—04—27	14
1995—07—04	1995—09—12	51	1995—05—22	1995—07—04	32
1996—01—19	1996—04—29	62	1995—09—12	1996—01—19	91
1996—05—24	1996—08—12	57	1996—04—29	1996—05—24	19
1997—09—23	1998—02—09	85	1996—08—12	1996—09—13	25
1998—03—12	1998—06—04	60	1997—05—12	1997—09—23	95
1998—08—18	1998—11—17	64	1998—02—09	1998—03—12	24
1999—02—08	1999—04—09	32	1998—06—04	1998—08—18	54
2009—09—01	2009—11—24	55	1998—11—17	1999—02—08	59
2010—02—03	2010—04—15	46	1999—04—09	1999—05—17	26
2010—07—02	2010—11—11	87	2009—08—04	2009—09—01	21
2011—01—25	2011—04—18	53	2009—11—24	2010—02—03	51
2010—04—15	2010—07—02	53			
2010—11—11	2011—01—25	53			
所有平均		55			48

在上涨趋势中的震荡行情中，我们可以看到大盘的平均上涨时间为 55 个交易日，而平均下跌时间为 48 个交易日，上涨周期略多于下跌周期，这也符合上涨趋势中震荡格局的大环境，由于是震荡市场格局，因此上涨和下跌的周期基本相等，这样的规律与江恩所统计的 3 周上涨和下跌没有什么关系，但是却可以为我们的股票操作服务。

了解了中国股票市场自身的运行规律后，在第二节我们会主要讲述如何运用这一规律。

第二节 按中国股市的上涨和下跌规律买卖

第一节我们总结了中国股票市场自诞生以来的调整周期的规律，在本节中我们将通过大量的案例来告诉投资者如何灵活运用它们为我们的投资服务。

我们先来看看在上涨趋势中如何运用这一规律买入股票。

我们先来看案例一。

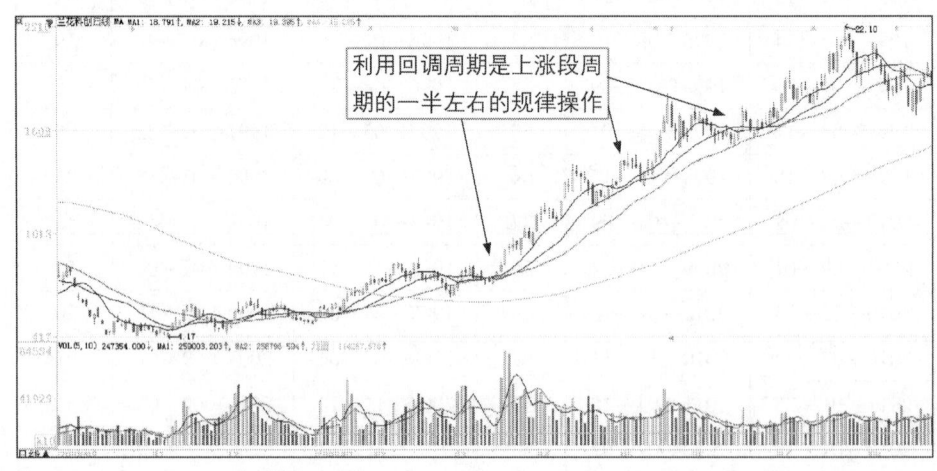

图4-1

兰花科创（600123）是一家从事煤炭、型煤、化工产品、建筑材料的生产、销售的公司。公司是经山西省人民政府晋政函〔1998〕70号文批准，由山西兰花煤炭实业集团有限公司作为独家发起人，投入其下属六一厂从事煤炭和化肥产品业务的生产经营性资产和部分辅助生产经营行资产以及相关负债，以募集设立方式设立的股份有限公司。1998年12月，公司股票登录上海交易所，发行8000万股，募集资金3.296亿元。

图4-1所示的是兰花科创自2008年9月至2009年8月这段时间的日K线图。2008年11月之后，兰花科创股价逐步跟随大盘见底企稳，2009

年2月，兰花科创的股价走入上涨趋势，在这段上涨趋势中，兰花科创股价每上涨一段，都会经历一段回调，有趣的是，兰花科创每次回调的周期，都接近于其每一段上涨周期的一半，这也正好印证了笔者在本章提出的规律，在股票的上涨趋势中，调整段的周期往往是其上涨段周期的1/2左右，所以，对于兰花科创，一旦其股价回调，只要回调周期接近于前一段上涨周期的1/2左右，并且股价走稳，就是我们中途介入的好时机，直到上涨趋势终结为止。对于此规律的运用，我们更多的是理解其思想，而不是照搬照抄，有时，必要的变通是必不可少的。

兰花科创能有如此表现，离不开其基本面的刺激，下面我们就来看看当时兰花科创的基本面亮点。

第一，公司业绩不断增长。

2008年公司净利润增长182.4%，EPS2.49元。2008年公司主营业务实现了快速增长，营业收入49.121亿元，同比增长40.56%；利润总额17.688亿元，同比增长73.1%；归属于母公司股东的净利润14.012亿元，同比增长98.25%。2008年公司每股收益达2.45元，较2007年增长98.3%；全面摊薄净资产收益率为31.8%，比2007年提高了9.5个百分点。

无烟煤价格处于高位，2009年第一季度公司业绩好于预期。受下游化工行业的刚性需求影响，第一季度无烟煤的价格维持在高位。公司2009年第一季度业绩大增已成定局，预计增幅在20%以上，EPS在0.6元左右。随着春耕季节的到来，农用尿素等化肥需求旺盛，合成氨产量的季节性特征较强，第二季度合成氨产量处于高位。预计第二季度无烟块煤的需求将有小幅上升，无烟块煤的价格将与前期持平或略有小幅上涨。

第二，煤炭产销量平稳增长、均价大幅提高。

2008年公司主要产品的产销量维持了平稳增长的态势，共生产煤炭548.55万吨，同比增长5.74%，销售542.66万吨，同比增长9.48%；预计2009年公司煤炭产销量将与2008年持平。在公司煤炭产量平稳增长的同时，煤炭销售均价则大幅提高，同比提高了48.7%。煤价上涨使公司煤炭业务毛利率较2007年提高了9.6个百分点，达到66.8%。

第三，公司尿素库存基本消化完毕，逐渐开始盈利。

尿素销售价格为1850元/吨，不过尿素子公司大化公司、田悦公司将逐步开始贡献业绩。

第四，进军新能源，建设重庆单晶硅项目，但2009年难以贡献利润。

2008年4月，公司投资4.9亿元，控股40％，参与成立重庆兰花太阳能电力股份有限公司，在万州投资建设年产1000吨单晶硅棒、6500万片单晶硅切片的项目。目前，该项目仍处于建设阶段，预计2009年难以贡献利润。

第五，资源整合带来的契机，有望弥补公司成长性不足的"短板"。

山西省加大力度进行小煤矿资源整合，鼓励省内煤炭大集团进行资源整合。兰花科创作为地方煤炭大公司之一，将直接受益于煤炭资源的整合。目前，公司亦正在积极进行省内外煤炭资源的整合，公司规划在"十一五"末期，形成1650万吨的煤炭产能，"十二五"末期形成5000万吨的产能。

根据浙商证券的预测，公司2009年和2010年每股收益为2.068元、2.316元，可见，兰花科创具有十足的安全边际，在大盘处于上涨阶段，按照笔者所述的规律对兰花科创进行操作，将会收到不错的效果。

我们再来看案例二。

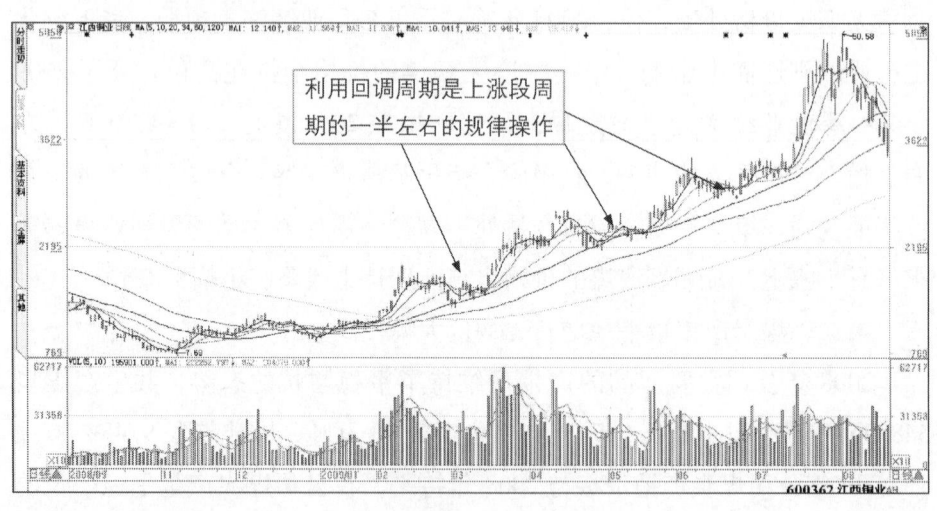

图4-2

江西铜业（600362）是一家从事采矿、选矿、熔炼与精炼，生产阴铜及副产品，包括硫精矿、硫酸及电解金和银等的公司。本公司是由江西铜业公司、国际铜业（中国）投资有限公司、深圳宝恒（集团）股份有限公司、上饶市振达铜材工业集团（现已改制重组为江西鑫新实业股份有限公司）及湖北黄石金铜矿业有限责任公司（现已改制重组为湖北三鑫金铜股份有限公司）作为发起人，于1997年1月24日以发起方式设立的外商投资股份有限公司。江西铜业公司系以其拥有的经评估及国有资产管理部门确认的德兴铜矿、永平铜矿和贵溪冶炼厂等有关净资产作价入股，其他发起人系以人民币现金入股。公司设立时的注册资本为177755.62万元。公司于1997年6月12日发行了656482000股H股并在香港联交所和伦敦证券交易所上市。H股发行后，公司的注册资本变更为243403.82万元。公司是我国第四批境外上市公司中的其中一家，也是我国在境外上市的第一家矿业公司。公司现为外商投资先进技术企业。2002年1月，江西铜业登录上海证券交易所，发行2.3亿股，融资5.221亿元，公司总股本增至266403.82万股。

图4-2所示的是江西铜业2008年9月至2009年8月的日K线图。2008年10月底，大盘创下熊市新低，之后开始见底企稳，开启了一波修复性上涨的小牛市行情。此时的江西铜业也跟随大盘缓缓上涨，逐步走入上涨趋势，从上图中我们可以看到，在江西铜业形成上涨趋势之后，股价每上涨一段，都会经历一段回调，有趣的是，我们发现，江西铜业每次回调的周期近似地等于其上涨周期的1/2，这与笔者之前所说的上涨趋势中的上涨段与调整段的周期规律不谋而合，按照此规律，在上涨趋势中，每次江西铜业股价的回调周期等于上涨段周期的1/2左右，只要股价有企稳迹象，就是我们中途介入江西铜业的大好时机，按照此规律，我们在上涨趋势中能够取得比买入持有策略更加丰厚的收益。

当然，我们选择江西铜业之所以能有如此的表现，与其基本面息息相关。

我们来看看招商证券分析师赵春和王晓丹于2009年4月发布的对江西铜业的调研简报：

4月1日，公司披露了年报，实现销售收入540亿元，同比增长25%，归属于母公司的净利润29亿元，同比下滑27%，实现每股收益0.76元。

同时公司还计提了超过18亿元的资产减值和投资损失。

铜是基本面最好的基本金属，看好铜价：铜资源供给紧张、需求环比回暖和国储收储对铜价构成较强支撑，我们认为铜金属是有色基本金属中基本面最好的金属品种，预期全年铜均价在38000元/吨。

资产减值和投资损失提价相对较为充分，但2009年仍受高价库存的影响。2008年计提资产减值损失为7.6亿元，计提套保失误平仓带来的公允价值变动损失和投资收益损失高达10.7亿元，计提较为充分，但由于公司的存货成本计量为加权平均计量方法，因此，2009年仍将需要部分时间消化高价库存。

未来几年自产铜资源产量保持快速增长：2008年生产精铜70.2万吨、黄金16.3吨、白银408吨、铜材46.2万吨、硫酸218万吨和硫精矿155万吨，其中自产铜精矿为15.9万吨，自产黄金超过5吨。预期公司2009—2011年自产铜分别为17.5万吨、19万吨和22万吨。

公司资源储量优势明显。截至2008年年末，公司国内权益铜资源储量为1114万吨、黄金为363吨、白银为9098吨、钼为27.7万吨，伴生硫为10390万吨。

国外参股资源权益储量为：铜407万吨、黄金42吨。从资源储量上看，江西铜业铜资源储量是云南铜业的5倍，黄金储量是山东黄金的2倍，而白银和钼资源储量也非常丰厚。

公司的铜价业绩敏感度较高，国际铜价每涨500美元/吨，将提升公司业绩0.12元。敏感度介于云铜和铜陵之间。我们预期全年铜均价为4500美元/吨，预估公司2009—2011年每股收益分别为0.70元、0.86元和0.96元。

维持"审慎推荐"投资评级：公司是国内资源储量最丰富、自产铜资源最大、铜资源自给水平最高的铜生产企业。在2009年铜价格明显回暖的背景下，我们看好公司的趋势性投资机会，维持"审慎推荐"的投资评级。

风险提示：公司目前股价为23.69元，如按2009年20倍市盈率水平计算，那么2009年铜均价达到了6000美元/吨，但我们认为2009年铜均价达到6000美元/吨的可能性非常小，因此，公司短期具备估值风险。

上面的研究简报强调了江西铜业的资源优势，同时指出了其业绩也出现了明显的下滑，我们知道，2008年的国际金融危机波及甚广，对于大宗产品，诸如铜的价格和需求量都会有一个明显的负面影响。但是，我们也要看到，每次熊市过后，率先反弹复苏的品种都是那些周期性强的品种，而江西铜业正是这种典型的周期性行业，根据招商证券对江西铜业2009年的业绩预测，可以看出虽然江西铜业2008年业务出现下滑，但是其业绩并不差，安全边际要远胜过那些每股收益只有几分钱甚至更低的公司。

在大盘和个股双双处于上涨趋势的环境下，个股满足了调整周期的规律，我们可以按照此规律来回操作，直至上涨趋势终结为止，当然，此方法并不能一味地照搬照抄，也要根据不同的股票的情况进行适当的变通。

我们继续来看案例三。

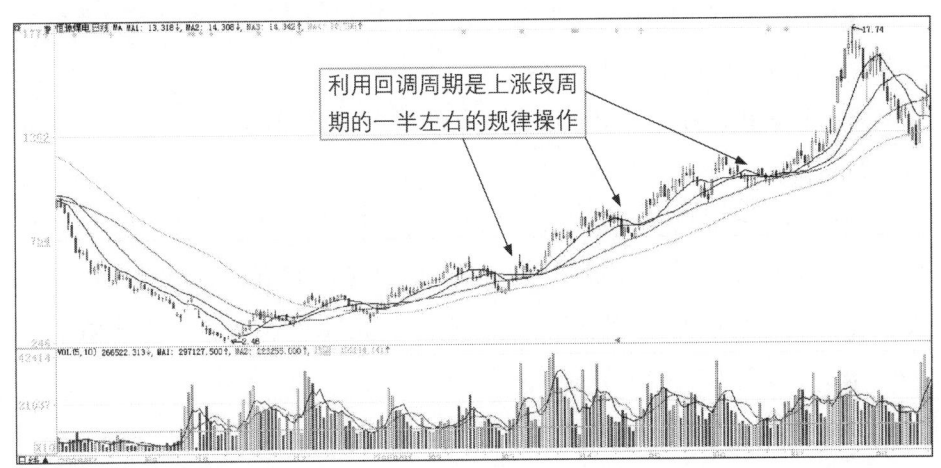

图4-3

恒源煤电（600971）是一家从事煤炭开采、洗选加工、销售业务的公司。公司是2000年12月29日由安徽省皖北煤电集团有限责任公司作为主发起人，以其所属刘桥二矿经营性资产及相关负债作为出资，联合安徽省燃料总公司、合肥四方化工集团有限责任公司、合肥开元精密工程有限责任公司、深圳高斯达实业有限公司等四家企业，共同发起设立的。2000年12月29日，公司在安徽省工商行政管理局登记注册，领取企业法人营业执照，注册资本为8160万元。2004年8月，公司股票登录上海交易所，发行 4400 万股，募集资金 4.1493 亿元。

图 4-3 所示的是恒源煤电 2008 年 7 月至 2009 年 8 月这段时间的日 K 线图。

从上图可以看到，自 2008 年 9 月起，虽然恒源煤电的下跌趋势仍未改变，其成交量已经有明显的放大，可见，已经有资金开始提前建仓了，2008 年 10 月底，大盘逐步见底企稳，此时的恒源煤电股价也开始跟随大盘逐步上涨，走入上涨通道中，在恒源煤电的上涨趋势中，每次阶段的调整周期刚好近似等于前一段的上涨周期的 1/2，这一规律符合笔者在本章所统计上涨趋势中的涨跌周期规律，按照此规律，在恒源煤电股价回调周期接近上涨周期的 1/2 处，一旦股价有企稳迹象，便是我们的介入良机，如此往复操作，我们可以获得非常不错的收益。

当然，恒源煤电能有如此收益，还与其基本面因素有关，下面我们就来看看恒源煤电当时的基本面情况。

我们先来看 3 月 9 日招商证券发布的对于恒源煤电的调研报告，简要内容如下：

2008 年公司实现每股收益 1.62 元，同比增长 20%：2008 年度公司实现主营业务收入和利润为 20.5 亿元和 4.1 亿元，同比增长 57% 和 12%。实现归属于母公司所有者净利润 3.1 亿元，同比增长 20%，合每股收益 1.62 元，基本符合预期。

2008 年煤炭产销量稳定增长：可转债募集资金投资的 90 万吨卧龙湖矿和 60 万吨的五沟煤矿于 2008 年下半年投产，增加公司的煤炭产量大约 70 万吨，2008 年公司煤炭产销量分别为 416.11 万吨和 395.65 万吨，同比增长 22% 和 25%。

成本随价格上涨，煤炭毛利率和吨煤净利小幅下降：2008 年公司煤炭售价为 501 元/吨，较 2007 年增加 100 元/吨（+25%）。煤炭成本为 340 元/吨，较 2007 年增加 745 元/吨（+28%），煤炭毛利率为 32%，较 2007 年下降 4 个百分点。吨煤净利为 77 元，较 2007 年的 80 元小幅下降。

会计政策调整增厚业绩明显：维简费计提标准为 11 元/吨，安全费用计提标准为收入的 4%，2007 年两项合计为 27 元/吨。从 2007 年度调整的数据来看，煤炭成本减少17.8元，增厚2007年EPS 0.28元，较2007年原EPS 1.07元增厚26%。

2008年年末公布具体增厚数，如按2007年减少的吨煤成本计算则增厚2008年EPS 0.28元，增厚幅度为21%。

2009年，卧龙湖矿和五沟煤两个煤矿将达产至150万吨，此外整体上市后，2009年增加产量505万吨，2010年再增加产量180万吨。预计2009—2010年煤炭产量分别为995万吨和1175万吨，同比增长139%和18%（总体增加1.8倍，而考虑可转债转股后的股本仅增加1.4倍）。

盈利预测：预计2009—2010年每股收入分别为1.44元和1.7元（考虑可转债全部转股和增发增加股本）。同比分别增长111%和18%。

整体上市后2009年动态PB仅为1.4倍，重置成本为20.3元/股。维持"审慎推荐"投资评级。

为了更加全面地了解恒源煤电当时的基本面状况，我们再来看看2009年3月10日长城证券发布的对恒源煤电的调研简报，简报内容如下：

恒源煤电2008年全年实现营业收入为20.49亿元，同比增长57.14%，归属于母公司的净利润为3.06亿元，同比增幅为20.4%。基本每股收益为1.62元，略高于前期预期。每股经营活动产生的现金流量净额为2.11元，净资产收益率为20.86%，比上年高出了1.2个百分点。2008年公司生产原煤416.1万吨，商品煤销量为395.6万吨，同比增长25%。增量部分主要来自于2008年下半年投产的卧龙湖矿和五沟矿，这两个煤矿为公司2007年发行可转债所募资金收购大股东的资产。由于刚投产，开办费用较高，卧龙湖矿本年度亏损4291万元，五沟矿盈利4843万，两矿盈亏基本相抵。公司2008年商品煤综合售价为500.7元/吨，较上年同期提高25%，即100元/吨，增长的原因一是上半年煤价增长较多，另外，第4季度煤炭毛利率高于第3季度，可能意味着新投产的两矿煤种因煤种更好，售价也比原有煤炭产品价格高些。全年煤炭单位销售成本增幅略高于价格提升，为27.6%，达到340元/吨，煤炭毛利率同比下降1.4个百分点至32.1%。电力业务方面，2007年第4季度投产2×15MW煤矸石发电机组，使得2008年发电量增加了58%，达到2.2亿度。煤矸石发电成本低，电力毛利率达到30%，远高于电力行业平均水平。但由于规模小，利润贡献仅1612万。在不考虑整体上市的情况下，新收购的两矿有望使2009年公司煤炭产量继续实现18%的增长，达到490万吨。在2009年的煤价方面，预计公司原有两矿的动力煤税前均价与2008年均价持平或略为下降，而新购两矿由于煤种较好，售价更高些，谨慎估计2009年综合煤价应该基本保持在2008年水平，若下半年市场开始好转，则均价有望增长5%~8%。但由于增值税上调、可能征收的资源税等因素的影响，2009年现有矿的煤炭毛利率难有改善。2008年10月底公司董事会通过了整体上市的预案，拟第一步以13.71元/股的价格向大股东皖北煤电集团发行1.12亿股，以支付收购集团任楼煤矿、祁东煤矿、钱营孜煤矿及煤炭生产辅助单位的资产与负债所需资金的50%。另外50%的价款先形成上市公司对大股东的负债。

通过对两份研报的分析，我们可以得出如下信息，恒源煤电的业绩略超预期，2008年公司实现每股收益1.62元，公司具有十足的安全边际，与此同时，公司的整体上市将刺激2009年恒源煤电业绩的爆发式增长。因此，我们可以看出，当时恒源煤电的基本面非常优异，符合我们的投资逻辑。

在其基本面符合我们投资逻辑，股价在上涨趋势中的涨跌周期符合我们统计的规律的前提下，对恒源煤电进行多次波段操作，可以使我们获得更加丰厚的收益。

我们来看案例四。

苏常柴A（000570）是一家从事农用柴油机、农用运输车、联合收割机等产品的制造与销售的公司。公司前身为常州柴油机厂，始建于1913年。1993年始进行股份制改组。1994年5月6日"常柴股份有限公司"宣告成立，同年6月28日，"苏常柴A"在深圳证券交易所上市交易，发行股票4000万股，募集资金1.56亿元。

图4-4所示的是苏常柴A 2008年9月至2009年11月的日K线图，2008年10月之后，苏常柴A股价逐步见底企稳，随后，苏常柴A股价走出了完美的上升通道，股价每上升一段就会进行一段回调，而且每次回调

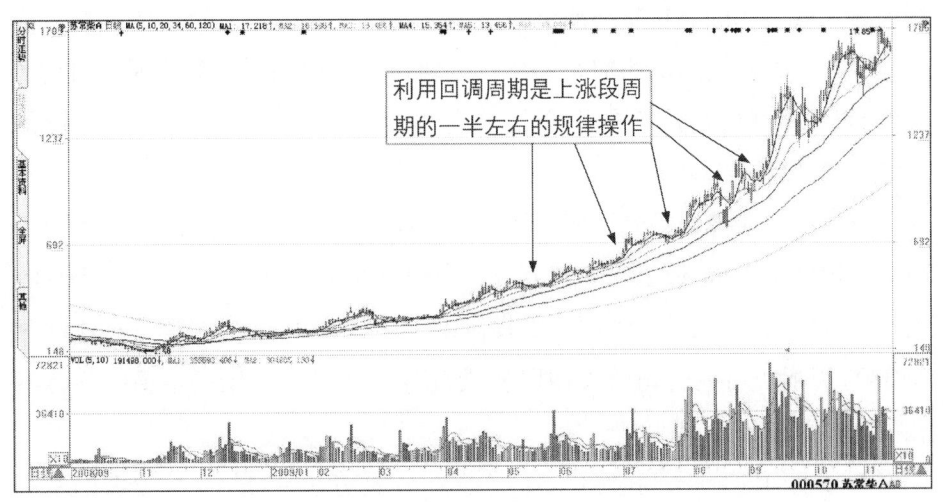

图 4-4

的周期近似等于前一段上涨的周期的一半。按照此规律，一旦苏常柴 A 的股价回调周期接近上一段上涨周期的 1/2，并且股价有企稳迹象，就是我们中途介入苏常柴 A 的良机，如此反复，我们可以在该股上赚取非常丰厚的波段收益。

当然，苏常柴 A 股价能有如此的表现，离不开其基本面的刺激，下面我们就来看看其基本面亮点：

第一，2009 年中期业绩大幅增长，分红派现能力也随之提高。苏常柴 A 于 8 月 12 日公布 2009 年半年报，上半年公司实现销售收入 124,751.28 万元，同比增长 8.45%，实现净利润 18872.05 万元，基本每股收益 0.5 元，公司盈利水平的大幅提高也提升了其分红派现能力，公司拟每 10 股送 5 股派 0.8 元现金。

第二，投资收益短期内对公司业绩增厚明显。公司在 2009 年上半年出售了所持有的交易性金融资产"福田汽车"股票 450 万股，获得税前收益 1480.5 万元。同时公司将所持有的 35117105 股"ST 凯马 B"股份以 5.33 元/股的价格转让给中国恒天集团有限公司，获得税前收益 1.55 亿元。以 3.74 亿的股本粗略估计投资收益将增厚 EPS 约 0.45 元，即对公司短期业绩贡献显著。

第三，主营业务稳健发展，盈利能力稳步提升。苏常柴 A 是我国农机行业最大的生产中小功率柴油机的厂家。受国家农机补贴政策的影响，公司上半年产品销量同比增加5.47%。同时由于公司加强内部管理，调整产品结构以及原材料价格的下降使公司主营业务的毛利率由上年同期的9.64%增加到13.34%。

第四，股权投资具有增值空间，潜在投资收益可观。苏常柴A目前仍持有福田汽车3.94%约4178.4万股、宁沪高速9.05万股，以8月11日收盘价计算约5.96亿元，潜在投资收益5.54亿元。此外公司还持有江苏银行3800万股。可见公司的长期股权投资收益仍具有一定的增值空间，潜在投资收益较为可观。

通过上面的分析，我们知道，苏常柴A具有业绩暴增、高分派的基本面亮点刺激，使得股价在大盘处于上涨格局时走出了完美的上升通道，此时，我们运用上涨趋势中涨跌周期规律对其进行操作，可以获得更加丰厚的收益。

接下来我们再来看看应该如何在下跌趋势中运用这一规律及时卖出股票，减少损失。

我们来看案例一。

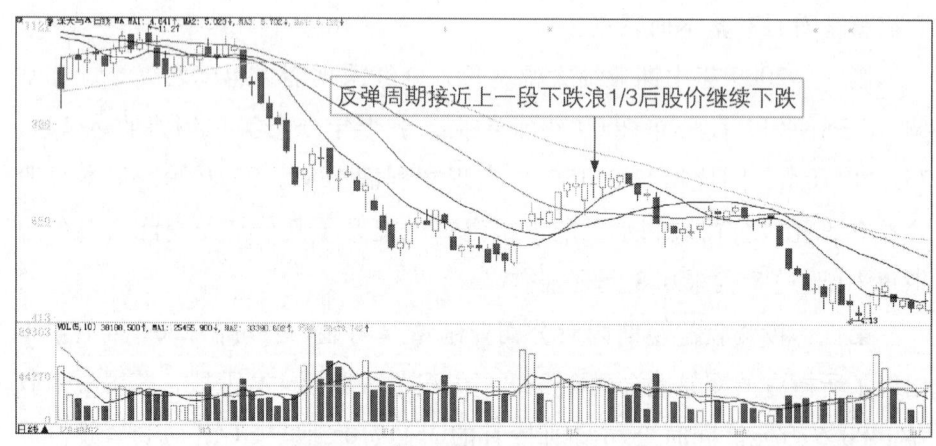

图4-5

图4-5所示的是深天马A（000050）2008年2～7月这段时间的日K线图。2008年2～4月，深天马A经历了42个交易日的下跌浪，随后股价迎来反弹，在反弹了12个交易日后，股价逐步进入下跌浪，迎来了另

一波下跌行情，这刚好印证了笔者所统计的熊市或者下跌浪中的涨跌规律，下跌趋势中，股价反弹至上一段下跌浪周期的1/3个交易日附近，一旦股价开始走弱，我们便要及时卖出，以免造成更大的损失。

我们来看案例二。

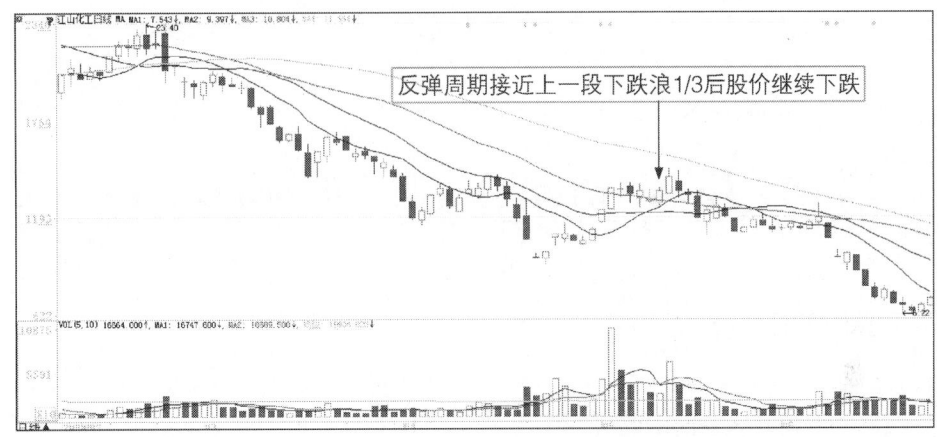

图4-6

图4-6所示的是江山化工（002061）2008年2～6月这段时间的日K线图。2008年2～4月，江山化工经历了42个交易日的下跌浪，随后股价迎来反弹，在反弹了14个交易日后，股价逐步进入下跌浪，迎来了另一波下跌行情，这刚好印证了笔者所统计的熊市或者下跌浪中的涨跌规律，下跌趋势中，股价反弹至上一段下跌浪周期的1/3个交易日附近，一旦股价开始走弱，我们便要快速卖出，以免本金造成重大损失。

我们来看案例三。

图4-7所示的是东港股份（002117）2008年2～6月这段时间的日K线图。2008年2～4月，江山化工经历了43个交易日的下跌浪，随后股价迎来反弹，在反弹了15个交易日后，股价逐步进入下跌浪，迎来了另一波下跌行情，这刚好与笔者所统计的熊市或者下跌浪中的涨跌规律，下跌趋势中，股价反弹至上一段下跌浪周期的1/3个交易日附近非常相近，此后股价又进入快速下跌模式。

最后我们来看看应该如何利用这一规律在大盘处于上涨趋势时的震荡市场中操作股票。

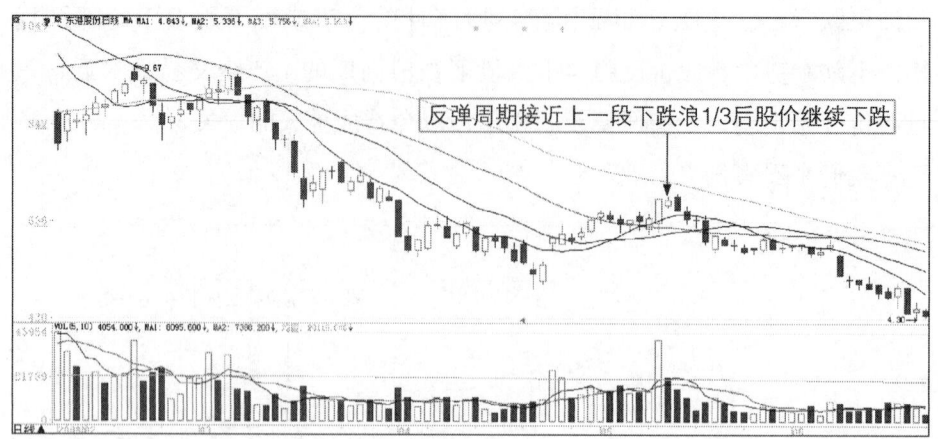

图 4-7

我们来看案例一。

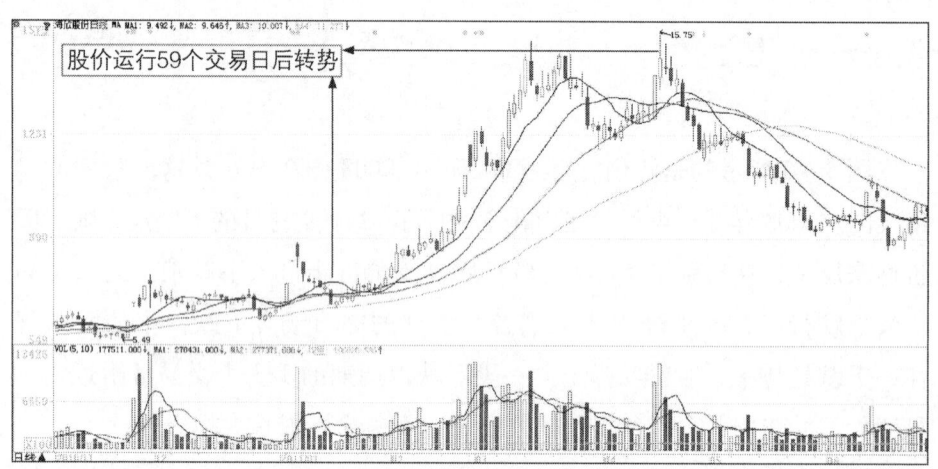

图 4-8

海欣股份（600851）是一家主要从事纺织行业中的长毛绒产品的生产加工和销售的公司。公司前身为中外合资上海海欣有限公司，1986年9月成立，注册资本为300万美元。1990年和1992年公司两次增资共710万美元，注册资本达到1010万美元。公司厂区占地2.44万平方米，厂房建筑面积18842平方米。1993年9月23日经市经委批准改组为股份有限公司，并于11月15日进行工商登记。1994年4月，公司股票登录上海交易所，发行1000万股，募集资金7000万元。

图4-8所示的是海欣股份2010年11月至2011年6月的日K线图。2010年7~11月，上证指数处于震荡市场的阶段上涨行情中，2010年11月中旬，上证指数开始回调，本次震荡市场的阶段回调持续了53个交易日，根据笔者的震荡市场统计规律，下一次震荡市场大盘的反弹的周期应该会略大于53个交易日，可能会在60个交易日左右，而事实上，大盘在2011年1月反弹，反弹周期刚好也为53个交易日。

2011年1月，上证指数开始逐步走入震荡市场的上涨行情，海欣股份股价也逐步进入上涨通道，迎来了阶段买入良机，按照笔者所统计的震荡市场涨跌周期规律，当海欣股份运行至53个交易日以上时，我们就要特别关注其股价可能转势回调了，果然，海欣股份这一轮上涨周期在持续了59个交易日后，股价掉头向下，进入下跌通道，按照此规律，我们可以先于他人在震荡市场刚刚转势前就获利了结，锁定我们的既得收益。

当然，海欣股份能在震荡市场中有如此的表现，让我们赚得丰厚的收益，与其基本面有着重大关联。

下面我们就来看看具体是什么驱动了海欣股份走出这样的一波行情。

第一，抗癌药物前景可期。

公司具有国内唯一获得SFDA临床批准的高科技肿瘤生物治疗方法。

肿瘤治疗用APDC是国家"863"项目的产业化项目。2001年年底完成临床前研究，通过国家药品审评中心的新药审评。2002年4月获得国家I类新生物制品的I期临床试验批文，目前是我国第一个也是唯一一个已完成I期和II期临床的树突状细胞肿瘤生物治疗项目，并已申报III期临床批文。

二期临床治疗效果确切，有效率高。

2008年12月完成的II期临床结果显示，在200多个接受APDC治疗的病人中有效率为46.5%，在100多例以化疗作为对照病人的案例中的有效率是22.5%。

可复制性强，可推广至18种以上其他类型癌症肿瘤治疗用APDC，适用于任何肿瘤的治疗。迄今为止取得较好疗效的肿瘤类型主要有：肺癌、纵膈肿瘤、食道癌、胃癌、结肠癌、直肠癌、肝癌、白血病、甲状腺癌、胰腺癌、胆管癌、肾癌、乳腺癌、子宫癌、宫颈癌、卵巢癌、阴道癌、盆腔肿瘤、前列腺癌、膀胱癌、睾丸癌、脑瘤、神经胶质瘤、淋巴瘤、黑色素瘤、鼻咽癌等18种以上。技术的不断复制将为公司带来更大的收益。

由于癌症治疗现有的放化疗、手术治疗效果极为有限，特异性高、副作用小、疗程短、效果持久、无耐药性的治疗性生物药（如疫苗等）成为医学界治疗癌症的新希望。而国外与海欣股份有类似产品的Dendreon公司在产品通过三期临床后股价一路走高，总市值超过50亿美元，因此海欣股份也成为中国治疗性生物药治疗癌症的新希望。

第二，金融产业成为公司新的增长点。

金融产业成为公司第二大成长亮点。公司投资长江证券2.3亿元，持有上市后的长江证券（000783）1.34亿股，占其总股本的8.01%，为其第三大股东，是持有长江证券股权比例最大的上市公司。公司还参股长信基金管理公司34.33%的股权，而长信基金又拥有多只开放式基金，因此预计公司投资收益将一直保持较高的水平。

据2011年1月平安证券研报预测，在仅考虑公司医药、金融股权和地产估值的情况下，对应APDC在谨慎、中性和乐观三种假设下的估值，公司当前的合理市值分别为123亿元、166亿元和195亿元。而目前公司市值仅80亿元，对应谨慎的假设情景，股价仍然低了50%。

正是在这样的基本面背景下，市场资金出于对海欣股份未来的高成长预期，使得其股价在2个多月的时间里行情翻倍。

按照笔者所说的规律，对于在震荡市场中股价有着不错表现的股票，我们可以在其股价转势前或者刚刚转势不久便锁定收益。

我们继续来看案例二。

万力达（002180）是一家从事厂矿企业（含发电厂）用继电保护及变电站综合自动化系统产品的软硬件开发、生产与系统集成服务的公司。1991年10月21日，河南省石油化工工程建设联合公司（以下简称"石化联合公司"）上级主管部门河南省石油化学工业厅以豫石化字〔1991〕第078号文批复，同意石化联合公司在珠海设立万力达实业。1991年11月21日，珠海香洲区经济技术协作办公室以珠香经协〔1991〕121号文批

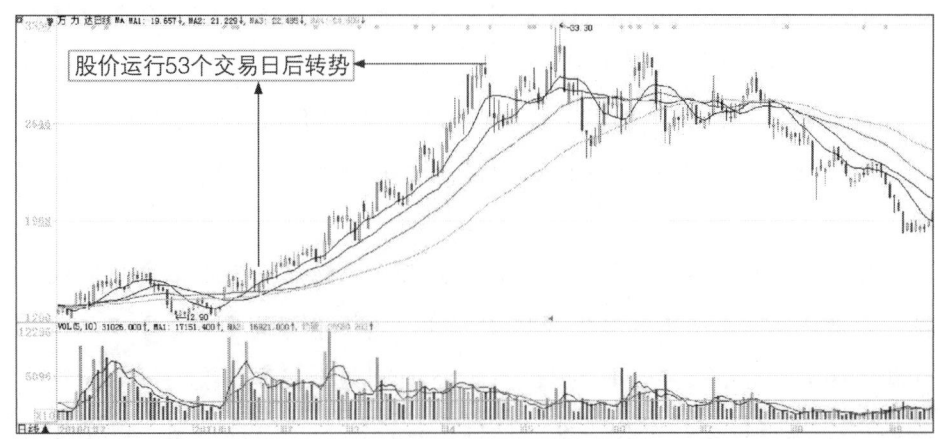

图 4-9

复，同意石化联合公司设立万力达实业。2007年11月，公司股票登录深圳交易所，发行1400万股，募集资金1.9432亿元。

图4-9所示的是万力达2010年11月至2011年9月这段时间的日K线图。2011年1月，上证指数在经历了震荡市场的阶段调整后，开始逐步走入上涨行情，而万力达股价早在2010年1月初便开始逐步走强，2010年1月下旬，我们买入万力达的良机已经来临，此后，万力达股价一路上涨，给我们带来了丰厚的收益，当然，按照笔者所统计的规律，自2010年1月下旬开始，万力达股价运行53个交易日后，可能就会迎来变盘，果然，自2010年1月大盘见底以来，在万力达股价运行了53个交易日后，便开始显露出弱势，此后不久，万力达开始进入下跌通道。

当然，万力达股价在大盘处于震荡上涨阶段时能有如此的表现，其基本面因素也不可忽略，我们来看看当时刺激其股价上涨的基本面因素。

我们来看看2011年2月光大证券分析师袁瑶发布的对于万力达的调研报告，以下是内容纪要：

1. 业绩拐点已到，传统业提供安全边界，矿山具有高业绩弹性。

公司下游的钢铁、水泥等行业过去几年受国家调控影响增速放缓，公司业绩增速同步放缓。2010年年底开始，水泥等公司的下游行业已现反转，公司业绩最困难的时期已过，反转正当时。数字化变电站＋电力电子产品支撑着公司传统业务实现35%～40%的复合增长。公司控制的青山矿业，90%为稀有资源镜铁矿，该矿种经简单的物理加工制成云母氧化铁灰后，单位附加值极高，能够显著提高公司的业绩弹性。保守估计，该业务将为公司2011—2012年两年分别贡献EPS 0.40元和0.85元。

2. 云母氧化铁是战略性稀缺资源，近6倍于目前存量的市场增长空间。

目前我国重防腐漆主要是添加锌粉，云母氧化铁正逐步推广并替代锌粉，云母氧化铁灰相比锌粉优势明显：（1）锌粉单吨价格超过2万元，云母氧化铁灰的价格是锌粉的1/5；（2）添加铁灰的重防腐漆使用寿命能达到30年，远超锌粉。铁灰作为一种新产品仍处于市场推广期，但凭借价格和性能优势，最终将大幅取代锌粉。

我国目前重防腐漆年需求量为150万吨，其中富锌底漆占比近20%，简单测算，铁灰的市场空间在10万吨/年左右，相比目前2万多吨的年产量，增长空间巨大。

中国是云母氧化铁灰的主要出口国，韩国作为最大的造船国，其使用的铁灰多为中国进口，我国每年出口韩国的云母氧化铁灰超过1万吨，主要用于船舶建造，此外，美、英、法等国也是我国铁灰的主要出口地。

3. 国内产能扩张有限，市场亟待拓展。

我国目前铁灰生产厂仅十几家，大规模生产厂5～6家，产能最大的厂商产能也不超过1万吨。目前的生产模式多为小规模生产，而且铁灰厂大多没有自己的销售渠道，市场拓展能力弱，依靠经销商销售产品，是铁灰没有快速替代锌粉的主要原因之一。

整个铁灰的加工过程从原矿开始经过冲洗、研磨、烘干等几个环节，设备容易在国内采购到，1万吨铁灰所需的设备仅几百万元，但产品主要壁垒在于：（1）镜铁矿；（2）铁灰生产需要严格控制含水量、需对铁灰/红进行分离，对生产工艺有一定要求。

4. 稀缺资源，未来盈利能力具备大幅提升空间。

铜陵铁灰生产前三大铁灰生产企业，规模都偏小，基本通过经销商销售，目前300～400目的铁灰卖给经销商的价格为2500～3000元/吨，铁红为1500元/吨。而经销商对市场销售的价格在3000～4000元/吨，铁红为 2000 元/吨。出口铁灰产品多为 250 目，价格在 4000 元/吨左右。如果拥有自己的矿山，1 吨铁灰成本和 0.6 吨铁红的总生产成本不超过 800 元，而收入可以达到 5000 元左右。

目前国家尚未对铁灰作控制，由于船舶必须喷涂添加铁灰的防腐漆，包括军舰和航空母舰，铁灰重要的战略属性尚未引起政府重视，中国作为重要的铁灰出口国，国家一旦开始控制，出口价格必然大幅上升。此外，国内市场中铁灰和锌粉存在巨大的价差，其中一个原因是国内生产规模偏小，铁灰行业十分松散，随着铁灰厂产能和规模的扩大，议价能力的提升，铁灰作为稀缺资源，价格具备大幅提升空间。

从上面的研究报告中我们可以看出，公司具有稀有金属矿藏资源，在当时矿产类股票投资热的潮流中，万力达股价坐上了顺风车，给我们提供了波段获利的机会，但是如果我们不能按照震荡市场的规律在获利之后及时卖出，那么我们之前所获得的利润可能就会大幅缩水。

我们来看案例三。

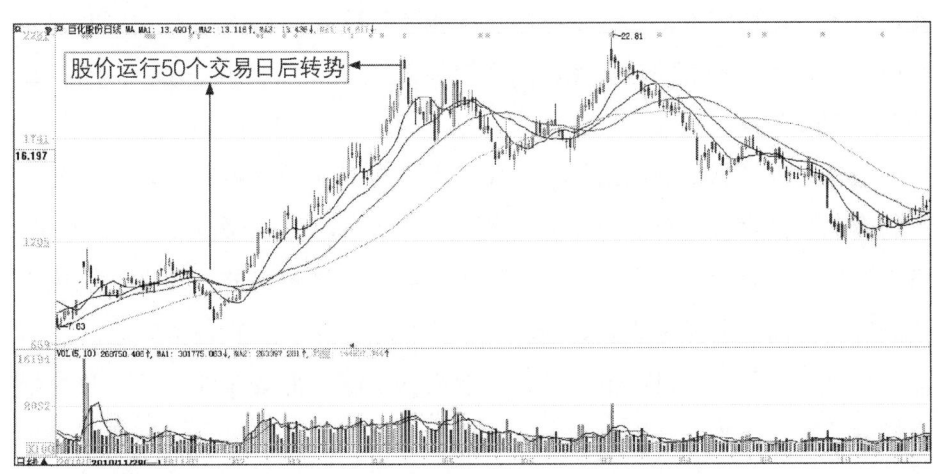

图 4-10

巨化股份（600160）是一家以氟化工原料及后续产品、基本化工原料及后续产品和化肥、农药的生产与销售为主要业务的公司。该公司于 1998 年 6 月登录上海证券交易所，发行股票 8000 万股，募集资金 4.6 亿元。

图 4-10 所示的是巨化股份 2010 年 11 月至 2011 年 11 月这段时间的

日K线图。我们知道在这一段时间,上证指数处于典型的震荡市场行情阶段,2010年11月,上证指数见了市场的阶段顶点,随后进入下跌通道,下跌段运行了53个交易日后,在2011年1月底,股价逐步见底企稳,迎来了我们购买巨化股份的大好时机,此后,巨化股份股价一路上涨,为我们带来了丰厚的收益,巨化股份在运行了50个交易日后,逼近了笔者所统计的震荡市场的转势规律,此后不久,巨化股份开始调整,进入长期的下跌浪中。我们在震荡市场的上涨阶段买入巨化股份,可以收获巨大的利润,但如果我们在其转势后没有及时卖出,利润将会大打折扣。

巨化股份在震荡市场上涨段为我们带来了丰厚的收益,与预期基本面的催化有着重要的关系,下面我们来看看巨化股份的基本面亮点。

第一,业绩超预期增长。

巨化股份发布2010年年报,2010年全年实现营业总收入54.86亿元,同比增长45.1%;营业利润6.97亿元,同比增长56.59%;归属于上市公司股东的净利润5.86亿元,同比增长418.6%。按6.12亿股的总股本计,实现每股收益0.958元,每股经营性净现金流量为2.11元。公司同时公布2010年度的利润分配预案,拟每10股派发现金2.5元(含税),同时每10股转增3股。

报告期内氟制冷剂产品价格的大幅上涨提升了公司的营业收入。2010氟制冷剂及氟聚合物产品价格超预期上涨,创出历史新高。2009年11月份受国外氯碱装置和国内相关企业停工的影响,原材料的短缺推动氟化工产品价格提高,上涨一直持续至2010年年初下游企业的备货旺季。之后盘整数月后,受原材料成本上升,下游需求旺盛,部分企业停工,政府强力推动节能减排政策等因素的影响,从8月起制冷剂及氟聚合物产品的价格再次持续上涨,最终在年末创出新高。产品价格上涨使公司氟化工板块全年营业收入同比增长80.73%,收入占比超过六成,带动公司全年营业收入同比增长45.1%。此外由于公司拥有完善的氟化工与氯碱化工配套装置,因此受原材料成本上升的影响较小,综合毛利率提升14.2个百分点,达到28.03%。

巨圣并表增厚利润,CDM收入减少与固定资产减值无碍业绩的大幅增长。报告期内公司期间费用率基本保持稳定。2010年10月巨化股份完成对巨化集团持有的74.5%的巨圣氟化学股份的收购，并表后2010年度增厚约7000万的净利润。公司2010年CDM确认收入仅8663万元，同比大幅下降；公司报告期内共淘汰了隔膜烧碱，8万吨PVC等多套设备，共计提了约1.55亿元的资产减值损失。但尽管有上述的不利影响，公司全年业绩仍达到每股0.958元，同比增长418.6%。

第二，政策支持，倾力打造氟化工龙头产业。

2010年11月25日，工信部发布《氟化氢行业准入条件（征求意见稿）》，拉开了国家保护萤石资源政策的序幕。国家政策将使萤石稀缺性资源的属性在市场价格中得以反映，从而从原材料源头推动氟产品价格上涨。另一方面，政策出台后将导致氢氟酸等初级氟产品全球供应短缺，含氟化学品价格普涨，从而推高国内氟化工产品的价格。

氟化工为公司核心产业，其营业收入占公司全部营业收入的66.24%。随着国家对萤石资源的进一步控制、《氟化氢行业准入条件（征求意见稿）》的公布，将推动国际氟化工向中国转移，氟化工行业面临着强烈的整合预期，行业集中度将进一步提升，有利于中国氟化工的长远发展。作为氟化工的龙头企业，公司将积极培育含氟精细化学品，利用含氟精细化学品基础单体原料丰富且部分单体不易运输的特点，构筑具有巨化特色的含氟精细化学品产业体系。氯碱化工则只定位为公司氟化工产业的主要支撑和坚实基础；酸化工也只定位为公司氟化工及石化产业的发展配套。公司形成了以液氯、氯仿、三氯乙烯、四氯乙烯、AHF为配套原料支撑的氟制冷剂、有机氟单体、氟聚合物的完整的产业链，使原材料和产品的价值沿产业链从每吨百元级向每吨千元级、万元级、十万元级转移，产业链的附加价值向高端化延伸，协同效益明显，未来公司将重点培育锂电池含氟专用化学品、电子含氟专用化学品和光伏含氟专用化学品。

而参考过往经验，未来国家将更大力度地对萤石资源进行整合。

从供求关系看，由于前期行业低迷，部分闲置产能已淘汰，国内目前氟化工产品的实际产能基本平衡。未来F22等关键中间体产能扩张受限，而下游氟化工领域新产品（如R125），新应用（如高铁用PTFE）不断扩展,因此我们判断氟化工行业2011年将持续景气。

巨化股份是国内少数几家拥有综合配套能力的大型氟化工生产企业,技术实力雄厚,拥有国家级企业技术中心,博士后流动站以及国家氟材料工程技术研究中心。

第三,管理层的锐意进取。

公司在新管理层的带领下,抓住了此次行业机遇,在变革中谋发展;在对现有产品线进行迅速扩产完善的同时,也积极规划未来2~3年后的增长点,重点建设如PVDC、HFC-125、HFC-410A等多个新产品装置,因此我们认为公司未来仍有较大的发展空间。

第四,根据兴业证券的预计,鉴于公司披露了多个新项目建设计划,并且部分新项目将在年内建成投产,再加上氟化工相关产品的价格上涨幅度超出之前的预计,在暂不考虑转增和增发的条件下,兴业证券上调公司2011年、2012年的每股收益至1.34元和1.73元,并预测2013年盈利为每股收益2.01元,维持"推荐"的投资评级。

在大盘处于震荡市场上涨段的环境下,对于基本面优异的巨化股份进行投资,显然会给我们带来丰厚的收益,如果我们能够运用笔者所说的震荡市场的涨跌周期规律,在巨化股份转势初期就将其卖出,锁定收益,那么这样的投资将是接近完美的投资。

我们继续来看案例四。

华新水泥(600801)是一家主营水泥技术服务、水泥设备的研究、制造及安装修理、水泥进出口贸易的专业化公司。公司是由原华新水泥厂经股份制改组而设立的社会募集式股份有限公司。华新水泥厂的前身是由华中、昆明两个水泥公司于1943年合并成立的华新水泥股份有限公司投资兴建的大冶水泥厂,该厂于1949年正式投产。1953年华新水泥股份有限公司与冶水泥厂合并并改名为华新水泥厂。1994年1月,公司登录上海交易所,发行6772.76万股,融资1.52亿元。

图4-11所示的是华新水泥2010年10月至2011年11月这段时间的日K线图。2010年11月之后,华新水泥股价逐步走强,逆势进入上涨趋势,2010年12月之后,华新水泥股价跟随大盘进入调整阶段,2011年1

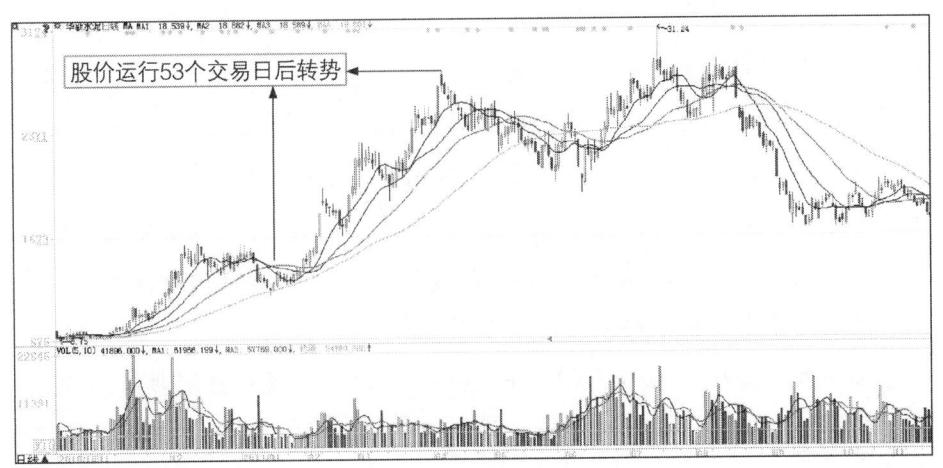

图 4-11

月下旬，华新水泥股价逐步走入上涨趋势，迎来买入良机，此后，华新水泥股价大涨。在运行了 53 个交易日后，华新水泥股价开始大幅回调，之后不久，便进入长期下跌趋势中，如果我们按照笔者所统计的震荡市场的涨跌周期规律操作，就可以充分锁定华新水泥的利润。

当然，华新水泥在大盘处于震荡上涨阶段能有如此的表现，与其基本面情况有着重大关系，接下来，我们就来看看华新水泥的基本面情况。

以下是 2010 年 12 月 9 日，长江证券分析师邹戈和刘元瑞对华新水泥的调研简报：

1. 湖北市场拐点提前已现

湖北省是华新水泥最重要的市场，公司超过一半的收入来自该市场。

湖北市场供给出现拐点：2009 年湖北区域新增水泥生产线 17 条，对应水泥产能约 2400 万吨，是除四川省外水泥投放最多的省份，区域水泥产能集中释放导致 2010 年以来行业利润率大幅下降，2010 年前 3 个季度湖北地区全行业亏损，销售利润率仅高于贵州和重庆，排在全国倒数第 3 位。

但是我们也看到，2010 年以来，湖北地区水泥固定资产投资同比大幅下降，前 10 个月累计下降 36%，是 2010 年水泥投资降幅最大的省份，也是全国最早出现大幅下滑的地区。新投产生产线 6 条，对应产能约 1100 万吨,主要在第3季度前都已经投产。截至目前,已经没有新开工产能,这意味着明年湖北地区没有新增产能,随着之前新投的产能消化完,湖北市场的供给拐点会比其他地区更早地来临!未来3年将是建设高峰期:2010年以来,湖北地区固定资产投资增速维持高位,仅次于天津、海南、黑龙江、甘肃和宁夏,12万亿元投资政策的推动、《湖北长江经济带开放开发总体规划(2009—2020)》的出台、武汉1+8城市圈建设的持续进行预计至少将在未来3年内维持湖北地区水泥需求的较高增长。

公司布局合理,2010—2011年重点整合湖北市场:将湖北省分为东、中、西部三个地区,从产能分布来看,鄂东南地区(黄石、黄冈、武汉)和鄂西的宜昌地区较为密集,这些地区也是湖北省内需求最旺盛的地区。鄂东南主要是华新、亚东和葛洲坝,水泥产能超过2000万吨,宜昌地区主要是华新和葛洲坝,水泥产能约900万吨。2010年的新投产生产线也多集中于鄂东,如雷山、亚东都在此有新线投产。我们认为随着新增产能消化完、中小企业的整合淘汰,该区域大企业有望实现协同效应。

截至2009年年底,公司在湖北省水泥产能约为2300万吨,针对地区产能分布情况,公司2009年、2010年在湖北市场新建线非常少(2009年在襄樊、宜昌新建了两条线,有效避开了鄂东南的竞争),希望通过收购来整合市场,以形成更好的区域控制力,在直接收购京兰水泥失败后,公司在2010年行业低迷期做了大量努力,年末收购了房县钻石和京兰三源两家水泥企业,在市场整合上迈出了重要的一步。我们预期未来湖北市场的整合将加快步伐。

2. 云南是公司未来重点发展的区域

截至2010年第3季度,公司在云南地区只有1条生产线盈利,2009年公司在云南的市场占有率也仅有3.1%,但受益于云南地区较高的价格和公司的布局优势,云南地区在2008年、2009年均是公司的重要利润来源,占比分别约为21.2%和26.1%。

供需形势仍较好,2011年市场将保持高位稳态:从供给的因素看,38号文件的出台,使云南新建线得到了有效控制,当地仍有相当部分的落后产能,约2400万吨,由于执行力度的问题,过去几年淘汰速度较慢,但

2010年起淘汰力度已大大加强，2010年约淘汰789万吨，预计未来几年也将维持较高的淘汰水平。

从需求方面看，云南省是和东盟接触的桥头堡，水泥需求主要来自于基础设施建设投资，铁路、公路、机场等，基础设施建设对水泥产量增速的影响最大，未来几年仍是区域基建的大发展时期。同时由于云南高原特殊的地质条件，公路干线具有桥梁多、桥墩粗、隧道多且长等特点，因此，修建1公里公路平均消耗的水泥量是平原地区的3倍。基建对水泥的需求量在今后几年内将保持持续增长的态势，有力地拉动水泥的需求和生产。

公司产能布局金边银角，盈利维持高位：从云南地区的产能分布情况来看，主要企业是拉法基瑞安、昆钢、红河滇西和华新水泥四家。截至2009年年末，公司仅有昭通一条线，水泥产能仅为160万吨，却已为公司带来超过20%的利润，这主要是由于公司生产线远离主要竞争点，需求受到周边水电站建设的持续拉动，且公司处于两省边际地带，能有效沟通两省市场。2010年公司又有3条线将投产，其中东川生产线已于10月投产，其余两条将在年底投产，我们看到与昭通一样，迪庆和景洪两条生产线同样是布局在水力资源丰富的地区，有较强的辐射能力。随着这三条线在2011年实现有效供给，公司将拥有约443万吨的水泥生产能力，2011年云南地区所贡献的利润将更大。云南地区是公司未来重点发展的地区，公司在整合好湖北市场后，将重点整合云南市场。

3. 混凝土产业和垃圾处理将形成未来新的业绩增长点

混凝土业务是公司积极培育的产业之一，也是实现水泥产业纵向拓展的方向之一，近几年公司陆续加大混凝土投资力度，截至2009年年底已实现420万方的产能。根据规划2010—2013年公司将新增3050万方产能，根据目前的销售价格，若产能按时建成并完成50%的产能销售计划，有望每年贡献40亿元以上的收入。

2007年华新水泥正式设立环保事业管理部，并明确环保业务为华新四大产业支柱之一。环保事业管理部主要包括可替代原燃料和矿物原料两大类业务。

可替代原燃料（AFR）：核心技术是自豪瑞公司引进的协同处置（Co-processing），即在水泥生产过程中，从废物中回收资源并部分代替传统燃料和原料。并由此衍生出涵盖市政垃圾、市政污泥、危险废物、一般废物等全面系统的废物管理服务。

矿物原料（MIC，Mineralcomponents）：根据公司的水泥基地建设布局，同步开发当地混合材资源，与国内五大电力集团华能、大唐、华电、国电和中电投旗下的电力企业建立了稳定的战略合作关系，以直供模式，实现粉煤灰、矿渣等MIC资源的跨区域整合。与武汉钢铁（集团）公司、鄂城钢铁有限公司、湖北宜化集团有限责任公司等国内知名企业合作，将合作方产生的工业废渣进行综合利用，探索和谐共赢的合作模式。旗下工厂还利用化工厂副产品磷渣生产改性磷石膏增强球，经加工后可完全替代天然石膏，每年可消耗磷石膏渣60万吨，缓解了当地政府的环保压力；加工后产品可供应邻近水泥基地使用，降低工厂的采购成本。

目前，武穴水泥窑协同处理环保预处理工程的扩建工程即将完成，可形成处置垃圾能力10万吨/年，成为国内首个采用第三代技术的预处理市政垃圾工厂。

虽然混凝土产业和垃圾处理业务还处在战略布局期，但是我们认为水泥公司发展混凝土行业能更好地控制市场和提升盈利，是大势所趋，同时垃圾处理未来的发展空间巨大，而公司大股东Holcim在这两块业务上有着丰富的经验，随着布局的结束、规模效应的显现，预计在1～2年后将形成重要的业绩增长点。

4. 我们将公司盈利预测上调为"推荐"评级

根据公司产能的投放进度和所在市场状况，我们将公司2010—2012年EPS分别上调为0.944元、2.092元、3.046元（按照非公开增发后全年摊薄的股份），对应的PE分别为28.67元、12.94元、8.88元；我们认为公司所在的湖北区域在水泥行业中提前见底，公司未来业绩下行风险很小；由于公司的每股产量在行业内最大，意味着公司业绩对提价最为敏感，业绩向上的弹性巨大；目前公司处在底部拐点上，未来2年内价格将处在上行通道中；公司未来的收购和业绩都存在持续超预期的可能，我们上调为"推荐"评级。

  通过上面的研究报告，我们可以判断华新水泥的业绩拐点已经到来，至少在未来的一年内，公司净利润大幅增长是大概率事件。在大盘处于震荡市场上涨段初期，积极介入基本面优异的华新水泥，在大盘上涨阶段末期，按照我们的涨跌周期规律在转势前卖出华新水泥，最大限度地锁定既得收益，这样的投资会让我们的资金快速增值。

第五章

按 5 至 7 点运动买卖

> 在个股调整 5~7 个点时买卖。当市场比较强势时，调整将是 5~7 个点，但最多不会超过 9~10 个点，通过研究平均指数，你就会发现一次反弹或调整常常少于 10 个点。然而，对于一般的买卖位置，注意 10~12 个点的反弹或下跌非常重要。下一个需要密切注意的位置是，从任何重要的头部或底部开始的，18~21 个点的上涨或下跌。平均指数的这种反作用常常表示一轮行情的结束。
>
> ——江 恩

与第四章类似，虽然本章标题是按 5～7 点运动买卖，但是本章的核心思想并不是简简单单地告诉大家这个江恩在多年前提出的适用于美国股票市场的投资策略，我们仅仅是借鉴江恩买卖规则方面的思想，把这样的思想运用到中国的股票投资中来。

要把江恩的思想运用到中国股票市场中来，我们应该采用具体问题具体分析的思路，来分析中国股票市场的具体情况。

第一节　中国股票涨跌幅度规律

按 5～7 个点运动买卖是江恩在 20 世纪初期对于美国股票市场的经典总结，时间将近过去了 100 年，对于中国的股票市场是否会有如此相类似的规律，我们可以看看接下来的统计分析。

我们看来自 1990 年以来所有上涨趋势中上涨段和调整段的涨跌幅情况的统计、1990 年以来所有下跌趋势中下跌段和反弹段的涨跌幅情况的统计和 1990 年以来所有上涨趋势震荡行情中的上涨段和下跌段的涨跌幅情况的统计。

表 5-1　上证指数 1990—2009 年所有上涨趋势中的上升段

小周期					
上涨段			调整段		
时间区间		涨幅	时间区间		跌幅
底	顶		底	顶	
1990—12—19	1991—01—14	40	1991—01—14	1991—05—17	21
1991—05—17	1991—07—01	29	1991—07—01	1991—07—15	3
1991—07—15	1991—09—17	42	1991—09—17	1991—09—30	5
1991—10—03	1992—05—26	619	1992—05—26	1992—11—17	72
1992—11—17	1993—02—06	279	1996—12—11	1996—12—25	27
1994—07—29	1994—09—13	204	1999—06—30	1999—12—27	23

续表

小周期					
上涨段			调整段		
时间区间		涨幅	时间区间		跌幅
底	顶		底	顶	
1996—09—13	1996—12—11	64	2000—08—22	2000—09—25	11
1996—12—25	1997—05—12	73	2001—01—08	2001—02—22	10
1999—05—17	1999—06—30	59	2005—09—20	2005—10—28	11
1999—12—27	2000—08—22	53	2006—03—01	2006—03—08	4
2000—09—25	2001—01—08	11	2006—07—05	2006—08—07	8
2001—02—22	2001—06—14	15	2007—01—24	2007—02—06	9
2005—06—06	2005—09—20	20	2007—05—29	2007—06—05	12
2005—10—28	2006—03—01	19	2008—12—09	2008—12—31	13
2006—03—08	2006—07—05	36	2009—02—17	2009—03—03	13
2006—08—07	2007—01—24	89			
2007—02—06	2007—05—29	66			
2007—06—05	2007—10—16	66			
2008—10—28	2008—12—09	18			
2008—12—31	2009—02—17	27			
2009—03—03	2009—08—04	66			
所有平均		90			16

表 5-2 上证指数 1990—2008 年所有的下跌趋势中的下跌段

小周期					
下跌段			反弹段		
时间区间		跌幅	时间区间		涨幅
底	顶		底	顶	
1993—02—16	1993—03—25	38	1993—03—25	1993—04—29	41
1993—04—29	1993—07—27	42	1993—07—27	1993—08—17	23
1993—08—17	1993—10—25	23	1993—10—25	1993—12—08	23
1993—12—08	1994—07—29	67	2001—10—22	2001—12—05	11
2001—06—14	2001—10—22	32	2004—09—13	2004—09—24	11

续表

小周期					
下跌段			反弹段		
时间区间		跌幅	时间区间		涨幅
底	顶		底	顶	
2001—12—05	2002—01—29	21	2005—02—01	2005—02—25	10
2004—09—24	2005—02—01	19	2007—11—28	2008—01—14	13
2005—02—25	2005—06—06	21	2008—04—22	2008—05—06	20
2007—10—16	2007—11—28	20	2008—09—18	2008—09—25	19
2008—01—14	2008—04—22	42			
2008—05—06	2008—09—18	50			
2008—09—25	2008—10—28	20			
全部平均		33			19

表 5－3　上证指数 1990—2011 年所有上涨趋势的震荡行情

小周期					
上涨段			调整段		
时间区间		涨幅	时间区间		跌幅
底	顶		底	顶	
1995—02—07	1995—04—10	25	1994—09—13	1995—02—07	48
1995—04—27	1995—05—22	49	1995—04—10	1995—04—27	15
1995—07—04	1995—09—12	24	1995—05—22	1995—07—04	27
1996—01—19	1996—04—29	43	1995—09—12	1996—01—19	32
1996—05—24	1996—08—12	38	1996—04—29	1996—05—24	10
1997—09—23	1998—02—09	13	1996—08—12	1996—09—13	11
1998—03—12	1998—06—04	18	1997—05—12	1997—09—23	29
1998—08—18	1998—11—17	20	1998—02—09	1998—03—12	4
1999—02—08	1999—04—09	11	1998—06—04	1998—08—18	25
2009—09—01	2009—11—24	21	1998—11—17	1999—02—08	18
2010—02—03	2010—04—15	8	1999—04—09	1999—05—17	11
2010—07—02	2010—11—11	33	2009—08—04	2009—09—01	22
2011—01—25	2011—04—18	13	2009—11—24	2010—02—03	10
2010—04—15	2010—07—02	25			
2010—11—11	2011—01—25	14			
所有平均		24			20

通过表5-1，我们可以看到在上涨趋势中的调整段的平均下跌幅度为16个百分点，远远小于其在上涨趋势上涨段90个百分点的平均上涨幅度。这样的悬殊是在牛市下的产物，在牛市中，上涨的周期远远大于下跌的周期。

透过表5-2，我们可以看到在下跌趋势中，股票指数的平均反弹幅度仅仅为19%，而平均下跌幅度达到33%，这是在熊市下跌行情下的产物，在熊市中，下跌的动能远远大于反弹的动能。

通过表5-3，我们则可以看到在大趋势向上的上涨趋势震荡行情中，指数的平均上涨幅度为24%，而平均下跌幅度为20%，两者非常相近，由于是上涨趋势中的震荡市场，所以平均上涨幅度略高于平均下跌幅度，但是由于处于震荡行情中，指数的上涨幅度和下跌幅度相差不大。

了解了中国指数在不同情况下的平均上涨和下跌幅度的规律，有助于我们利用它们在不同的大盘环境下为我们的投资服务。

在本章第二节我们主要探讨如何利用这样的规律提高我们的投资收益率和规避风险。

第二节　按中国股票涨跌幅度规律买卖

第一节我们总结了中国股票市场自诞生以来的涨跌幅度的规律，在本节中我们将通过案例来告诉投资者如何灵活运用它们为我们的投资服务。

我们先来看看在上涨趋势中如何运用这一规律买入股票。

我们先来看案例一。

吉恩镍业（600432）是一家从事硫酸镍、高冰镍、电解镍、氢氧化镍、氯化镍、硫酸铜、铜精矿、硫酸等产品的生产、销售的公司，1960年6月11日，经吉林省冶金局批准成立红旗岭矿筹建处，1985年7月16日更名为吉林镍业公司。2000年12月，经吉林省经贸委以吉经贸企改字〔2000〕954号文《关于设立吉林吉恩镍业股份有限公司的批复》批准，吉林镍业公司部分改制。吉林镍业公司作为主要发起人，联合营口青花耐

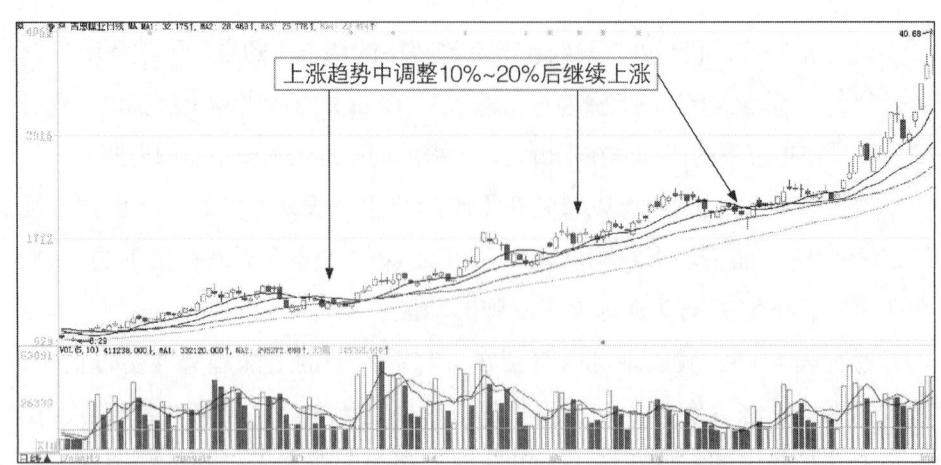

图 5-1

火材料股份有限公司、南海市华创化工有限公司、长沙矿冶研究院、吉林省通化赤柏松铜镍矿等发起人共同发起设立了吉林吉恩镍业股份有限公司,总股本为 13000 万股。2002 年 3 月 8 日,吉林省人民政府以股份有限公司审批文件〔2002〕8 号文对本公司设立的合法有效予以确认。2003 年 9 月,公司股票登录上海交易所,发行 6000 万股,募集资金 2.796 亿元。

图 5-1 所示的是吉恩镍业 2008 年 12 月至 2009 年 8 月这段时间的日 K 线图。2008 年 10 月底,上证指数逐步企稳,随后进入上升浪中,吉恩镍业股价跟随大盘逐步上涨,我们发现,在吉恩镍业 2008 年 12 月至 2009 年 8 月的这段上涨行情中,股价每次回调的幅度都在 10%～20% 的区间内,按照此规律,在上涨趋势中,我们只要在吉恩镍业股价回调至 10%～20% 的区间企稳后介入,就能获取非常丰厚的收益。

当然,吉恩镍业股价能有如此的表现,也离不开其基本面的刺激,下面我们就来看看吉恩镍业的基本面亮点。

第一,公司在行业低谷频繁进行低成本的资源扩张得到市场认可,据目前公司公告的数据来看其权益镍资源储量由大约 20 万吨增长到 30 万吨,增长幅度达 50%,并且未来资源扩张的前景仍然看好。

第二,公司的业绩弹性很高,公司的业绩回升依靠利润率上升和产量提高的双重驱动,所以公司的业绩弹性高于一般公司。

第三,A 股镍资源公司较稀缺,资金推动效应更显著。

第四，随着国内经济的企稳，镍价回升到 11 万元以上，公司的经营开始好转，这会成为未来公司股价上升的主要驱动因素。

（1）镍价回升促使业绩好转。2009 年 4 月后，随着国际金属价格的上涨、国内不锈钢商场开工率的提升，国内的镍价出现上涨趋势，目前稳定在 11.5 万/吨，这已使得公司外购原料的镍产品开始出现盈利；另一方面，公司前期的高价存货已基本消耗完毕，对其存货计提不充分的压力将得到释放。

（2）新生产线将陆续投产。公司新建的 15000 吨高冰镍和 5000 吨电解镍生产线都已经完成建设期，预计将在 2009 年第 3 季度投产运营。届时公司的冶炼能力会有大幅提升，另外新的生产线的能耗指标有较大优化，冶炼成本有望下降。

第五，公司收购 Liberty 公司的整个手续也即将完成，根据目前的市场价格已可以开始生产并产生盈利，Liberty 旗下矿山的现金成本预计为 3.7 美元/磅左右。

第六，公司的矿产产量和冶炼生产规模都将迅速提升，促使业绩回升。

综上所述，对于业绩敏感度高的周期性行业，由于在熊市后业绩反弹非常快，因此，大盘在熊市反弹时，股价迅速上涨也是预料之中的。

对于基本面有亮点的股票，在上涨趋势中，一旦其股价回调至合适的幅度后企稳，便迎来了我们买入的良机。

我们继续来看案例二。

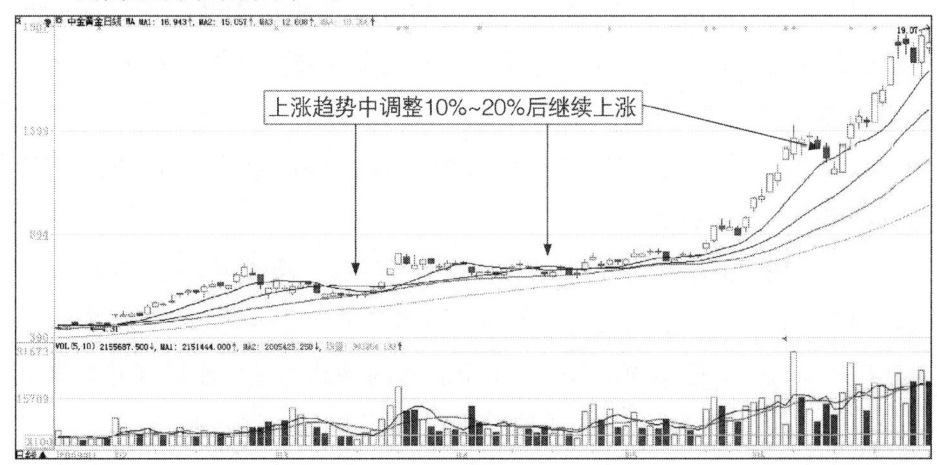

图 5-2

中金黄金（600489）是一家从事黄金的地质勘查、采选和冶炼的公司。是经国家经贸委批准，由中国黄金总公司作为主发起人，联合中信国安黄金有限责任公司、河南豫光金铅集团有限责任公司、西藏自治区矿业开发总公司、天津天保控股有限公司、山东莱州黄金（集团）有限责任公司和天津市宝银号贵金属有限公司共同发起，于2000年6月23日在天津市工商行政管理局注册成立的股份有限公司，注册资本1.8亿元。2003年8月，公司股票登录上海交易所，发行1亿股，募集资金4.05亿元。

图5-2所示的是中金黄金2009年1~7月这段时间的日K线图。2008年10月底，上证指数逐步企稳，随后进入上升浪中，中金黄金股价也跟随大盘逐步上涨，我们发现，在中金黄金2009年1~7月的这段上涨行情中，股价每次回调的幅度都在10%~20%区间内，按照此规律，在上涨趋势中，我们只要在中金黄金股价回调至10%~20%的区间企稳后介入，就能获取非常不错的收益。

当然，中金黄金股价能有如此的表现，与其基本面息息相关，下面我们就来看看其基本面的亮点。

第一，2009年第一季度业绩暂时低迷不影响全年业绩。公司2009年第1季度EPS为0.16元，同比下降64%，但公司把2009年定位为"成本管理年"，将从各方面控制成本，力争将克金的完全成本从2008年的137元/克降至133元/克。

第二，大步向前，当前的建设是为2010年的腾飞做好准备。自2008年完成再融资之后，公司黄金规模的发展大步向前，黄金储量从2007年年底的77吨增加至2008年年底的326.98吨，2009年可能进一步增加至500吨；矿产金产量从2007年的4.68吨增加至2008年的11.63吨，2010年则可能进一步增加至28吨。

第三，集团的雄厚实力成为公司的坚实后盾，2010年将是腾飞之年。公司的大股东中国黄金集团实力雄厚，集团在阳山金矿竞标得到的安坝里南金矿探矿权，在前期探矿162吨金金属量的基础上进一步勘探并新增了几乎等倍的储量，集团将在阳山建立年产金10吨的大型基地。

2009年，集团公司计划将所属的河南秦岭、河北金厂峪、吉林夹皮沟、河北石湖、新疆金滩、嵩县前河和嵩县金牛等7家黄金矿山企业并入中金黄金（这7家企业保有黄金资源储量114.80吨；年产黄金5.439吨）。另外通过其他收购将再增加50吨左右的黄金储量。预计在2009年底可能新增近10吨的产能，加上通过收购集团公司7家矿山所新增的5吨多的产金能力，预计2010年黄金产量将达28吨，2010年将是公司的腾飞之年。

虽然中金黄金业绩一般，但是在资产注入预期和周期性企业良好预期的刺激下，使得中金黄金股价在大盘进入反弹期后快速上涨，对于基本面有亮点的并处于上涨趋势的中金黄金，一旦其股价调整幅度达到10%～20%的区间并企稳，便迎来了我们介入的好时机。

我们继续来看案例三。

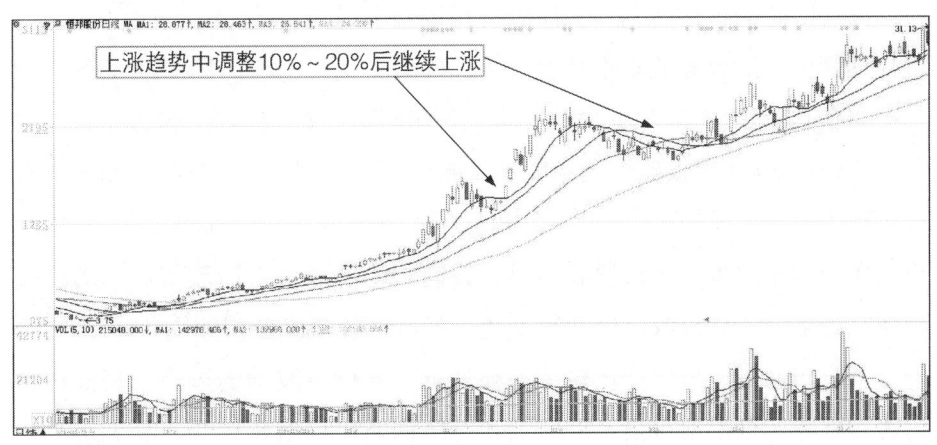

图5-3

恒邦股份（002237）是一家从事黄金探、采、选、冶及化工生产的公司。经牟平县体改委1994年2月6日批复同意，公司由原牟平县黄金冶炼厂发起，以定向募集方式设立。1994年2月18日，公司在牟平县工商行政管理局注册成立，成立时公司名称为"牟平县东方冶炼股份有限公司"。1997年6月26日，山东省经济体制改革委员会确认公司基本符合《公司法》要求，并随文向公司颁发了《山东省股份有限公司批准证书》，确认公司由原牟平县黄金冶炼厂发起、以募集方式设立。1997年7月14日，公司根据要求在山东省工商行政管理局重新办理了工商登记手续，并更名为"山东东方冶炼股份有限公司"。2003年8月7日，公司名称变更为

"山东恒邦冶炼股份有限公司"。2008年5月,恒邦股份登陆深圳交易所,发行2400万股,募集资金6.2352亿元。

图5-3所示的是恒邦股份2008年10月至2009年7月这段时间的日K线图。2008年10月底,上证指数逐步企稳,随后进入上升浪中,恒邦股份股价也跟随大盘逐步上涨,我们发现,在恒邦股份2008年10月至2009年7月的这段上涨行情中,股价每次回调的幅度都在10%~20%的区间内,按照此规律,在上涨趋势中,我们只要在恒邦股份股价回调至10%~20%的区间企稳后介入,就能获取非常不错的收益。

恒邦股份能有如此骄人的表现,有赖于其基本面因素的刺激,下面我们就来看看恒邦股份的基本面亮点。

第一,硫酸价格的剧烈上涨给公司带来丰厚的收益。

尽管公司的硫酸成本不断上升,但硫酸的生产毛利仍然接近60%。我们按2008年硫酸均价为1400元/吨,公司硫酸生产成本为650元/吨左右计算,公司2008年仅硫酸毛利就达2.4亿元,其对公司2008年EPS的直接贡献为1.311元/股。另外,公司的硫酸业务可归属为资源综合利用项目,属于国家的减免所得税收项目,我们建议公司去申请硫酸业务的税收减免,如果这一块税收能够获得减免,将进一步增厚公司业绩。

子公司通过硫酸生产出磷肥能够抵抗硫酸价格波动的风险,目前产量约为6万吨。募投项目投产后白银和电解铜的产量增长较快,利润水平比较可观。

第二,黄金业务稳定发展。

自产金产量平稳增加,公司自供原料产金保持平稳增长。预计2008—2010年这部分产金分别为2.1吨、2.3吨、2.4吨;外购原料产金2008—2010年分别为4.3吨、5.06吨、10.4吨。而黄金总产量2008—2010年分别为9.8吨、10.9吨、16.68吨。

第三,黄金价格走高有利于业绩增长。

2008年第3季度末以来全球金融风暴日渐动荡,黄金作为资金的避险买盘,价格被重新推高。从street track的持仓发现,第3季度基金的黄金净买入大幅增长。展望第4季度,我们认为金价获得进一步上扬,有赖于金融危机的进一步扩大化或深入化，由此刺激了黄金投资需求的增加。

对于基本面有亮点的并且处于上涨趋势的恒邦股份，一旦其股价调整幅度达到10%～20%的区间并企稳，便迎来了我们买入的好时机。

我们继续来看案例四。

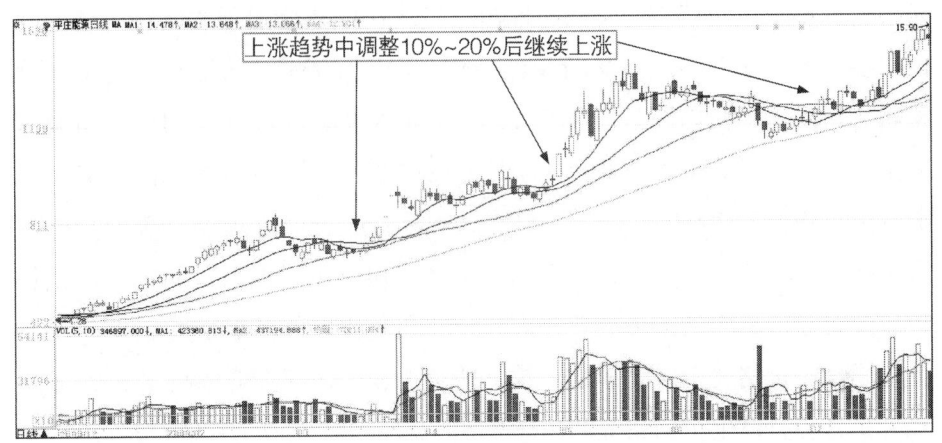

图5-4

平庄能源（000780）是一家从事煤炭开采、煤炭洗选加工、销售的公司。公司原称为内蒙古赤峰兴发集团股份有限公司，是以赤峰大兴公司为主要发起人，于1993年3月18日设立的公司。至1995年5月5日，公司股本达到10000万股。1996年1月8日，更名为"内蒙古兴发股份有限公司"。1997年6月，公司股票登录深圳交易所，发行4000万股，募集资金2.168亿元。

图5-4所示的是平庄能源2008年12月至2009年7月这段时间的日K线图。2008年10月底，上证指数逐步企稳，随后进入上升浪中，平庄能源股价也跟随大盘逐步上涨，我们发现，在平庄能源2008年12月至2009年7月的这段上涨行情中，股价每次回调的幅度都在10%～20%的区间内，按照此规律，在上涨趋势中，我们只要在其股价回调至10%～20%的区间企稳后介入，就能获取非常丰厚的收益。

当然，平庄能源股价能有如此的表现，与其基本面有着重要关系，接着我们来看看平庄能源当时的基本面亮点。

第一，业绩大幅增长。

公司2008年实现每股收益0.67元，增长了5倍左右。量价齐升带来了公司业绩的爆发性增长。公司2008年实现煤炭销售量921万吨，比2007年的566万吨增加了62%左右。公司2008年的煤炭平均销售价格为237元/吨，比2007年的180元/吨上升了32%左右。煤炭价格快速上涨以及公司调整了煤炭销售的合同与地销煤炭的比重是公司平均销售价格上涨的主要原因。随着煤炭市场行情的疲软，公司2009年的煤炭平均销售价格将有所回落，我们预计将回到2007年的水平。区域优势构成公司业绩稳定的基础。尽管公司2009年的煤炭平均销售价格将有所下降，但是我们认为不会低于2007年的价格水平。公司的煤炭销售主要以统配合同煤炭价格为主，合同煤炭价格低于当地市场煤炭价格，同时公司的煤炭销售对象主要是区域内的电力企业。因此，公司的煤炭平均销售价格至少维持在合同煤炭价格之上，公司的业绩下滑会比较少，存在业绩稳定的基础。

第二，整体上市前景光明。

平煤集团承诺在元宝山露天矿和白音华矿具备条件后，将这两个煤矿置入上市公司。整体上市后，上市公司的煤炭可采储量将达到14.4亿吨，产能达到2250万吨/年，可以保证重组后的上市公司具有较强的持续发展能力。

根据广发证券的预测，公司2009—2011年的EPS分别为0.583元、0.668元和0.749元，对应2009年PE为22.34倍。

从估值水平和公司的业绩情况来看，我们可以判断，公司的基本面正逐步转好，同时公司的业绩水平具有十足的安全边际，因此，对处于上涨趋势的平庄能源，一旦其股价调整幅度达到10%～20%的区间并企稳，便迎来了我们买入的好时机。

我们继续来看案例五。

平煤股份（601666）是一家从事煤炭的生产、洗选加工及销售的公司。本公司是经原国家体改委批准，由平顶山煤业（集团）有限责任公司作为主发起人，联合河南省平顶山市中原（集团）有限公司、河南省平禹铁路有限责任公司、河南省朝川矿务局、平顶山制革厂、煤炭工业部选煤设计研究院共同发起设立的股份有限公司。平煤集团以其下属的一矿、四

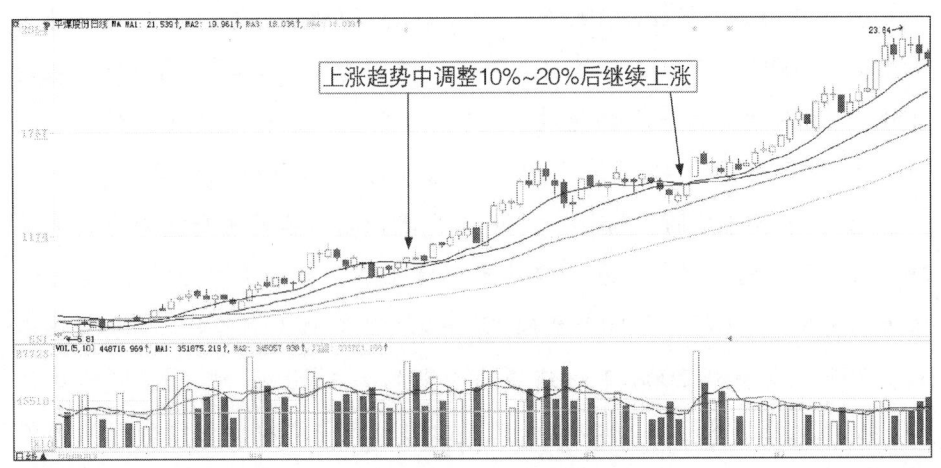

图 5-5

矿、六矿、十一矿、高庄矿、大庄矿和田庄选煤厂经评估确认后的生产经营性净资产 104295.06 万元，按 65% 的折股比例折为国有法人股 67790 万股，其他五家发起人以现金方式出资，并按 65% 的折股比例折为国有法人股共计 419.55 万股。2006 年 11 月，公司股票登录上海交易所，发行 3.7 亿股，募集资金 30.1920 亿元。

图 5-5 所示的是平煤股份 2009 年 3～7 月这段时间的日 K 线图。2008 年 10 月底，上证指数逐步企稳，随后进入上升浪中，平煤股份股价也跟随大盘逐步上涨，我们发现，在平煤股份 2009 年 3～7 月的这段上涨行情中，股价每次回调的幅度都在 10%～20% 的区间内，按照此规律，在上涨趋势中，我们只要在其股价回调至 10%～20% 的区间企稳后介入，就能获取非常可观的收益。

当然，平煤股份股价能有如此的表现，与其基本面有着重要关系，接下来我们就来看看其基本面状况。

我们来看看 2009 年 1 月招商证券分析师卢平和王培培发布的对于平煤股份的调研简报：

平煤股份发布业绩预增公告，预计公司 2008 年净利润同比增长 100% 以上（未包括安全费用和维简费用会计政策调整增厚业绩部分），稍低于预期，继续维持"审慎推荐"的投资评级。

2008年公司业绩预增100%以上，稍低于预期。公司预告2008年业绩同比增长100%以上（未包括安全费用和维简费用会计政策调整增厚业绩部分），2008年公司净利润超过22亿元，折EPS 2.05元以上。稍低于我们的预期。2008年Q4EPS在0.31元以上（与2008年Q1的EPS 0.32元相当），低于前3季度的平均EPS 0.58元，我们判断公司进行了部分盈余管理。业绩增长的主要原因在于煤价大幅度上涨：预计公司2008年综合煤价大约为570元/吨，较2007年的370元/吨增长55%。其中，占公司煤炭销量25%的炼焦煤2008年的销售均价大约为1300元/吨，较2007年的703元/吨上涨了86%。受非经营性支出影响，平煤股份业绩的预增远低于其他炼焦煤公司：从已公告的炼焦煤上市公司业绩预增来看，平煤股份的业绩仅增长100%以上，远低于其他炼焦煤公司（金牛能源业绩预增255%，盘江股份业绩预增500%以上，西山煤电业绩预增200%~250%）。主要是公司受到非经营性支出的影响（2008年上半年公司已支付棚户区改造费用和供热配套费用合计7.9亿元），减少2008年的EPS 0.55元（估计第4季度也有类似支出）。

我们预计安全费用和维简费用会计政策调整增厚EPS大约0.69元。此次预增未包括安全费用和维简费用会计政策调整增厚业绩部分：根据财政部财会函〔2008〕60号文件规定，原安全费及维简费由计提变为实报实销，我们预计此项重大会计政策变更会增加EPS大约0.69元。公司安全费提取标准为30元/吨，最新的维简费提取标准为6元/吨（2008年5月1日起，包括2.5元/吨井巷费的维简费从15元/吨下调为8.5元/吨），按照2008年预计2800万吨原煤产量计算，公司提取的安全费和维简费大约为10.7亿元，在1月9日的《从计提到实报实销，业绩平均增厚17%——煤炭行业关于安全费和维简费会计处理变更的影响分析》报告中，测算两项费用的折旧及费用性支出约为3.1亿元，我们预计会计政策调整增厚公司的EPS大约0.69元。

盈利预测：我们预计2008—2010年每股收益分别为2.07元、1.51元和2元，同比分别增长102%、-27%和33%（未包括会计政策调整增厚业绩部分）。维持"审慎推荐"评级。与2008相比，2009年由于没有非经营支出了将至少增厚 EPS 0.55 元。2008 年盈余管理的业绩有望在 2009 年释放。在目前的股价下对应的 2009 年动态 PE 只有 7.7 倍（考虑会计政策调整增厚 EPS 0.69 元，2009 年 EPS 可达到 2.2 元），2009 年 PB 为 1.8 倍，具有较大的估值优势。鉴于未来煤价仍面临不确定性，我们维持对公司"审慎推荐"的投资评级。

从上面的研报中可以看出，虽然经历了金融危机，平煤股份 2008 年的业绩仍然为正增长，而且公司业绩基础优异，具有十足的安全边际，在这样的基本面环境下，在平煤股份股价处于上涨趋势的，一旦其股价调整幅度达到 10%～20% 的区间并企稳，便迎来了我们买入的好时机。

接下来我们再来看看应该如何在下跌趋势中运用这一规律及时卖出股票，减少我们的损失。

我们来看案例一。

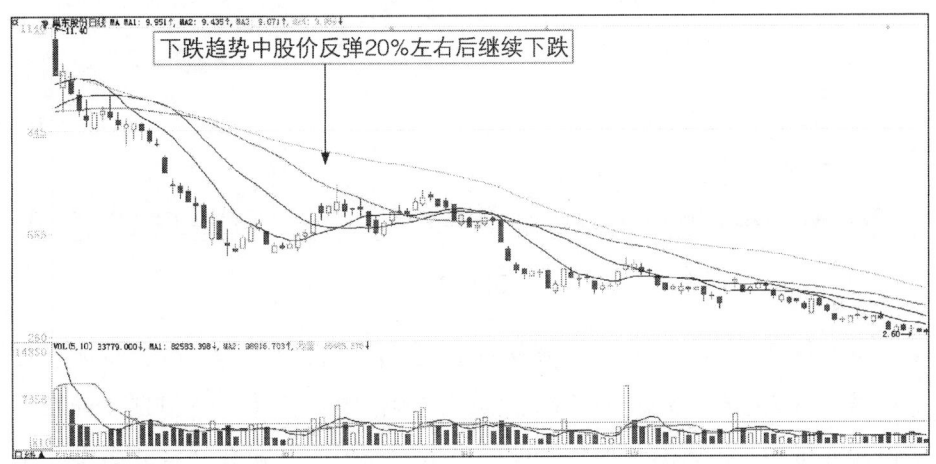

图 5-6

巢东股份（600318）是一家从事硅酸盐水泥及熟料、轻钢结构、新型建材产品的生产、销售的公司。公司原名安徽巢湖水泥（集团）股份有限公司，是于 1999 年 4 月由安徽省巢湖水泥厂、东关水泥厂、安徽省巢湖市富煌轻型建材有限责任公司、巢湖地区物资建筑材料总公司、巢湖市安得房地产开发有限责任公司、巢湖金建物资有限公司以发起设立方式组建的。1999 年 8 月变更为现名。2000 年 12 月，公司股票登录上海交易所，发行8000万股，募集资金4.08亿元。

图5-6所示的是巢东股份2008年5～10月这段时间的日K线图。进入2008年5月之后，大盘进入了熊市下跌最凶猛的阶段，在这样的大盘环境下，巢东股份股价在2008年6月下旬开始反弹，当股价反弹至20%左右时，便快速掉头向下，进入了下一段的下跌浪中，在熊市中，一旦股票反弹幅度达到20%左右，然后股价开始走弱，我们就要及时卖出，以免造成更大的损失。

我们继续来看案例二。

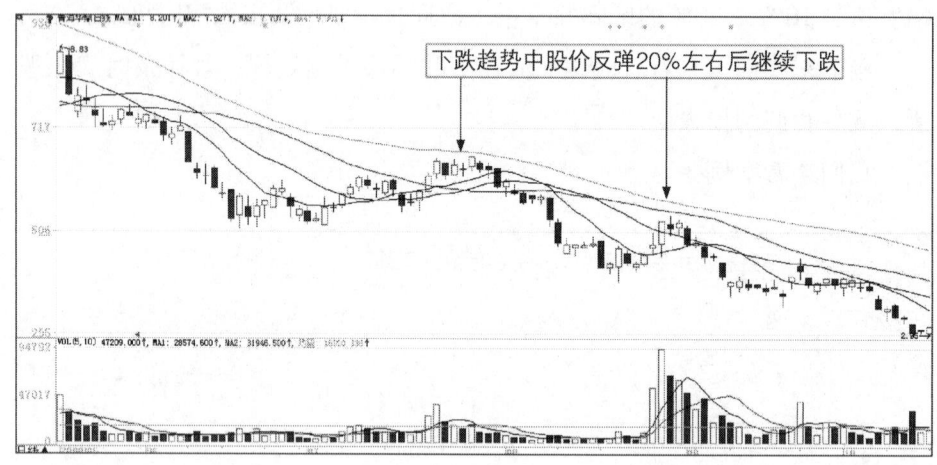

图5-7

青海华鼎（600243）是一家从事重型机床、加工中心、数控铣床、食品机械、电梯配件、齿轮箱等产品的生产和销售的公司。公司是经青海省人民政府批准，由青海重型机床厂作为主发起人，并联合广东万鼎企业集团有限公司、番禺市万鸣实业有限公司、青海第一机床厂、唐山重型机床厂，采取发起方式设立的股份有限公司。于1998年8月18日登记注册，注册资本10160万元。2000年11月，公司股票登录上海交易所，发行5000万股，募集资金2.5025亿元。

图5-7所示的是青海华鼎2008年5～10月这段时间的日K线图。从图中可以看到，在这段熊市下跌浪中，青海华鼎股价两次反弹20%后，又快速掉头下跌，进入了下一段的下跌浪中，再次证明，在熊市中，一旦股

票反弹幅度达到20%左右，然后股价开始走弱，我们就要及时卖出，以免造成更大的损失。

我们继续来看案例三。

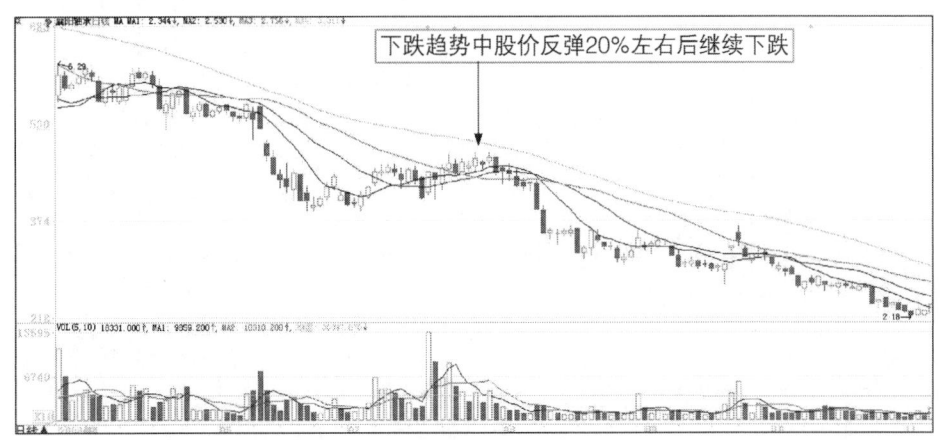

图5-8

襄阳轴承（000678）是一家从事轴承及其零部件的生产、科研、销售及相关业务的公司，公司原名为襄阳汽车轴承（集团）股份有限公司，由襄阳汽车轴承集团公司独家发起，并于1993年5月6日注册成立。1994年5月进行资产重组，同年，更名为襄阳汽车轴承股份有限公司。1997年1月，公司股票登录深圳交易所，发行1038万股，募集资金1.1607亿元。

图5-8所示的是襄阳轴承2008年5～11月这段时间的日K线图。2008年5月之后，大盘进入了熊市下跌最凶猛的阶段，在这样的大盘环境下，襄阳轴承股价在2008年6月下旬开始反弹，当股价反弹至20%左右时，便快速掉头向下，进入了下一段的下跌浪中，在熊市中，一旦股票反弹幅度达到20%左右，然后股价开始走弱，我们就要及时卖出，以免造成更大的损失。

最后我们来看看在大趋势向上的上涨趋势震荡行情中如何运用这一规律买入股票，由于大盘处于震荡市场，根据表5-3的统计，我们知道，虽然在震荡市场，大盘每次的涨跌幅度都并不是仅仅等于平均的20%，在震荡市场中，大盘的上涨和下跌幅度往往相类似，也就是说，反弹段，大盘往往会上涨至上一轮下跌段的起点附近，利用这样的规律，我们同样可以利用涨跌幅度规律为我们在震荡市场中的投资服务。

我们来看案例一。

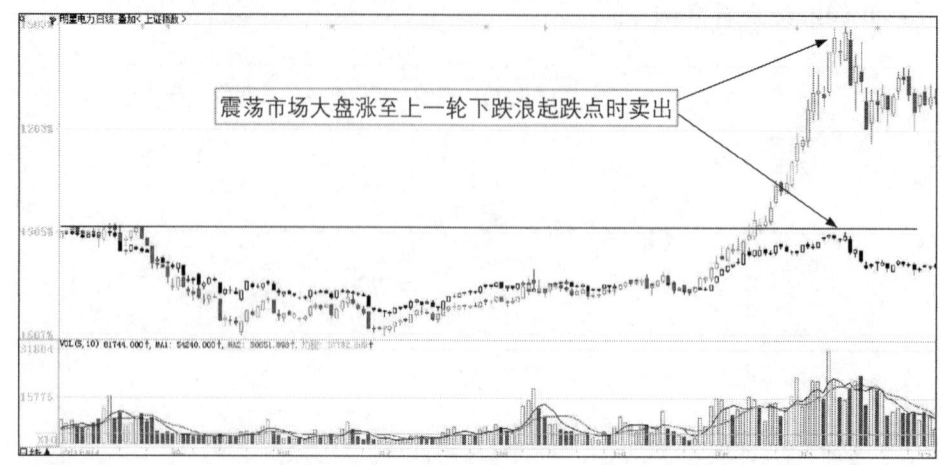

图 5-9

明星电力（600101）是一家从事电力、热力生产供应，送变电工程、线路、设备安装、施工，批发、零售水暖器材、消防器材、五金交电、电器设备、仪器仪表、汽车配件，自来水供应业、宾馆业、天然气供应业、浅层油气开发业、制药业、建设项目的投资的公司。公司源于1926年由官绅合办的明星电灯公司。1959年和1978年先后建成龙凤电站和小白塔电站，成立遂宁电力公司。1988年3月8日，由遂宁电力公司独家设立遂宁电力股份有限公司。1993年2月13日更名为"四川明星电力股份有限公司"。1993年12月，获准成为继续向社会发行股票的股份公司。1997年6月，明星电力登录上海交易所，发行股票2900万股，融资2900万元。

图5-9所示的是明星电力与上证指数2010年4～12月的日K线叠加图。2010年7月之后，大盘逐步企稳，明星电力股价跟随大盘缓缓上涨，2010年10月，明星电力股价放量上涨，迎来买入良机，以后股价一路上涨，直至2010年11月中旬，上证指数上涨至震荡市场上一段下跌段的起跌点，此时，大盘极有可能迎来震荡市场的调整行情，再次进入下跌段，在这样的预期下，我们逐步清仓了明星电力，获得了非常丰厚的回报，也锁定了我们的收益。

当然，明星电力能有如此的表现，与其基本面有着重要关系，下面我们来看看当时明星电力的基本面情况。

第一，公司电力业务受益于区域经济发展。

公司主要业务区域遂宁市地处成渝经济圈，正处于城市化和工业化的高速发展期。

一方面，近年大量沿海电子、机械等制造企业向西部地区转移，遂宁市工业发展速度处于全省前列，第二产业产值占比已从2005年的36.1%上升到2008年的46.1%，对经济增长的贡献率达到67.3%。另一方面，遂宁市的城市化进程不断加快，其中心城区人口在2010年将达到约60万人，2020年形成百万人口城市。城市化和工业化的高速发展，带动了公司发/售电量的提升。本期公司售电量同比增长16.6%，即体现了工业化、城市化进程对公司电力业务的推动作用。我们认为，"十二五"期间，公司售电量的复合增长率可达15%左右。

第二，上半年旱情对公司发电业务影响相对较小。

受上半年的旱情影响，西南地区相当一部分水电企业机组出力严重不足、业绩下滑。

公司水电机组所处的涪江流域为嘉陵江支流，上半年同样受到旱情影响，来水情况较去年同期偏少，但程度较云南、贵州和川西南等地区轻一些。此外，2009年第4季度发生垮塌的黄连沱水坝及时修复，加上过军渡电站的防洪堤维修在5月完成，使得公司在进入6月汛期后及时出力。以上因素使得公司本期的自发电量在来水减少的情况下，同比增加12.9%。

第三，金属资源业务前景值得关注。

公司于2009年年底通过收购四川奥深达资源投资开发有限公司65.94%的股份切入到金属矿山资源开发领域，根据资料，四川奥深达在工业硅、电力线缆生产、销售和电气产品方面拥有一定的市场份额，并已获得四川甘孜和平武、陕西山阳、西藏江达、新疆且末等地的铁、锰、钒、银、铜、铅、锌等各类矿权共7宗，公司计划用10年左右储备国内外矿权20个以上，并开发2个以上的大中型矿山，实现年工业总产值达到20亿元。目前公司的陕西山阳钒矿已取得采矿权，预计2011年下半年将建成日处理1000吨钒矿石的采选产能。

根据中航证券的预测，公司2010—2012年每股收益分别为0.35元、0.41元和0.52元，按2010年30～40倍PE合理估值为10.5～14元，由此我们就目前价格给予公司"买入"的投资评级。

我们可以看到，明星电力除了传统的电力行业稳步发展之外，还介入了金属资源业务，逐步走向多元化战略，为公司带来新的利润增长点，同时，其股价低，业绩也有保证，这些都是我们在其走势出现适宜买入的迹象后敢于买入明星电力的强大支撑。

在震荡市场的上涨段，对于那些业绩优异的股票，一旦其股价走强便迎来了我们的介入时机，但是在震荡市场的上涨段行情即将结束之际，如果我们利用大盘上涨至上一轮下跌段起点附近卖出的原则买卖股票，不但能够获取非常丰厚的收益，还能锁定之前的收益。

我们继续来看案例二。

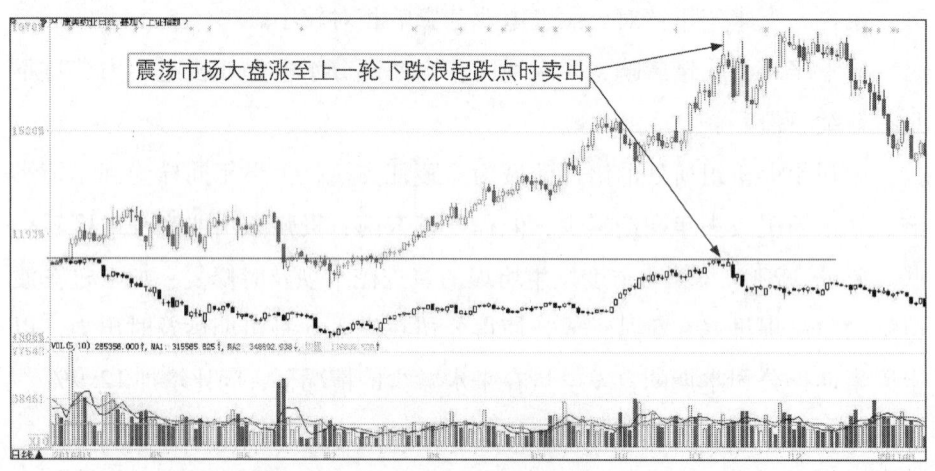

图5-10

康美药业（600518）是一家从事中药饮片、化学药品等的生产与销售，以及外购产品的销售和中药材贸易的公司。公司是经广东省人民政府办公厅与广东省经济体制改革委员会批准，由普宁市康美实业有限公司、普宁市国际信息咨询服务有限公司、普宁市金信典当有限公司以及自然人许燕君、许冬瑾于1997年6月18日共同发起设立的。公司总股本为5280

万股。2001年3月，公司股票登录上海交易所，发行1800万股，募集资金2.2626亿元。

图5-10所示的是康美药业与上证指数2010年3~12月的日K线叠加图。2010年7月之后，大盘逐步企稳，康美药业股价跟随大盘缓缓上涨，逐步突破了前期的高点，迎来买入良机，此后康美药业股价一路上涨，直至2010年11月中旬，上证指数上涨至震荡市场上一段下跌段的起跌点，此时，大盘极有可能迎来震荡市场的调整行情，再次进入下跌段，在这样的预期下，我们逐步清仓了康美药业，获得了非常丰厚的回报，也锁定了我们的收益。

当然，康美药业能有如此出色的上涨，与其基本面的催化有着重要关系，下面我们就一起来看看这只股票的基本面亮点。

第一，中药饮品业的行业龙头。

中药饮片行业是一个较不规范、集中度很低的行业，行业在不断规范的过程中发展迅速，2008年11月行业收入同比增长36.75%，全年行业收入预计突破360亿元。康美药业自2002年介入饮片行业后，凭借着领先的管理、生产、配送体系目前已逐渐成为行业龙头和标准的制定者。国家中药局要求，所有饮片生产企业必须通过GMP生产认证，而目前有70%以上的企业无法达到要求，对优势企业在行业内的扩张十分有利，同时，国家中药局计划于2009年全面推行小包装，而康美是业内最先大规模应用小包装的企业，已占据先发优势。康美药业饮片业务收入大约在6亿元左右，市场份额不到2%，占广东市场的份额也仅20%左右，而公司账上的现金高达16.6亿元，公司目前已通过新生产基地实现产能扩张，中药饮片业务增长超过70%，我们预计公司在今明两年将通过并购扩张实现加速发展。

中药饮片行业近3年以来收入和利润增速明显加快，公司在行业内的龙头地位已经基本确立，公司表示今后业务的发展重点将不再是化学药。目前饮片基地二期的产能利用率为60%左右，在规模效应显现的情况下，公司中药饮片业务的毛利率将有进一步上升的空间。GMP带来的行业洗牌效应已经显现，中药饮片小包装所带来的行业洗牌效应我们预计将在2009

年显现,我们认为公司作为起步较早的业内合规企业及龙头公司未来必将受益。

第二,中药材贸易优势明显。

康美在中药材交易中具备几大优势:(1)对所交易药材的种植面积,产量进行深入调研和了解,能够把握大的价格变化趋势;(2)公司资金实力雄厚,能够平稳应对药材价格波动;(3)公司贸易经验丰富,拥有一批精于对药材品质进行鉴定的人员。中药材贸易业务给公司带来丰厚的收益。

第三,收购整合品牌人参,估值水平大幅提升。

2008年9月9日,康美药业发布公告称:将投资4亿元在吉林省集安市设立"康美新开河"全资子公司,并拟以不超过2亿元整体收购新开河人参公司所有的资产和负债。剩余资金将分期投入补充流动资金等。"新开河红参"品牌价值3亿元。新开河红参公司由于批发经营,终端失控,受到假冒品牌冲击,流动资金匮乏,康美药业伺机收购,承接1.06亿元债务,我们测算,整体收购PB1.38倍。

康美药业收购整合"新开河红参",将其升华为品牌中药和全国性品牌,两者实现"渠道终端经营、品牌中药"的优势互补,大大提升盈利水平。"人参、鹿茸和阿胶"为滋补三宝。"新开河红参"是我国人参销售业中的唯一品牌,拥有原产地标识,其炮制工艺是我国中药饮片行业中唯一的保密工艺。

新开河红参储存期越长,其滋补功效越高,30年储藏期的新开河红参,其零售价每600克高达3万元。

康美药业完成收购后,核心竞争力将大大提升,估值水平可向一线股看齐。(1)收录滋补保健品之首的人参,控制人参资源和制造工艺,升华为品牌中药,较高毛利率的"康美新开河红参"将提升公司饮片的整体毛利率水平。(2)收拢做大"新开河人参"销售规模。由于受5倍销量的假冒品牌的冲击,正品"新开河红参"的市场份额仅有16%。康美药业未来将通过打假、肃清市场,控制渠道和OTC专柜终端,提高售价,增加销量,提升盈利能力。我们测算销售收入将由2008年的6000万元增长到

2011年的5.4亿元,对公司EPS的贡献将由0.01元上升到0.29元。
(3)康美药业将通过康美新开河红参在全国OTC专柜的市场影响力,突破区域品牌,向全国性品牌延展。

第四,管理层正确的战略规划。

2008年是公司成功转型的一年,在管理层的推动下,内生盈利模式逐步清晰,外延也将从广东拓展至多个区域性,从而推动公司未来几年的快速增长。

内生盈利模式逐步清晰:康美中药饮片销售规模从2002年的2100万元快速上升至2008年的6.2亿元,复合增长率为76%;中药材贸易销售规模从2006年的1.35亿元上升至2008年的5.2亿元,复合增长率为96%。公司也因此在2008年成功转型,形成了中药饮片"制定标准—专家推荐—医院认同—患者使用"的终端消费盈利模式和中药材贸易"资源垄断—产地合作—赢得定价权"的渠道盈利模式。

2009年外延市场快速扩张:中药饮片都是区域性企业,公司在广东地区发展较快,少量涉及福建和广西市场,2008年公司建立了一支中医专家队伍,邀请了150家全国大型医院在公司本部研讨,完成省外"制定标准—专家推荐—医院认同"的前端准备,2009年公司将迎来外延市场的快速扩张,有望进入北京和成都医院市场,并可能进一步进入东北医院市场。

未来三年有望获得快速发展:展望未来,中药饮片在广东已拓展的医院占有率不高,仍有空间;广东还有新介入医院;北京、成都和东北等地是全新市场,医院中药饮片享受医保报销,我们预计在"制定标准—专家推荐—医院认同—患者使用"的终端消费盈利模式的推动下,公司饮片有望获得40%~50%的快速增长。中药材贸易"资源垄断—产地合作—赢得定价权"的渠道盈利模式在中药物流港建成后进一步稳固,中药物流港将成为国内首个中药材电子交易平台,公司可能是多种道地中药材具有定价权的企业,在掌控中药材资源的同时,公司将从中获得丰厚稳定的盈利;公司原有的化学药会较为平稳;普宁中医院在普宁当地有市场需求,但业绩贡献我们会随着其投入运营进行跟踪。

在震荡市场的上涨段,对于康美药业这样基本面逐步改善的公司,一旦其股价突破前期高点走强便迎来了我们的介入时机，但是在震荡市场上涨段行情即将结束之际，如果我们利用大盘上涨至上一轮下跌段起点附近卖出的原则买卖股票，那么不但能够获取非常丰厚的收益，还能锁定之前的收益，避免我们的利润大幅流失。

我们继续来看案例三。

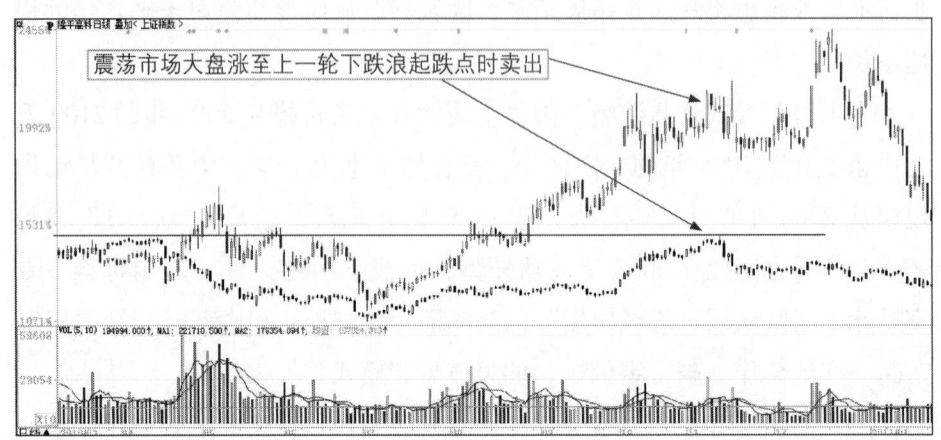

图 5-11

隆平高科（000998）是一家以杂交水稻、蔬菜为主的高科技农作物种子、种苗的培育、繁殖、推广和销售，新型农药、化肥的研制、生产、销售，政策允许的农副产品优质深加工及销售；提供农业高新技术开发及成果转让，农业技术咨询、培训服务等为主营业务的公司。公司是由湖南省农业科学院作为主发起人，联合湖南杂交水稻研究中心、湖南东方农业产业有限公司、中国科学院长沙农业现代化研究所、湖南省郴州市种子公司等四家企业及袁隆平先生以发起方式设立的股份有限公司。1999年6月30日，公司在湖南省工商行政管理局登记注册。2000年12月，公司股票登录深圳交易所，发行5500万股，募集资金6.9679亿元。

图 5-11所示的是隆平高科与上证指数2010年3月至2011年1月的日K线叠加图。2010年7月之后，大盘逐步企稳，隆平高科股价跟随大盘放量上涨，迎来买入良机，此后隆平高科股价一路上涨，直至2010年11月中旬，上证指数上涨至震荡市场上一段下跌段的起跌点，此时，大盘极

有可能迎来震荡市场的调整行情，再次进入下跌段，在这样的预期下，我们逐步清仓了隆平高科，获得了非常丰厚的回报，也锁定了我们的收益，虽然从图5-11中看到，在我们清仓了隆平高科之后，其股价仍然进行了一段时间的反弹，但是反弹过后，隆平高科股价便迅速下跌，20多个交易日跌去了36%。

当然，我们能够买入隆平高科获利，与其基本面息息相关，下面我们就来看看其基本面的状况。

经过总结，我们发现当时隆平高科的基本面有如下亮点：

第一，虽然2010年上半年公司业绩数据看似下降，主业盈利实为大幅改善。公司上半年收入为5.94亿元，同比增长55%。半年净利润为2061万元，同比下降31%，但扣除非经常性损益的净利润2973万元，同比大幅增长1107%。

第二，屯玉并表带来玉米收入增长，近期水灾影响有限。水稻种子收入2.4亿元，同比增长8.6%，玉米种子收入1.69亿元，同比增长587.1%，收入增长是因为并表北京屯玉。干辣椒制品收入1.38亿元，同比增长153.7%，收入增长是因为2009年业务基数低，同时2010年出口状况回暖。2010年南方地区水灾对行业制种有一定影响，但对公司生产实际影响有限。

第三，稻种价格上涨推高水稻种子业务毛利。水稻种子毛利率为36.5%，同比提高了9个百分点，毛利率提高主要是因为2010年水稻种子的价格普遍上涨。玉米种子毛利率为18.6%，同比下降22个百分点，因为并表的北京屯玉只是销售环节资产，毛利率较低。公司前期公告中表示屯玉的生产资产未来将会被收购。我们判断公司实际的玉米种子毛利率仍有30%左右。

第四，水稻种子和玉米种子是业绩驱动的双引擎。公司2010年水稻种子主推两系品种Y两优1号，上一季制种量100万公斤，推广面积100万亩，本季制种面积约400万亩，推广面积预计可达到300万亩以上。玉米品种利合16 2010年仍然处于导入期，预计放量增长最快也要在2011年。从收入结构和利润贡献来看，玉米和水稻种子是公司业绩驱动的双引擎。

第五，资产结构继续梳理，行业政策出台预期强化。公司目前正在做全方面的资产整合：出售九华科技博览园，收购超级杂交稻工程研究中心的剩余股权。上半年公司股票基金投资亏损976万元，我们认为公司在明年会完全退出二级市场投资，全面回归主业。公司在2008年提出的股权激励计划也公告停止，我们的理解是公司在为推出新的股权激励计划做准备。农业部近期正在调查种子行业的基本情况，未来1年出台行业政策的预期在增强，预计行业政策将使育繁推一体化的企业大为受益。

透过上面的分析，我们看到隆平高科的主营业务发展正在进入轨道，未来公司有望迎来快速发展的良机，基本面符合我们的投资理念，因此，在其股价跟随大盘放量上涨时，便迎来了我们的介入时机，但是当大盘上涨至上一轮下跌浪的起跌点时，我们选择了逐步清仓隆平高科，锁定收益，随后，隆平高科股价迅速下跌，事实证明，我们利用大盘在震荡市场的上涨段和下跌段的涨跌幅规律，可以让我们锁定在震荡市场中获得的利润，使我们的资金不断增值。

第六章

在高低点上移时买入

> 在市场的高低点依次上移时买入，因为这表明主要的趋势向上。在市场的高低点依次下移时卖出，因为这表明主要的趋势向下。时间周期永远是重要的。请注意以前的头部至头部的时间长度，和以前的底部至底部的时间长度。而且还要注意市场从最低点至最高点的运动时间，以及从最高点至最低点的运动时间。
>
> ——江 恩

第一节　高低点上移买入法概述

一、高低点上移买入法的含义

所谓高低点上移买入法，就是如果大盘或者个股股价的最近的高点值高于前一个高点值，最近的低点值高于上一个低点的值，如果这种状况持续2次以上，我们基本就可以确定股票处于上升趋势中，此时便迎来了我们的买入时机。

通过上面的介绍，我们知道，高低点上移买入法实际上是趋势交易的一个典型应用。

二、高低点上移买入法与波峰位移

对于上面所说的高低点上移买入法，我们可以从波峰位移理论的角度去分析它。

所谓波峰左移和右移，是指实际的周期峰值向左或向右偏离了理论的峰值位置。例如，20天的交易周期是从谷底到谷底测算出来的。那么从理论上说，波峰应当出现在距离谷底10天处，或者说是在两个谷的中点上。这样一来，市场就先是10天上涨，然后是10天下跌。然而，很少发生这种理想的情形。朋友们请记住，绝大多数周期的变异出现在其波峰上，而不是波谷上。这就是一般认为波谷更为可靠的原因，也正因此，我们应从谷底到谷底测算周期长度。

波峰的变化取决于周期的上一层次周期的趋势方向。如果其趋势向上，那么波峰向理想中点的右侧偏移，产生右移现象。如果上一层次的较长周期处于下降阶段，则波峰向理想中点的左侧偏移，称为左移现象。因此，右移现象是看涨性的，而左移现象是看跌性的。让我们思考一下，实质上就是说，在牛市中，价格将在较长时间内处于上升阶段，而下跌所占的时间较短。在熊市中，价格将在较长时间内处于下跌阶段，而上涨所占的时间较短。这不正是趋势的定义吗？只不过这里我们的研究对象是时间，而非价格。

要知道，我们把上升趋势定义为一系列相继递升的峰和谷。而下降趋势则是一系列相继递降的峰和谷。我们可以将这些峰和谷标识为周期的波峰和波谷。现在我们来把趋势的定义和偏移现象两个概念结合起来，请见图6-1。只要峰和谷依次上升（就是说，价格处于上升趋势），那么周期的波峰就会朝理想周期中点的右侧偏移（推迟出现）。而当峰和谷依次降低时（即价格为下降趋势），那么周期的波峰就会向理想周期中点的左侧偏移（提前出现）。唯有在市场上不存在明显趋势的时候，即当买方和卖方的力量对比相对平衡，从而价格处于横向延伸的交易区间时，周期的波峰才能恰巧出现在周期中点上。

图6-1是波峰左移和右移现象的例子。图A为一种简单的周期，图B展示了较长周期的趋势，图C表示综合的结果。当较长周期的趋势上升时，波峰向右侧偏移。当较长周期的趋势下降时，波峰向左侧偏移。右移现象是看涨的，而左移现象是看跌的。

下面我们不妨看看右移和左移现象的预测意义。最起码，我们可以通过观察周期中点处的具体情况，更深入地了解趋势的方向。只要价格峰出现在中点右侧，（即，市场的上升阶段将比随后的下降阶段更长），我们就可以预期上升趋势会持续下去。而当价格峰向周期中点的左侧偏移时，通常就构成了警告信号，意味着当前趋势可能发生变化。在日线价格图上，我们只要简单地比较一下，在最近一轮周期中上升的天数同下降的天数孰多孰寡，就能得出波峰左移或右移的结论。在周线图和月线图上，时间单位虽异，道理相同。

而本章我们所讨论的高低点上移买入法恰巧就是波峰右移的一个典型代表，在波峰右移的情况下，相对的低点形成之后就是我们的买入时机。

因此，高低点上移买入法不但是趋势交易的典型运用，同时也是波峰

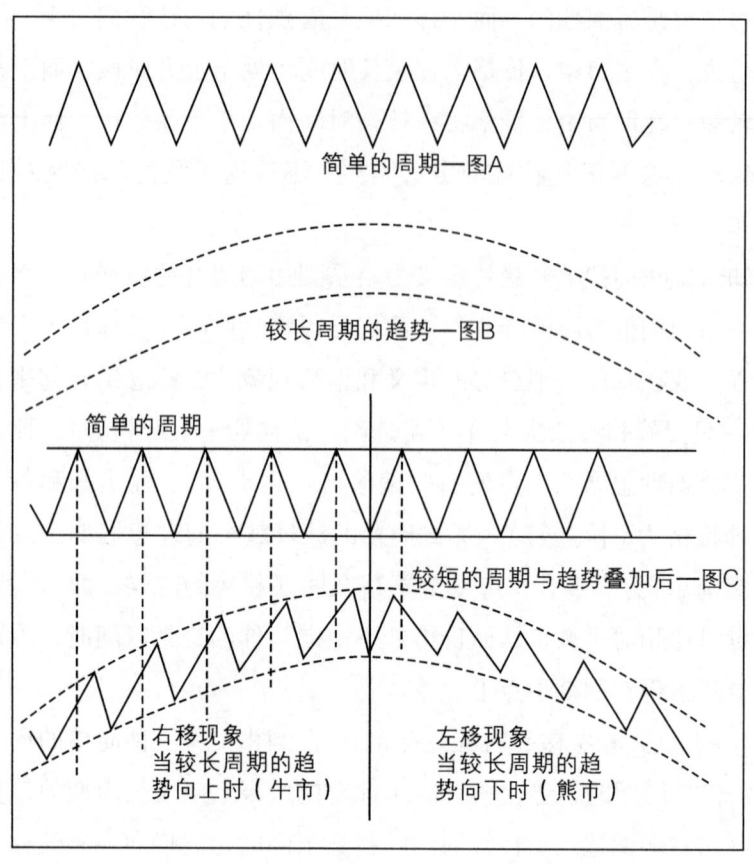

图 6–1

位移理论中波峰右移的典型代表。

至于更加详细的运用和操作，我们会在本章第二节着重介绍。

第二节　高低点上移买入法运用

在本节中，我们将着重介绍如何运用高低点上移买入法。

在本章的第一节中，我们对高低点上移买入法做了简单的介绍，同时也阐明了其与波峰右移理论的联系，在本节中，我们将会讲述其在各种大盘环境下的运用方式，通过多个案例与大家分享在不同大盘环境下如何利用高低点上移理论获利。

一、大盘处于上涨趋势中的高低点上移买入法运用

我们先来看案例一。

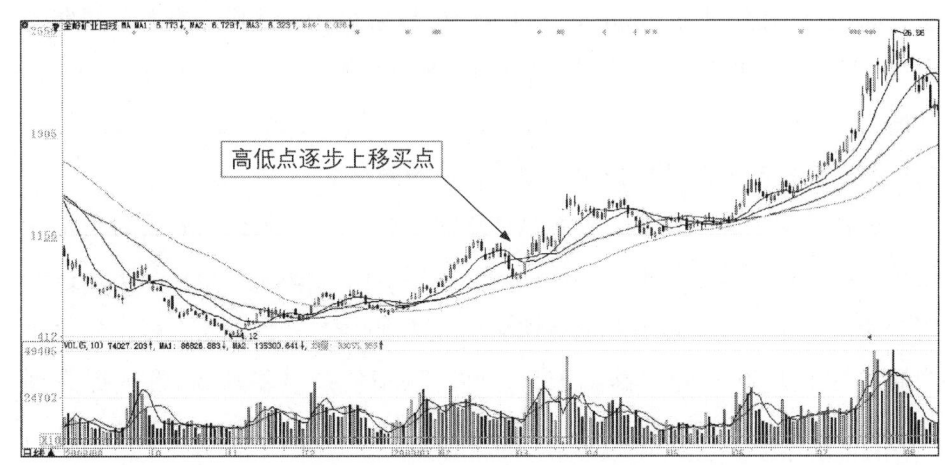

图6-2

金岭矿业（000655）是一家从事铁矿开采、铁精粉、铜精粉、钴精粉的生产、销售、机加工，货物进出口的公司。公司的前身淄博张店陶瓷厂1989年进行整体改组，成立山东淄博华光陶瓷（集团）股份有限公司，同时向社会及本企业职工发行股票。1990年向社会公众扩股1100万元。1992年送股250万元。1993年增扩法人股1053万元并进行股份制规范化试点工作。1996年更名为山东淄博华光陶瓷股份有限公司。1996年11月，公司股票登录深圳交易所。

图6-2所示的是金岭矿业2008年8月至2009年8月的日K线图。2008年10月底，大盘逐步见底企稳，金岭矿业也跟随大盘逐步上涨，在其股价上涨的过程中，最高点和最低点都逐步上移，股价上涨趋势被确认，迎来我们介入的机会，此后，金岭矿业股价逐步上涨，给投资者带来丰厚的收益。

当然，买入金岭矿业能有不错的收益，不仅仅取决于上涨趋势，同时

金岭矿业自身的基本面因素也是催化剂,我们来看看当时金岭矿业的基本面亮点:

第一,公司收入和净利润大幅增长。

2008年1~9月份铁精粉价格出现大幅上涨,全年铁精粉平均销售价格为1289.09元/吨,比上年同期的870.83元/吨增长48.03%。此外产销量方面也有小幅增长,2008年公司生产铁精粉68.73万吨,比上年同期的63.23万吨增长8.70%。销售铁精粉69.81万吨,比上年同期的65.12万吨增长7.20%。

第二,资产整合助推公司资源扩张快速发展。

公司将借助实际控制人山东钢铁集团的整合,未来有可能成为山东钢铁集团矿产资源整合的平台,并预计会被逐步做大做强。2009年年初进行资产注入的召口分矿是山东金岭铁矿的主力矿山之一,注入之后,公司年产原矿石将从80万吨提高到155万吨,铁精粉产量将从55万吨提高到110万吨左右。公司铁矿可开采储量将从650万吨提高到2426万吨。公司的矿产储量以及产品产量都得到较大规模的提升。从注入矿山的品味来说,此次注入矿山的地质品味达到51.88%,和之前的上市公司的矿山品味相差无几,都属于国内少有的富矿。公司未来资源仍有望扩张,在此次资产注入的过程中,公司目前的控股股东山东金岭铁矿承诺,经有关部门批准后,在2010年前将向公司注入所持金鼎矿业的40%股权。金鼎矿业不仅品味与目前的上市公司相同,而且可开采储量相对较大,达到3500万吨。因此未来公司的优质矿产资源将有望继续扩张。预计山东钢铁集团的整合可能给金岭矿业带来难得的做大做强的发展机遇。

第三,公司资源优势明显。

公司的资源优势值得看好。公司是国内为数不多的具有优质铁矿石资源的生产企业。也是国内唯一的以铁矿石为主营产品的A股上市公司。虽然公司资源规模不大,但公司铁矿品味与开采条件均优于国内同类铁矿矿山,属于典型的富矿(目前富矿仅占国内总储量的2.5%)。公司3个矿的地质品味基本在51%~52%左右,原矿品味达到40%~45%左右,高于国内平均为30%的铁矿石品味。此外公司矿产资源中含的其他有害杂质非常少，经过采选得到的铁精粉质量要好于同含量的其他企业的铁精粉产品，因此，公司的铁精粉价格一直是国内最高的。

第四，未来有望充分受益于省内的铁矿资源整合。

公司的母公司山东金岭铁矿在去年划归入山东钢铁集团，公司成为山东钢铁集团旗下唯一一家矿业上市公司，山东钢铁集团旗下的铁矿资产除了包括济钢、莱钢的少量矿山外，还有一处大型铁矿。公司在逐步收购大股东的铁矿资产之后，不排除进一步整合省内铁矿资源的可能。我们认为，在山东钢铁集团内部的整合中，公司有可能会成为山东钢铁集团整合铁矿石资源的旗舰。

正是在金岭矿业优异的基本面的刺激下，其股价在高低点上移确定上涨趋势后才会大幅上涨，给我们带来丰厚的收益。

我们继续来看案例二。

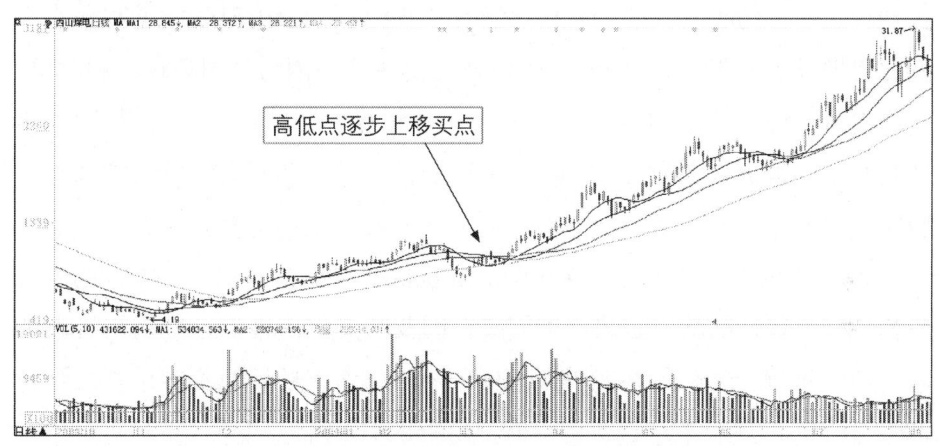

图6-3

西山煤电（000983）是一家从事煤炭的生产、洗选加工、发电和销售的公司。公司由西山集团作为主发起人，联合太原西山劳动服务总公司、山西煤炭第二工程建设有限公司、太原杰森木业有限公司、太原佳美彩印包装有限公司等四家公司共同发起，以西山集团所属的古交矿区中的西曲矿、马兰矿、镇城底矿及各自配套的三个选煤厂为主体，以发起方式设立。2000年7月，公司股票登录深圳交易所，发行2.88亿股，募集资金18.6912亿元。

图6-3所示的是西山煤电2008年10月至2009年8月这段时间的日K线图。2008年10月底,大盘逐步见底企稳,西山煤电股价也跟随大盘逐步上涨,在其股价上涨的过程中,最高点和最低点都逐步上移,股价上涨趋势得到确认,迎来买点,此后,西山煤电股价逐步上涨,给我们带来非常可观的收益。

当然,西山煤电能够有如此傲人的涨幅,还与其基本面有关,我们来看看西山煤电的基本面亮点:

第一,公司为炼焦煤生产的龙头企业。

2008年,公司共生产原煤1619万吨,同比仅增加0.43%。商品煤销量为1617万吨,同比增长-1.38%,其中,售价较高的精煤产量较去年同期都有所增加,尤其是焦精煤和电精煤,增幅达到了17.04%和73.29%,而售价较低的原煤和洗混煤则有20.88%和14.54%的降幅。与此相对应,公司煤炭业务的收入高达119.65亿元,同比上升了80.21%,毛利率水平同比也增长了8.37%,达到了54.29%。这主要是因为公司抓住有利时机,三次上调了炼焦精煤的合同价格。公司焦精煤、肥精煤、瘦精煤2008年的每吨平均售价分别为1182元、1183元、849元,同比增幅分别为88%,87%,68%。

2009年以来,公司主要煤炭产品的售价继续执行2008年11月的公告价格,但为保证回款,公司给予能按合同及时支付焦精煤、肥精煤货款的客户200元/吨的折让,再考虑到2009年的总体市场环境不容乐观,预计2009年公司的煤炭平均售价将会有一定程度的下降。

第二,兴县项目将会给公司未来的煤炭产能带来增长。

公司现有矿井产能较为稳定,未来增长将主要来自于兴县斜沟煤矿项目。该项目目前已获得国土资源部资源划界的关键性批文,水土保持方案已获水利部审核通过,晋兴公司增资完毕,岢瓦铁路工程进入收尾验收阶段,斜沟1500万吨/年矿井及配套选煤厂的"四通一平"工程也已经完成。预计兴县斜沟煤矿项目2009年年底可以达产,而岢瓦铁路的建成运营也将使煤炭运输成本得到有效的控制。

第三,电力业务将迎来高速增长。

公司目前的电力业务主要来自于公司下属的兴能发电、西山热电和参股的山西国际电力华光有限责任公司，权益装机容量为60万千瓦左右。2008年，公司发电量为43.54亿度，较去年同期增长1.59%。7月1日，公司上网结算电价根据有关文件从0.2754元/度调整两次到0.3153元/度，公司的电力及供热业务的收入同比也增加了12.10%，达到了11.82亿元，但是由于煤炭价格的大幅增加，电力及供热业务的毛利率水平还是下降了7.78%，为22.92%。公司现正稳步推进古交电厂的二期建设。

60万千瓦项目，预计2台机组将于2009年下半年陆续投产运营，届时公司的权益装机容量将增长近1倍。

第四，公司积极拓展煤焦化产业链。

公司除将山西焦化的股权增持到15.56%以外，年内还将开工建设公司100%控股的太原西山日盛煤焦有限公司60万吨/年的清洁型焦化及余热综合利用发电工程项目，并继续推进内蒙古世林化工4×30万吨（一期30万吨）的煤制甲醇项目，该一期项目预计2010年10月将建成投产，而内蒙古自治区政府为世林公司配置的巴彦高勒井田煤矿项目也即将开工建设。

根据上海证券的预计2009—2010年公司EPS分别为1.04元和1.26元，动态PE值分别为14.33倍和11.83倍。根据公司目前的生产经营状况和未来的发展前景，考虑到公司独特的资源优势以及项目进展，西山煤电的未来股价还有较大的上升空间。

正是在西山煤电优异的基本面的刺激下，其股价在高低点上移确定上涨趋势后才大幅上涨，给我们带来了丰厚的收益。

我们来看案例三。

中金岭南（000060）是一家从事有色金属铅锌的采、选、冶、加工及电池锌粉等储能材料生产、铝型材加工、幕墙安装工程、出租汽车营运、房地产开发等业务的公司。公司前身为中国有色金属工业总公司深圳联合公司，1984年成立。1993年公司改组为深圳有色金属股份有限公司。1994年3月发行内部股份证2000万股。1994年6月公司更名为深圳中金实业股份有限公司，股份总数为10000万股。1996年11月19日注册资本调整

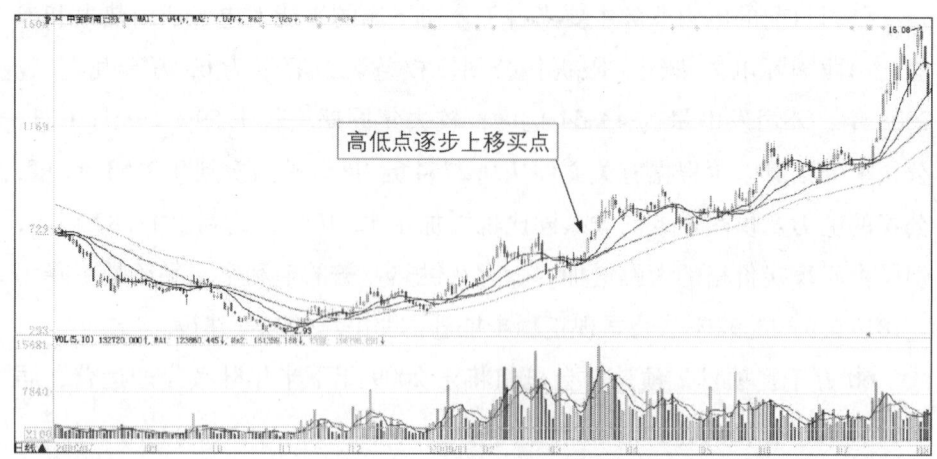

图 6-4

为 6200 万元，股份总数为 6200 万股。1997 年 1 月，中金岭南登录深圳交易所，发行 1800 万股，募集资金 1.35 亿元。

图 6-4 所示的是中金岭南 2008 年 7 月至 2009 年 8 月的日 K 线图。我们知道，2008 年 10 月末之后，上证指数开始逐步见底企稳，走入上涨通道中，与此同时，中金岭南也逐步跟随大盘上涨，在上涨过程中，其股价高低点逐步上移，确认了上涨趋势，迎来了我们的买入时机，此后，中金岭南股价一路狂飙，给我们带来了可观的收益。

当然，中金岭南能有如此傲人的涨幅，还与其基本面的逐步改善息息相关。

下面我们就通过研究报告来了解其当时的基本面情况。

我们先来看一份 2009 年 2 月 9 日华泰联合证券对于中金岭南的调研简报：

事件：中金岭南于 2009 年 2 月 6 日发布公告称：澳大利亚上市公司 PERILYA LIMITED 股东大会审议通过了本公司认购其 197672000 股定向配售股份的协议，至此，本公司获得澳大利亚 PERILYA LIMITED 50.1% 股份的交易，已完成中国政府、澳大利亚政府及 PERILYA LIMITED 的全部相关审批程序。本公司将于近日内完成款项支付及所认购股份在澳大利亚证券交易所上市等事宜。

评论：至此，中金岭南投资入股澳大利亚上市公司 PERILYA LIMITED（以下简称 PEM 公司）的交易已顺利完成全部相关审批程序，并无其他障碍。继此前收购先驱公司失败后，公司终于迈出其部署海外的战略步伐，成功推进其国际化经营进程。同时，此举符合政府对有色行业加快产业战略重组，增强对境外矿产资源的控制力，提升行业集中度的要求。

行业景气低迷时期出手，显著降低了公司的投资成本。本次定向增发价格为 0.23 澳元/股，按照 2009 年 2 月 6 日的汇率计算，收购投资总额约 2.03 亿元人民币，完成后中金岭南将持有 PEM 公司 50.1% 的股份，实现控股。待完成款项支付及所认购股份上市事宜后，该公司将与中金岭南并表。

明显提升资源储量和品位，扩充资源种类，为中金岭南长期可持续发展提供资源保障，抢占行业整合先机。PEM 公司现控制的三个主要矿山，Broken Hill、Flinders 和 Mount Oxide，合计矿产资源量约为 3583.2 万吨，其中金属量为：锌 212 万吨，铅 141 万吨，铜 20.3 万吨，及银 190 公斤，钴 775 公斤，目前其锌、铅精矿的产能分别为 9 万吨和 6 万吨。而目前为止中金岭南自身的铅锌金属总量约为 450 万吨。

互补性引发协同效应。本次收购一方面可增强 PEM 公司的资金充足率，另一方面明显提升了中金岭南的原料自给能力和可持续发展能力，中金岭南的综合实力有望通过此次收购得以大幅提升，从而巩固其在国内铅锌行业的领先地位。根据我们测算，收购完成后，公司的矿产资源自给率将由 40% 左右提升至 60% 左右。相信当行业步入上升周期时，PEM 公司有望对中金岭南的经营和业绩提供有力支持。

我们判断目前铅锌行业已经接近周期性底部，属于供应主动缩减以迎合需求的阶段，相信新的动态平衡正逐步建立。鉴于宏观经济的不确定性仍在，下游需求尚未现明显好转迹象，价格下跌的可能仍未完全排除，但基于价格成本的比较，我们相信下跌空间十分有限。

为了更加全面地了解当时中金岭南的基本面情况，我们再来看一份 2009 年 2 月 24 日天相投资发布的对于中金岭南的调研简报，内容如下：

事件描述：《第一财经日报》23 日报道，有色金属行业产业规划草案初定，大规模推进兼并重组将成为重点，计划打造3～5个具有实力的综合性有色金属企业集团。另外，就澳大利亚PEM公司产品包销协议问题，公司总裁张水鉴先生在近日接受记者采访时认为，PEM公司铅的包销合同是2009年到期，而锌是2011年到期，但今年可以有50%的产量提供给中金岭南，如果要求提供100%的产量，经过协商也有可能。

评论：

（1）大规模推进兼并重组，铅锌行业将成为重点，中金岭南或将在国外购矿中获益。据规划草案可知，在铅锌整合方面，政府鼓励中南和西南地区重点骨干铅锌企业推进区域内联合重组，支持中金岭南（000060）、广西有色金属集团、云南冶金集团、湖南有色控股集团等分别整合区域内的铅锌企业。我国铅锌行业集中度低于铜、铝等其他基本金属，据中经网数据，2008年我国共有铅锌采选企业811家，冶炼企业627家，而我国2008年共产铅锌717万吨，简单平均计算可知，每家产量不到1万吨，远低于国外的水平。

（2）PEM有可能在2009年提供给公司铅锌精矿。PEM公司铅的包销合同是2009年到期，而锌是2011年到期。我们认为，公司在控股PEM公司（持股比例50.1%）之后，经过协商，是有可能从PEM公司处获得铅锌精矿的，这将为公司的产能扩张提供资源保障。另外，公司为保证PEM公司的盈利状况，也与PEM公司签订了一系列协议，包括降低成本（人工成本等）和限制产量等。

（3）凡口矿技改已经完工，丹霞冶炼厂新建产能将在2009年下半年投产。精矿方面：凡口矿技改已经完工，2009年预计产铅锌精矿18万吨；冶炼方面：韶关冶炼厂的粗炼产能达到30万吨，精炼产能达到35万吨，丹霞冶炼厂在建8万吨，预计2009年下半年投产。

（4）公司铅锌资源量（权益量）达到662.84万吨，居国内第一位。在国内收购盘龙矿55%股权，以及国外收购PEM公司后，中金岭南（000060）的铅锌资源储量（权益量）已经达到662.84万吨，高于宏达股份（600331）的铅锌资源储量（权益量）652.8万吨，并且平均品位较高，采选成本较低。

(5) 锌是较好的投资品种。金属锌是最先进入调整期的基本金属品种，且目前价格已经低于成本，最具有反弹动力。根据《中国金属通报》价格，目前国内锌精矿（金属吨）价格为4500元/吨，早已超过了高品位矿石生产商5000元/吨左右的成本线，锌产业链最上游矿产商连生存都受到挑战，因此锌价更有反弹的可能。

(6) 维持"增持"评级。我们认为，公司有继续海外购矿，扩大资源储备的可能，我们继续维持公司2008年、2009年EPS 0.43元和0.45元的盈利预测，对应的动态PE分别为29倍和30倍，在铅锌类公司中具有估值优势，继续维持公司"增持"的投资评级。

通过几份不同证券公司和机构的研究报告，我们都得出这样的结论：中金岭南的海外并购是其基本面的一道亮点，也是刺激其股价上涨的催化剂之一，另外公司具有的丰富的矿产资源也是支撑其业绩增长的重要因素。

在基本面有着重大亮点的前提下，其股价在大盘处于上涨趋势中的高低点逐步上移确认了上涨趋势，带来了买入时机，让我们获取了可观的收益。

我们来看案例四。

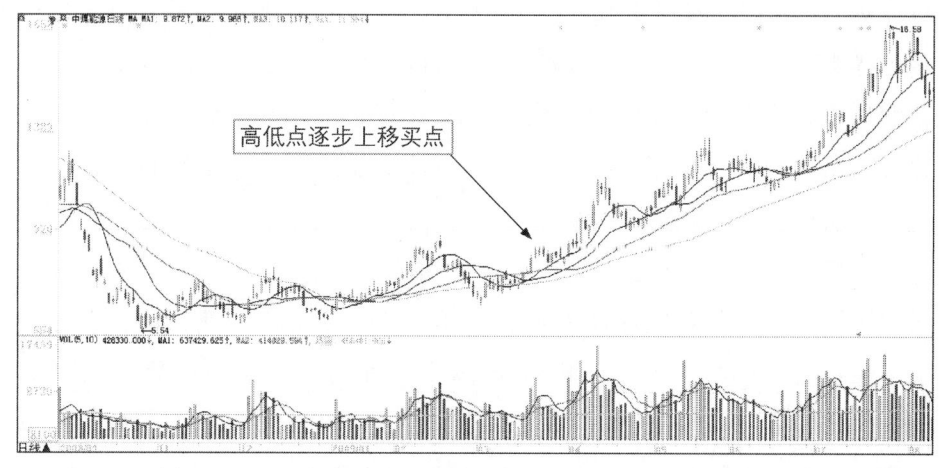

图6-5

中煤能源是一家主要从事煤炭的生产和销售、煤焦化产品的生产、煤

矿装备制造以及机电设备和矿用配件进口等业务的公司。该公司是由中国中煤能源集团公司（2009年经国资委改组〔2009〕255号文件批准改制为国有独资公司，同时名称变更为"中国中煤能源集团有限公司"）于2006年8月22日独家发起设立的股份有限公司，注册地为中国北京市朝阳区黄寺大街1号，设立时总股本为80亿元，每股面值1元。2008年2月，中煤能源发行15.2533亿股，募集资金253.2亿元。

图6-5所示的是中煤能源2008年9月至2009年8月的日K线图。与大盘类似，中煤能源于2008年10月底见了熊市最低点，随后股价随大盘缓慢回升，在股价上涨的过程中，中煤能源的高低点逐步上移，确认了上涨趋势，迎来了我们介入的时机，此后，中煤能源股价快速上涨，让我们获取了丰厚的收益。

当然，中煤能源股价能有如此的表现，与其基本面息息相关，接下来我们来看看当时中煤能源的基本面状况。

我们来看看东方证券于2009年3月底发布的对于中煤能源的调研报告，其简要内容如下：

2008年实现主营业务收入515亿元，同比增长43%。营业利润375亿元，同比增长21.1%。归属于本公司股东的净利润为68亿元，同比增长17.7%。基本每股收益0.52元，其中第4季仅0.08元。公司业绩增速远低于行业平均水平，主要原因在于公司持有的4000万股中国远洋A股股票在报告期内因公允价值变动损失14.06亿元，而去年同期实现收益13.67亿。若剔除该项因素，归属于母公司股东的净利润同比增长65.2%，在动力煤公司中处于较好水平。

公司全年原煤产量10037万吨，较2007年增加985万吨，增长10.9%，其中自产原煤9149万吨，较2007年增加822万吨，增长9.9%。商品煤销量为8870万吨，同比增长4%，其中自产商品煤销量为7410万吨，同比增长6%。买断贸易煤炭销量为541万吨，同比增长82%。进出口代理煤炭销售919万吨，同比下降30%。2008年自产煤销售的综合售价为447元/吨，同比增加84元/吨，增长23.1%。其中，自产动力煤内销平均售价为405元/吨，合同和现货分别为365元/吨和612元/吨，销量占分别为84%、16%。出口动力煤656万吨，出口均价为694元/吨，同比增长45%。公司自产商品煤生产成本为198.2元/吨，同比增加34元/吨，增长23%。煤炭业务毛利率为50.9%，同比增长了3个百分点。

全年销售焦炭285万吨，同比下降7%，其中自产焦炭销量为220万吨，同比下降7万吨。焦炭业务共实现营业收入67亿元，毛利率为19%。煤机业务实现销售收入47亿元，同比增长107%，毛利率为18%。在建项目进展顺利，600万吨/年的安太堡井工矿已经投入试生产；2000万吨/年的东露天矿已经正式开工建设，并有望于2010年投产；鄂尔多斯2500万吨/年的煤矿及配套工程项目有望2009年开始建设。综合看，在建项目产能释放可推动未来几年产能保持稳步增长的态势。

地方电力企业占公司电煤销量60%，这一部分2009年的合同价格已经签订，且有所上涨。尽管与5大电力公司2009年煤炭合同价格尚未签订，但近期国内现货价的坚挺将支持2009年的合同价格上涨，我们将2009年的煤炭合同价格预测由与2008年持平调整至上涨8%左右。

预计公司2009—2011年每股收益分别为0.57元、0.69元、0.68元，以3月27日收盘价计算，2009年动态市盈率为15.4倍，低于行业平均水平，我们维持"增持"评级。

虽然中煤能源2008年的公允价值遭受损失，但是其主营业务和净利润却双双都取得了增长，并没有受金融危机的影响。根据东方证券的预测，2009—2011年每股收益分别为0.57元、0.69元、0.68元，虽然此业绩水平的绝对值并不算太高，但是对于刚刚经历过金融危机之后的企业来说，能有如此的业绩估值，足以看出中煤能源具有十足的安全边际。

最为周期性的股票，在大盘反转时，一旦其股价上涨趋势确立，便迎来了我们介入的时机。

二、大盘处于震荡趋势的高低点上移买入法运用

下面我们先来来看案例一。

红日药业（300026）是一家主营中成药以及西药的研发、生产和销售

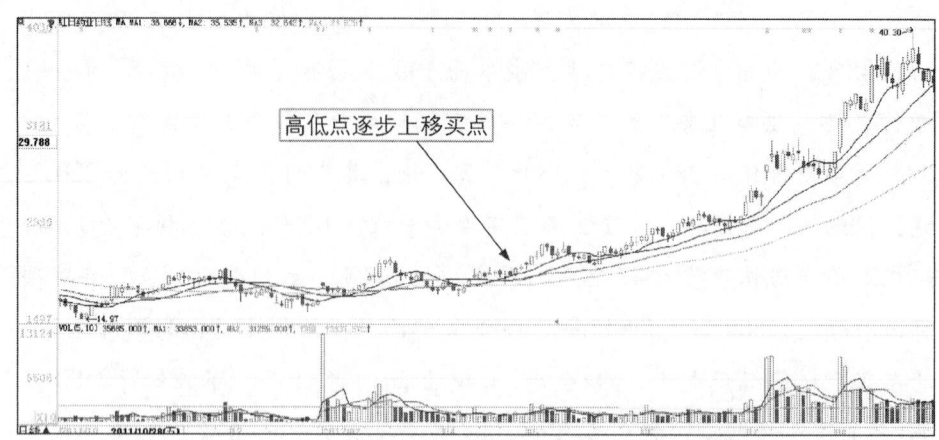

图 6-6

的公司。公司是经天津市人民政府《关于同意将天津市大通红日制药有限公司变更为天津红日药业股份有限公司的批复》（津股批〔2000〕14号）批准，以2000年8月31日经天津津源会计师事务所有限公司审计的净资产为依据，由大通红日整体变更发起设立的股份有限公司。2000年9月30日，公司在天津市工商行政管理局完成工商登记注册，注册号为1200002000134。本次发行前，公司注册资本为3775.20万元。2009年10月，公司登录创业板，发行股票1259万股，募集资金7.554亿元。

图6-6所示的是红日药业2011年10月至2012年8月这段时间的日K线图。2012年1月，大盘迎来了长期震荡下跌段的阶段反弹，我们观察到，红日药业股价早在2011年10月后便开始逐步上涨，高低点逐步上移，确立了短期的上涨趋势，迎来了我们波段介入的机会，此后四个月里，红日药业股价上涨了99%。

当然，红日药业股价在大盘处于较弱的震荡市场时能有如此的表现，与其基本面息息相关，下面我们来看看红日药业在当时的基本面情况。

红日药业2012年第一季度实现销售收入1.6亿元，增长52.75%。归属于上市公司股东的净利润3801万元，增长95.85%，实现每股EPS 0.25元。

接下来我们来看看这一阶段红日药业的经营情况。

母公司借助血必净实现高增长：母公司实现销售收入6668万元，同比增长 37.8%，其中主导产品血必净增速预计超过 50%，其他产品保持稳定。母公司第一季度毛利率为 75%，较上年同期提升 3.7 个 PP，受益于中药材原料价格下行。

子公司康仁堂增速有所放缓：子公司收入以康仁堂为主，合计实现并表收入 9374 万元，同比增长 66%，康仁堂中药配方颗粒增速预计在 70% 左右，仍然保持高速增长。子公司并表毛利率为 69.4%，较上年同期提升 6.93 个 PP，主要受益于中药材价格下行，终端价格调整滞后所致。

公司销售费用率下降，管理费用率持平：第一季度合并报销售费用率为 19.29%，下降 1.88 个 PP，其中母公司下降 1.76 个 PP，子公司下降 2.85 个 PP。

少数股东权益计提比例减少，助推业绩高增长：公司 2012 年第一季度持有康仁堂股权 63.75%，较上年同期提升 21.75%。导致少数股东权益计提减少 504.5 万元，相当于贡献每股 EPS 0.0334 元。剔除同比口径因素，上市公司内生式业绩增速为 70%。

根据国金证券的预测，预计红日药业 2012—2014 年实现净利润 1.63 亿、2.47 亿、3.22 亿，同比增长 34%，51%，31%，假设康仁堂剩余股权收购全部通过发行股份完成，全面摊薄后 EPS 分别为 1.08 元、1.46 元、1.90 元，维持"买入"评级。若公司在 2012 年第 3 季度末完成康仁堂剩余股权收购，则将增厚公司 2012 年加权每股收益 0.04 元。

公司依靠血必净和中药配方颗粒双轮驱动的内生式增长以及收购康仁堂剩余股权对业绩的增厚，将确保未来 2~3 年业绩的高增长。长期来看，中药配方颗粒是中药现代化的发展方向，兼具高成长性和投资稀缺性，公司具有配置价值。

对于在未来 2~3 年有着确定业绩的高增长的红日药业来说，虽然大盘走势不是非常强势，但是在高低点上移确定上涨趋势之后，还是给我们带来了丰厚的收益。

我们继续来看案例二。

沱牌舍得（600702）是一家主营中国名酒"沱牌曲酒"及其系列产品的公司。公司前身是地方国营企业四川省射洪沱牌曲酒厂，1990 年被列为

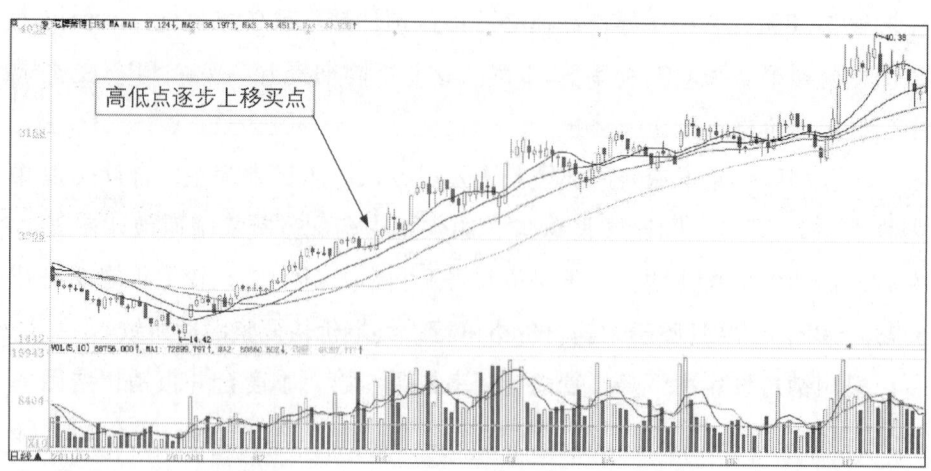

图 6-7

国家大型企业。1993年3月,以生产经营性资产部分改组设立四川沱牌实业股份有限公司,1993年7月28日办理工商登记,注册资本10965万元。1994年被国务院列为酒类行业唯一的全国100家建立现代企业制度的试点企业。1996年5月,公司股票登录上海交易所,发行2204万股,募集资金1.5494亿元。

图6-7所示的是沱牌舍得2011年12月至2012年7月这段时间的日K线图。2012年1月,上证指数逐步进入阶段反弹行情,沱牌舍得股价逐步上涨,高低点逐步上移,迎来了我们介入的时机,随后,沱牌舍得股价逐步上涨,为我们带来丰厚的收益。

当然,沱牌舍得能够取得这样的上涨,也离不开其基本面的催化。

我们来看看其基本面的情况。

2012年1月10日,招商证券发布了对于沱牌舍得的调研简报,内容如下:

品牌高投入和精细化运作成效凸显,第四季度拐点确认,12年将惯性高增长。(1)品牌投入加大:公司自2010年起大力投入品牌宣传,据公开报道于央视就投入了2亿元费用,2011年广告投入继续增长30%。鉴于沱牌上世纪90年代在全国较好的知名度基础、十七大名酒的地位以及"舍得智慧"这一品牌文化内涵的明确传播,品牌拉动力处于快速提升中。

（2）产品结构逐步优化：公司自2009年起，将产品结构由高到低简化为舍得、陶醉、特曲、大曲四个系列，目前舍得占比约六成，结构优化明显，向上延伸出水晶舍得、旁系有年份舍得与窖龄舍得，整体毛利率处于持续提升中。（3）销售激励机制理顺：销售人员的收入从几万元到几十万元不等，"多劳多得"之下动力明显提升。此外，随着2010年遂宁周边开展精细化营销试点，销售人员数量较10年已经翻番，渠道控制能力大大增强。（4）经销商管控加强：对部分老化的经销商予以淘汰清退，引进了新的有冲劲的经销商，并加强了对窜货的管控。经过两年的内功建设，目前复苏性拐点已基本确立，2012年保持惯性式的快速增长是大概率事件。

优质基酒储备丰富，崛起后劲十足。由于过去公司长期销售不善且以低端酒为主，导致公司拥有基酒储备十几万吨，其中优质基酒5万吨，含高端陈年基酒2万吨，而公司目前年销量仅1万多吨，其中舍得不到1000吨，巨量库存基酒成为未来快速发展的坚实物质基础。此外，信托产品的推出也为盘活库存、拉升形象打通了新的渠道，未来将成为过亿的收入来源。

"白酒金三角"战略落实推升政府扶持力度。2008年四川省政府提出了"白酒金三角"战略构想，遂宁市政府也随之出台了《遂宁市白酒产业"十二五"发展规划》，提出到2015年实现白酒产值100亿元，而2011年仅为35亿元左右，且沱牌集团占当地白酒产值约九成，未来公司毫无疑问将成为遂宁当地的重点扶持企业，而这种自上而下的政绩压力也将逐步转化为公司释放业绩的动力，一直悬而未决的改制问题或评也将在这一背景下加速推进。

我们给予公司"强烈推荐－B"投资评级。以12年业绩25倍PE计算，目标价为20.5元。根据公司产品定位与运作模式，我们认为沱牌舍得可以看作是第2个水井坊，而不是以古井贡或山西汾酒作为对标公司。运作得当的话，市值未来3年有翻番潜力。风险因素是经济回落对次高端白酒销售形成压力、缺乏根据地市场。

为了更加全面地了解沱牌舍得的基本面情况，我们再来看看2012年3月6日，国金证券发布的对于沱牌舍得的调研简报，内容如下：

经营分析：

受益次高端崛起，营销转型、产品提价共同促成舍得放量：销售组织细化，考核激励更为明确，共同调动营销力。公司将市场从原有8个销售区细化为24个，并对各区域实行"五定"考核机制，即"定目标、定区域、定责任、定时间、定费用"，通过目标明确细化任务责任到点的方式调动整体营销力量。

渠道模式向深度分销转型。采取分客户分品种全渠道运作市场的策略，聚焦重点市场，大力整合经销商资源，同时大力发展团购、分销客户。

高端评鉴风生水起。我们注意到公司2011年加大大型上市发布会和评鉴会的举办力度，在浙江湖州、浙江金华、湖北、山东德州、郑州、陕西神木等地高调举行相关评鉴会，通过与当地有实力的产业外资本合作共同开发当地高端政务商务资源。

品牌传播创新频出。沱牌舍得官网升级、微博等网络传播方式大量得到应用、核心市场户外LED大量投放，通过多层次多维度的方式实现品牌高效传播。

生态旅游成为品牌宣传利器。公司通过深入开展"沱牌舍得酿酒工业生态园生态游"大型公关活动，引领更多的消费领袖、分销商、目标消费人群实地考察，实现消费者与企业的互动，在互动中体验产品的特点，感悟产品的内涵，引领沱牌舍得消费领袖、分销商、目标人群的消费。更深入地了解公司"健康、安全、绿色"的产品生产工艺，传递"质量经营和生态化经营相结合"经营理念，不断提升沱牌舍得品牌的知名度和美誉度。

投资逻辑：2012年依然充分受益于次高端崛起，公司为2012年制订了翻番的销售规划，舍得依然是公司增长的绝对主力，销售规模目标达到1500～2000吨。

我们认为这个目标是有一定挑战性的。

沱牌舍得的发展模式，更多地沿袭了川酒的运作模式，即通过大量的空中广告，打造品牌拉力，并借助单一价位带产品做全国市场。老窖的1573、水井坊、郎酒的红花郎、剑南春都是借助做大单一价位产品实现十亿级以上的规模收入。舍得当年由于品牌力与营销力不足，并没有赶上超高端崛起的机遇，但经过多年培育终于赶上次高端崛起的末班车。

我们认为次高端单品在10亿～20亿级规模能通过全国化撒网方式实现。这有赖于公司持续的高空广告投放，大事件营销以及团购渠道开发。20亿级以上规模，则对品牌力提出较高要求（目前舍得主打"生态酿造"的物质诉求与"智慧人生品味舍得"的精神诉求，两者都立意高远，如果两者能更好地结合则会让舍得的品牌差异化更加鲜明。）在次高端价位带快速崛起的当下，舍得依然充分受益于此趋势，2012年仍将乘势而上实现较快增长。

投资建议：我们预计公司2012—2013年营收为19.04元和25.70亿，同比增长50%和30%。净利润为3.23元和4.65亿。EPS达0.959元和1.379元，分别增长58.38%和43.78%。我们给予33.6元的目标价格，对应12年35倍的估值。

通过对以上两份研报进行分析，我们知道，沱牌舍得随着销售渠道的不断拓展和品牌推广手段的日益丰富，公司的销售进入快速增长期，与此同时，当地政府政策的支撑也成为其业绩不断增长的保证，在多重基本面利好的刺激下，沱牌舍得在其股价高低点上移确定上涨趋势后表现抢眼，成为这一时期的阶段领涨股之一。

我们来看案例二。

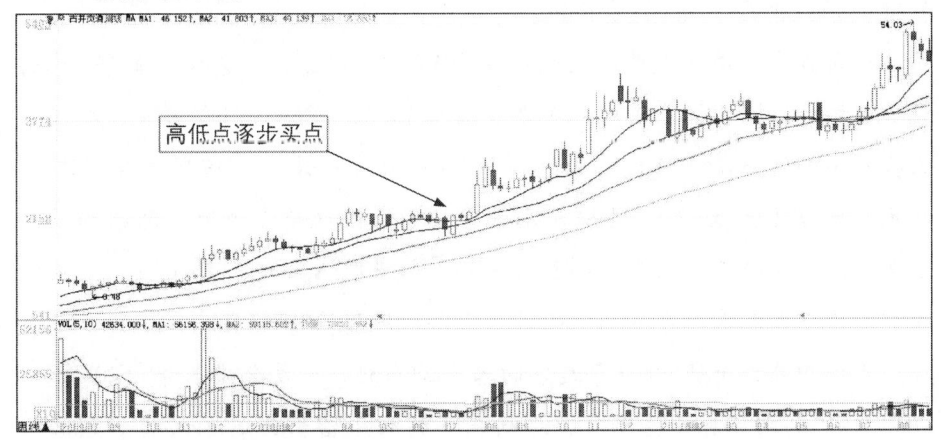

图6-8

古井贡酒（000596）是一家从事古井、古井贡、老八大和野太阳品牌及其系列酒的生产和销售的公司。公司的前身亳州古井酒厂成立于1958年，1986年改名为亳州古井酒厂。1993年进行股份制规范化试点，1996年2月8日，实行股份制改造，同年3月5日公司正式成立。1996年3月28日，发行境内上市外资股（B股）6000万股，同年8月21日至9月11日，发行A股2000万股（含公司职工股200万股）。

图6-8所示的是古井贡酒2009年7月至2011年9月这段时间的周K线图。2009年8月后，上证指数逐步进入震荡市场格局，虽然大盘进入震荡格局，没有创出过新高，但是古井贡酒仍然保持着高低点逐步上移的走势，此后，古井贡酒一路上涨，股价在9个月上涨了339%，成为震荡市场的大牛股之一。

当然，古井贡酒股价能有如此的表现，一定与其基本面有着重大关系，接下来我们来看看其基本面的状况。

我们来看看2010年3月招商证券分析师朱卫华、董广阳和黄珺发布的对于古井贡酒的调研报告：

糖酒会上我们对公司高管与经销商做了访谈，更肯定了我们的看法，这是一家蒸蒸日上的公司，它的5年发展规划与我们在前期报告中提到的至少能看清5年的观点不谋而合。我们预计公司2009—2011年的EPS分别为0.55元、1.10元、1.65元，预计2014年市值有望达到目前的3倍，维持"强烈推荐-A"投资评级。

公司提出5年大发展的规划：在2009年15亿元（含税）的基础上，到2014年实现50亿元收入，年复合增长率为27.2%。目前苏鲁豫皖四省占收入70%、安徽占50%，如果5年后保持这一比例，四省收入可达35亿元，安徽则在20亿~25亿元水平，我们认为这是在现有产品架构下可以实现的，安徽市场则是达到相对饱和。如果收入要进一步突破，必须利用公司老八大的底蕴在更高端的价位上实现发展。

我们测算公司从2009年起算的未来5年利润年复合增长率为58.5%，在2010年利润翻番的基础上，后续4年利润年增长仍达49.5%。我们认为公司销售净利率将从10%逐步提高到30%，2014年将实现净利润13亿元，EPS 5.5元。按20～25倍PE计算，市值将达到260亿～325亿元，而是目前市值的3～3.8倍，目前给40倍PE不过分。

利润率的提高得益于一是规模效应，二是产品结构提升。30%的利润率是比对目前洋河股份的水平，而古井贡酒的产品结构正逐步向洋河股份目前的格局靠齐，古井贡酒年份原浆2009年占收入的比重是23%，未来这一比重会逐步提高到70%。

我们建议公司管理层与市国资委或集团二股东签订对赌协议。如果5年达到经营目标，由市国资委或集团二股东对管理团队实施股权激励，此举将首创A股食品饮料公司之先河，一旦成功将实现多方共赢。公司高管对此未表态，提到现在机制比体制的问题更重要。集团二股东上海浦创投资公司介入的直接成本较低，折合每股8元（外加投资2亿元以上人民币发展集团旗下瑞福祥食品的农副产品深加工项目）。

公司产品结构不断提升，可改善的空间还很大。（1）年份原浆16年换了红装，春节前推出终端指导价800元的年份原浆26年，现在年份原浆酒与太平猴魁并列为安徽省的名片。（2）由于企业资源都投放到年份原浆身上，第二梯队的古井淡雅没有广告支持，我们担心没有广告支持会难敌竞品，公司称古井淡雅是成熟产品，随着年份原浆的热卖，古井淡雅也会被带动。不过我们认为金种子酒在100元以上的市场中拼不过古井贡酒，而在50～80元价位的市场中有先发优势加资源投入，前景较好，而且该价位在安徽的市场空间刚好很大。（3）"中国名酒·古井贡酒"如何定位？按理古井贡酒价格应该高于古井酒，但古井贡酒部分系列产品价格低于古井淡雅，公司也试图提升档次，推出金奖古井贡酒等产品，但老的不去，新的也起不来，公司表示当年份原浆酒将公司收入业绩撑起来后，老古井贡酒的问题就容易解决了。

营销投入继续加大。公司2009年投入1.3亿元，2010年计划增加投入4000万元，媒体方面做了调整，增加了央视投入，由原先的两个时段调整为全年播出，加强了与安徽卫视的战略合作，增加了凤凰卫视的投入，减少了河南卫视、山东卫视的投入，因三大媒体基本可完成覆盖。此次糖酒会与洋河、酒鬼三家联合布展，人气很旺。

销售队伍不断扩充。目前八九百人的销售队伍，2010年计划扩充到1500人，最近已经招了100名大学生。

渠道严格管控。增加经销商押金，累积到20万元滚动留存。对窜货处罚很严厉，2009年罚掉一两百万元，2010年第1季度罚掉40万元，其中最大的一笔是27万元（保证金＋其他激励）。

无锡经销商新模式。无锡6个经销商，按团购、餐饮、流通（商超）三块形成利益共同体，用这种模式切入了洋河的势力范围，足见古井贡酒的潜力。公司表示，这种模式也需要因地制宜、找到合适的经销商伙伴，不是其他地区能随便复制的。

精益管理模式。公司称公司将2009年定位为"营销与转型"年，重在思维模式、产权制度的改革，2010年定位为"高效运营与深度营销"，主要是精益管理。这个管理体现在很多环节，比如生产上。白酒生产季节性强，旺季时往往原材料供应不上、产品出不来，公司通过精益管理平滑生产波动，使旺季时缺货现象得到缓解，不过2010年春节因旺销仍然有缺货现象。

以上的研报比较详细地介绍了古井贡酒的基本面状况，我们可以了解到，在公司产品结构扩张、营销投入加大和管理模式不断改善的基础上，公司业绩在未来5年内有望保持高速增长，在如此靓丽的基本面情况下，古井贡酒的股价在震荡市场高低点逐步上涨地延续了上涨趋势，给我们带来了大幅获利的机会。

我们再来看案例三。

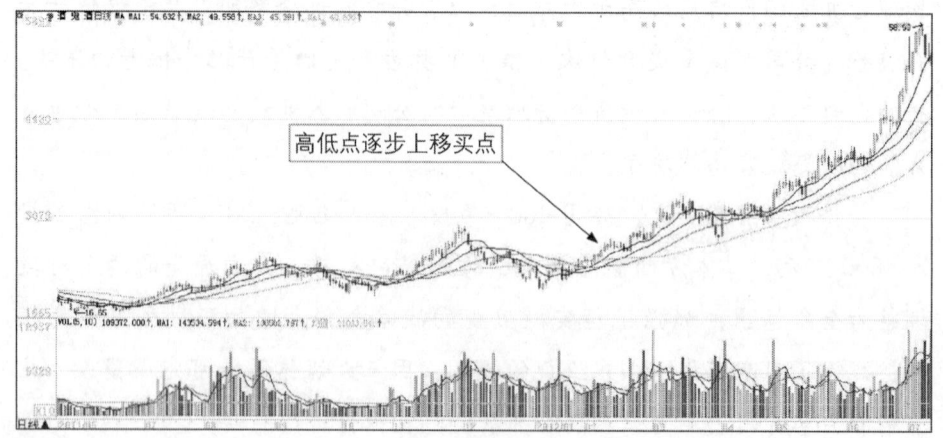

图6-9

酒鬼酒（000799）是一家从事生产、销售曲酒系列产品、陶瓷包装物、纸箱的公司。公司发起人前身的自治州吉首酒厂，成立于1956年。1991年12月更名为"湖南省湘西湘泉酒总厂"。1995年3月，被列为全省建立现代企业制度的试点单位。1996年2月7日，改组为国有独资企业，同时更名为湖南湘泉集团有限公司。1997年4月28日独家发起设立湖南酒鬼酒股份有限公司。1997年7月，公司股票登录深圳交易所，发行5500万股，募集资金4.2405亿元。

图6-9所示的是酒鬼酒2011年5月至2012年7月这段时间的日K线图。2012年1月，大盘迎来了长期震荡下跌段的反弹行情，与大盘不同的是，酒鬼酒股价自2011年5月起便开始逐步上涨，高低点逐步上移，上涨趋势明显，2012年1月，酒鬼酒再次进入上涨行情，迎来买入良机，此后，酒鬼酒股价一路高歌猛进，5个月时间股价上涨了138%，成为阶段领涨股之一。

当然，酒鬼酒能有如此的表现，其基本面因素起着至关重要的作用。我们来看看2011年8月中信证券对于酒鬼酒的调研简报，内容如下：

投资要点：

定增方案获批，预计募集资金4.43亿元，仍需通过询价确定增发价格，预计完成定增仍需半个月左右的时间。2010年11月27日公司股东大会决议通过了定向增发不超过3838万股（现总股本30305万股，增发接近13%，即摊薄EPS约12%），发行价不低于11.55元/股（即发行底价是11.55元）。增发项目为公司拟分5年，投资3.1亿元（包括增发募集的1.2亿元）在央视及各大媒体打广告重塑品牌。拟投5054万元，以湖南为中心，在全国建100个营销网点，省内网点布到县一级，且要建立计算机物流网络系统跟踪销售情况。

定增一旦完成，有望为公司加大营销投入提供资金，加快公司复兴步伐。公司货币资金为1.85亿元，资产负债率达36%，资金偏紧。一旦定向增发获批，公司有望加大广告投入，重新唤醒消费者的记忆（酒鬼酒前身在1998年曾排名白酒行业利税第二），加速公司复兴。在渠道建设上，增发落实也有助于公司加快渠道下沉，通过计算机物流网络系统使产销存环节衔接更紧密,加强终端掌控力度。

定向增发一旦完成,公司业绩释放动力有望加强。由于大股东积极参与定向增发,承诺以现金认购576万股,但不参与发行定价的市场询价过程,承诺接受市场询价结果并与其他投资者以相同价格认购。一旦公司定向增发方案落实,则公司业绩释放动力将大大加强。

公司基本面向好,省内持续发力值得期待。上半年公司省外收入2.28亿元(60%以上),实现了高增长,但持续开拓难度较大。虽然省内收入在1.7亿元左右(81.97%以上),但我们认为,湖南省内白酒市场容量至少在70亿元以上,巨大潜力有待公司集中精力充分挖掘。在品牌运作及产品组合上,上半年公司基本理顺内参(1000以上,收入占比30%)、封坛、酒鬼酒(300以上,合计占比约30%)、湘泉(200以下,不含贴牌则约10%)三条产品线,封坛15年单品贡献收入已超过10%,有望成为主力产品。从公司上半年高档酒毛利率提高3.21%,达85.31%来看,预示着此前公司在省内较为混乱的价格体系得到了一定的整肃,为持续发力奠定了基础。

定向增发获批利好兑现,复兴进程有待跟踪。我们预测2011年、2012年、2013年收入为9亿元、12亿元、17亿元,增速为58%、45%、38%,EPS为0.41元、0.72元、1.13元,增速为58%、75%、57%。基于公司巨大的复兴潜力,我们维持"强烈推荐"评级,但利好兑现后,股价短期不确定性加大。

根据酒鬼酒在2011年7月底公布的半年度报告,酒鬼酒2011年1~6月每股收益为0.2008元,净利润同比增长23.41%。

我们感觉到伴随着定向增发和业绩增长的预期,我们购买酒鬼酒股票的日期越来越近了,鉴于当时大盘仍处于下跌趋势,我们并没有直接下单购买酒鬼酒股票,而是耐心地持续关注它。

为了更加清楚地了解酒鬼酒的基本面状况,我们再来看看2012年3月天相投资发布的对于酒鬼酒的调研简报:

2011年1~12月,公司实现营业收入9.62亿元,同比增长71.61%。实现营业利润1.88亿元,同比增长151.26%。实现归属母公司净利润

1.92亿元，同比增长142.54%。实现基本每股收益0.628元。

品牌体系得以梳理，公司实现业绩高增长。公司拥有内参、酒鬼、湘泉以及经销商贴牌产品在内的100个左右的子品牌。

长期以来，品牌种类繁多、核心品牌不够突出是公司面临的主要问题。2011年，公司加大力度对旗下各个品牌进行了有效梳理，不断完善主导品牌的梯次结构，确立了以洞藏系列为尖端产品、内参为超高端产品、酒鬼酒为高端产品、湘泉为中低端产品的"三高一低"的品牌架构。公司积极打造酒鬼品牌核心价值，明确了以馥郁香型作为公司品牌核心资源的定位，并将其作为广告传播的核心价值诉求，确立了"品质（优秀卓越）、品类（馥郁香型）、品位（无上妙品）"三位一体的品牌建设战略。整体来看，2011年品牌战略成果显著，收入和净利润增速均超过市场预期。其中，酒鬼系列产品实现收入7.34亿元，同比增长69.78%。收入占比为76.51%，毛利率为85.29%，同比提升2.95个百分点。

全国多个片区业务均获得新的突破。公司坚持"精耕湖南、做透亮点，拓展全国、突出重点，加大促销、活跃终端，整合资源、抢占高端"的营销思路，稳步拓展营销市场，产品质量和产品风格日益完善。从公司所在地的湖南省来看，其市场地位得以巩固，产品基本实现省内市场的无缝覆盖，酒鬼酒品牌价值稳步回归，湘酒第一品牌地位得以逐步确立。从全国市场来看，全国重点市场布局基本完成：以长沙为基地的湖南营销中心、以广州为基地的南方营销中心、以石家庄为基地的北方营销中心三足鼎立之势已经形成。2011年，全国多个业务片区均获得了新的突破：以长沙为基地的华中地区实现收入4.42亿元，同比增长67.67%；以广州为基地的华南地区实现收入1.37亿元，同比增长75.16%；以石家庄为基地的华北地区实现收入2.0亿元，同比增长83.80%。

品牌的传播和推广力度逐步增加。公司以央视、湖南卫视主流媒体为重点，辅以户外广告、报纸杂志，精心运作全国糖酒会、全国经销商大会等大型活动，使得主导品牌影响力大幅提升，在"华尊杯"品牌价值评选中，"酒鬼"品牌价值较上年提升10亿元。

定向增发顺利完成，投建项目将有效提升公司的综合竞争力。2011年

11月，公司完成定向增发，以20.1元的价格发行2187万股A股，募集资金4.23亿元。其中5483万元将投入到馥郁香型优质基酒酿造技改工程项目中，1.99亿元将投入到基酒分级储存及包装中心技改工程项目中。项目若能顺利实施，将进一步推动公司的科技进步、促进馥郁香型酒鬼酒的产业升级、改善公司的资产结构和财务结构、提升公司的规模效益和综合竞争力。

　　盈利预测与评级。我们认为，公司作为处于复兴过程中的老牌名酒，已经逐步进入业绩快速增长阶段。我们上调公司的盈利预测，预计公司2012—2014年的EPS分别是0.94元、1.44元、2.06元，以2012年2月29日收盘价28.56元计算，对应的动态PE分别为30X、20X和14X，维持公司"增持"的投资评级。

　　通过这两份研究报告，我们得出如下结论：随着定向增发的完成和各个品牌推广的逐渐见效，酒鬼酒的基本面转变已成定局，2011年每股0.628元的收益就是铁证，而且酒鬼酒的高增长还将持续，我们可以预见，酒鬼酒的业绩进入高增长的通道。

　　大盘进入反弹，酒鬼酒基本面逐步改善，公司进入高增长通道，同时，其股价在大盘处于弱势时高低点便已经逐步上移，形成上涨趋势，在大盘反弹时，其股价迎来爆发是大概率事件。

第七章

最安全的买卖点

> 在确定的转势形成之后买股票总是最安全的。股票筑底后会有一波反弹，然后出现次级调整（Secondary Reaction），并在一个更高的底部获得支撑。如果它开始上涨，而且冲破第一次反弹的头部，就形成了最安全的买点，因为市场已经给出了升势的信号。止蚀单可以挂在第二个底的下方。最安全的卖点——市场在经过长期的上涨，创出最后一个高价，并有了第一次快速垂直下跌后，会反弹并形成第二个顶部，这个顶部的高度较低，随后市场从这个顶部开始下跌，并跌穿第一次下跌时的最低点，这是一个相对安全的卖点，因为它给出了主要趋势已经调头向下的信号。
>
> ——江　恩

第一节 最安全买卖点概述

对于最安全的买卖点，不同的人有不同的看法，所谓仁者见仁，智者见智，但是要想真正领会最安全买卖点的真谛，绝不仅仅是通过某一个技术指标就可以得出来的。

结合本章开篇江恩理论对于最佳买卖点的讲述和本人自己的理解，最佳买卖点其实是一种股票买卖的思想，而不仅仅是某一个买卖点的具体讲述，这种思想是一种具有无穷无尽内涵的沉淀。

接下来我们就来聊聊这种思想，其实最佳的买卖点就是指一只股票的技术面基本面等各方面都呈现给我们买卖信号，只有在这样的多方共振下形成的买卖点才是相对比较可靠的。

按照这样的思路，如果我们要买入一只股票，首先要先确定大盘环境是否适宜操作股票，同时股票的技术面趋势已经处于最适宜买入股票的走势，同时公司的基本面也具有亮点或者安全边际，这样才能算是我们所说的比较安全的买点。

如果我们要卖出一只股票，我们首先要看大盘环境是否已经开始走弱，个股的技术面上涨趋势是否已经处于最适宜卖出的位置，同时公司的基本面是否已经转变等。

只有这只个股的各个方面都同时发出最安全的买卖信号时，才是我们操作股票的最佳买卖点。

我们在判断基本面和技术面是否处于最安全的买卖位置时，会有多种不同的分析思路和分析模式，但是，纵使有千万种分析模式，最核心的中心思想还是要让买卖时机最安全，这一点是我们本章要想传达的最重要的思想。

要记住，不管采取何种思路，只要能够相对确切地显示出最佳买卖点的位置区间就是运用本思路的正确之道。

第二节 最安全的买点及运用

在本节中我们将讲述如何确定最安全的买点，并且为我们的投资服务。

投资者们都知道，时至今日，描述股价和成交量等运行方式的技术指标已经有几百种之多，并且还处于逐步增加中，与其同时，不仅仅是那些股票研究者，许多投资者也会发明一些适合自己的技术指标，这些技术指标通常分成几大类，例如大势型、超买超卖型和趋势型等，根据笔者多年的经验总结，这些指标中，趋势指标对我们最佳买卖点的确定最有帮助，在这里我们就以 MACD 指标和均线指标为例，并辅以基本面分析来介绍如何确定不同大盘环境下的最佳买入位置。

下面我们先介绍一个 MACD 指标和均线指标。

（1）MACD 指标

①MACD 介绍

MACD（Moving Average Convergence and Divergence）是 Geral Appel 于 1979 年提出的，它是一项利用短期（常用为 12 日）移动平均线与长期（常用为 26 日）移动平均线之间的聚合与分离状况，对买进、卖出时机做出研判的技术指标。

②公式算法

DIF 线（Difference）：短期移动平均线和长期移动平均线的离差值。

DEA 线（Difference Exponential Average）：DIF 线的 M 日指数平滑移动平均线。

MACD 线：DIF 线与 DEA 线的差，彩色柱状线。

参数：SHORT（短期）、LONG（长期）、M 天数，一般为 12、26、9。

公式如下所示：

加权平均指数（DI）=（当日最高指数+当日收盘指数+2 倍的当日

最低指数）

十二日平滑系数 =（S12）= 2 ÷（12 + 1）= 0.1538

二十六日平滑系数 =（L26）= 2 ÷（26 + 1）= 0.0741

十二日指数平均值 =（12 日 EMA）= S12 × 当日收盘指数 + 11 ÷（12 + 1）× 昨日的 12 日 EMA

二十六日指数平均值 =（26 日 EMA）= L26 × 当日收盘指数 + 25 ÷（26 + 1）× 昨日的 26 日

③EMA

EMA（Exponential Moving Average），指数平均数指标。也叫 EXPMA 指标，它也是一种趋向类指标，指数平均数指标是指以指数式递减加权的移动平均。各数值的加权是随时间而指数式递减，越近期的数据加权越重，但较旧的数据也给予一定的加权。

差离率（DIF）= 12 日 EMA − 26 日 EMA

九日 DIF 平滑移动平均值（DEA）= 当日的 DIF × 0.2 + 昨日的 DEA × 0.8

④应用原则

在现有的技术分析软件中，MACD 常用参数是快速平滑移动平均线为 12，慢速平滑移动平均线参数为 26。此外，MACD 还有一个辅助指标——柱状线（BAR）。在大多数期货技术分析软件中，柱状线是有颜色的，在低于 0 轴以下是绿色，高于 0 轴以上是红色，前者代表趋势较弱，后者代表趋势较强。

下面我们来说一下使用 MACD 指标在股市中应当遵循的基本原则：

第一，当 DIF 线和 DEA 线处于 0 轴以上时，属于多头市场，DIF 线自下而上穿越 DEA 线时是买入信号。DIF 线自上而下穿越 DEA 线时，如果两线还在 0 轴以上运行，那么只能视为一次短暂的回落，而不能确定趋势转折，此时是否卖出还需要借助其他指标来综合判断。

第二，当 DIF 线和 DEA 线处于 0 轴以下时，属于空头市场。DIF 线自上而下穿越 DEA 线时是卖出信号，DIF 线自下而上穿越 DEA 线时，如果两线值还在 0 轴以下运行，那么只能视为一次短暂的反弹，而不能确定趋势转折，此时是否买入还需要借助其他指标来综合判断。

第三，柱状线收缩和放大。一般地说，柱状线的持续收缩表明趋势运行的强度正在逐渐减弱，当柱状线颜色发生改变时，趋势确定转折。但在一些时间周期不长的MACD指标使用过程中，这一观点并不能完全成立。

第四，形态和背离情况。MACD指标也强调形态和背离现象。当MACD指标的DIF线与MACD线形成高位看跌形态，如头肩顶、双头等，应当保持警惕；而当MACD指标的DIF线与MACD线形成低位看涨形态时，应考虑买入。在判断形态时应以DIF线为主，MACD线为辅。当价格持续升高，而MACD指标走出一波比一波低的走势时，意味着顶背离出现，预示着价格将可能在不久之后出现转头下行，当价格持续降低，而MACD指标却走出一波高于一波的走势时，意味着底背离现象的出现，预示着价格将很快结束下跌，转头上涨。

第五，牛皮市道中指标将失真。当价格并不是自上而下或者自下而上运行，而是保持水平方向的移动时，我们称之为牛皮市道，此时虚假信号将在MACD指标中产生，指标DIF线与MACD线的交叉将会十分频繁，同时柱状线的收放也将频频出现，颜色也会常常由绿转红或者由红转绿，此时MACD指标处于失真状态，使用价值相应降低。

用DIF的曲线形状进行分析，主要是利用指标相背离的原则。具体为：如果DIF的走向与股价的走向相背离，则是采取具体行动的时间。但是，根据以上原则来指导实际操作，准确性并不能令人满意。经过实践、摸索和总结，综合运用5日、10日均价线，5日、10日均量线和MACD，其准确性大为提高。

⑤其他预测原则

当MACD与Trigger线均为正值，即在0轴以上时，表示大势仍处多头市场，趋势线是向上的。而这时柱状垂直线图（Oscillators）是由0轴往上升延，可以大胆买进。

当MACD与Trigger线均为负值，即在0轴以下时，表示大势仍处空头市场，趋势线是向下的。而这时柱状垂直线图（Oscillators）是由0轴上往下，跌破中心0轴，而且是在0轴下展延，这时应该立即卖出。

当 MACD 与 K 线图的走势出现背离时，应该视为股价即将反转的信号，必须注意盘中走势。

就其优点而言，MACD 可自动定义出目前股价趋势之偏多或偏空，避免逆向操作的危险。而在趋势确定之后，则可确立进出策略，避免无谓的进出次数，或者发生进出时机不当之后果。MACD 虽然适于研判中期走势，但不适于短线操作。再者，MACD 可以用来研判中期上涨或下跌行情的开始与结束，但对箱形的大幅振荡走势或胶着不动的盘面并无价值。同理，MACD 用于分析各股的走势时，较适用于狂跌的投机股，对于价格甚少变动的所谓牛皮股则不适用。总而言之，MACD 的作用是从市场的转势点找出市场的超买、超卖点。

⑥买卖策略

第一，DIF 线由上向下转势，又或者 DEA 线由上向下转势，就表示价位可能下跌，可考虑出货。

第二，反之，如 DIF 线由下向上转势，又或者 DEA 线由下向上转势，则表示价位可能上升，可考虑入货。

第三，这种买卖信号的出现会较频密，投资者的买卖次数亦会相应增加。当大升市时，价位会有所调整，投资者未能获取较可观的回报。相对而言，则获取较少的利润，同样，亏蚀的风险亦较低。

⑦MACD 背离

第一，顶背离。当股价 K 线图上的股票走势一峰比一峰高，股价一直在向上涨，而 MACD 指标图形上由红柱构成的图形的走势是一峰比一峰低，即当股价的高点比前一次的高点高、而 MACD 指标的高点比指标的前一次高点低，这叫顶背离现象。顶背离现象一般是股价在高位即将反转转势的信号，表明股价短期内即将下跌，是卖出股票的信号。

第二，底背离。底背离一般出现在股价的低位区。当股价 K 线图上的股票走势，股价还在下跌，而 MACD 指标图形上的由绿柱构成的图形的走势是一底比一底高，即股价的低点比前一次低点低，而指标的低点却比前一次的低点高，这叫底背离现象。底背离现象一般是预示股价在低位可能反转向上的信号，表明股价短期内可能反弹向上，是短期买入股票的信号。

在实践中，MACD 指标的背离出现在强势行情中一般比较可靠，股价在高价位时，通常只要出现一次背离的形态即可确认为股价即将反转，而股价在低位时，一般要反复出现几次背离后才能确认。因此，MACD 指标的顶背离研判的准确性要高于底背离，这点投资者要加以留意。

⑧MACD 指标缺点

第一，由于 MACD 是一项中、长线指标，买进点、卖出点和最低价、最高价之间的价差较大。当行情忽上忽下的幅度太小或盘整时，按照信号进场后随即又要出场，买卖之间可能没有利润，也许还要赔点价差或手续费。

第二，一两天内涨跌幅度特别大时，MACD 会来不及反应，因为 MACD 的移动相当缓和，比较行情的移动有一定的时间差，所以一旦行情迅速大幅涨跌，MACD 不会立即产生信号，此时，MACD 无法发生作用。

（2）均线指标

①均线

均线指标实际上是移动平均线指标的简称。由于该指标是反映价格运行趋势的重要指标，其运行趋势一旦形成，将在一段时间内继续保持，趋势运行所形成的高点或低点又分别具有阻挡或支撑作用，因此均线指标所在的点位往往是十分重要的支撑或阻力位，这就提供了买进或卖出的有利时机，均线系统的价值也正在于此。

②均线分类

均线（Moving Average）分为普通均线和指数均线。

普通均线：对过去某个时间段的收盘价进行普通平均。比如 20 日均线，是将过去 20 个交易日的收盘价相加然后除以 20，就得到一个值；再以昨日向前倒推 20 个交易日，用同样的方法计算出另外一个值，以此类推，将这些值连接起来，就形成一个普通均线。

指数均线：形成方式和普通均线完全一致，但在计算均线值的时候，计算方式不一样。比如 20 日均线，指数均线采取指数加权平均的方法，越接近当天，所占的比重更大，而不是像普通均线中那样平均分配比重。所以指数均线大多数情况下能够更快地反映出最新的变化。

均线向上是均线多头，均线向上产生的交叉是金叉，反之是死叉。

以每天的前 9 天和当天共 10 天的收盘价取算术平均值，再将若干天的这种算术平均值联结起来的曲线就是 10 日均线。

同样，有 10 分钟均线、10 小时均线还有以周、月、年等不同的时间单位做成的各种均线。

通常 10 个时间单位的均线统称为 10 均线。20 均线就是 20 个时间单位的均线，其他都是同样的意思。

以上是常见的做法。有的人会取每天的平均价，还有的会取均权平均值等，做法不一。

③常用均线

以 5—10—20—30—60 日均线为主。

K 线图中常标为 MA5、MA10、MA20、MA30、MA60。

以前，都是自己计算并绘制的，现在，所有的技术分析软件中都可以在某一时间周期的 K 线图中找到相对应的均线。由于均线对股价趋势有一定的比照作用，所以，它对于技术分析来说相当重要。一般以日线 MA5、MA10 分析短期走势，以 MA30、MA60 分析中期走势，以 M125 和 M250 分析中长期走势。而以 5～30 分钟的 K 线做短线操作，以周、月、年 K 线中的均线走向分析长期走向。

④均线计算

举个例子：上证指数的 30 日均线就是上证指数连续 30 日的收盘价之和再除以 30 形成 30 日均点，然后依次连接就形成 30 日均线，其他的以此类推。

⑤均线的特点

均线的大概特点分为多头排列和空头排列。

多头排列就是市场趋势是强势上升趋势，均线在 5—10—20—30—60k 线下支撑排列向上为多头排列。均线多头排列趋势为强势上升势，操作思维为多头思维。进场以均价线的支撑点为买点，下破均价线支撑止损。

空头排列就是市场趋势是弱势下跌趋势，均线在 5—10—20—30—60 日 k 线上压制 k 线向下排列为空头排列。均线空头排列为弱势下跌趋势。

进场以均价线的阻力位为卖点，上破均价线止损。

⑥均线的应用

均线是技术指标分析的一种常用工具，被大多数技术分析者采用。

5—10日均线变化较快，常用的就是5—10—20—30日均线。期货价格变化较快，用60日以上的均线较滞后。

另外，由于从均线上可以动态分析股价的走势，所以，常有人以均线来设置止损点及止赚点（高抛点），其实就是起到一种通过技术分析来确定的活动标尺的作用，都只有相对的参考价值。

应用均线应设买卖点，均线系统在黏合交叉处向上为买点，启动点，根据各个不同时间图的连环性来定价格启动的幅度大小。比如5分条件具备了，10分不具备，那么5分上涨的压力位在10分均线。均线系统在黏合交叉向下为卖点，为下跌启动点。

应用均线系统可以看明现在的趋势是强势，弱势还是震荡势，买卖点的信号，及现在将要启动的信号。

均线系统是大多分析者常用的技术工具，从技术角度看是影响技术分析者心理价位，思维买卖的决策因素，是技术分析者的良好的参考工具，相比价格变化是滞后的。

可以从几个方面分析：

从形态来看：前期的密集成交区、前期头部（由上升到下跌的拐点）、前期底部（由下跌到上升的拐点）等等。

从均线系统来看：5日线、10日线、20日线、30日线、60日线、半年线、年线等都有支撑，且支撑强度越来越强。

从技术指标来看，各种技术指标都有自己的支撑位和压力位，因为指标太多，你可以自己去看看。常见的有KDJ、MACD、BOLL、W%L等。

⑦葛南维均线八大法则

第一，均线从下降逐渐走平且略向上方抬头，而股价从均线下方向上方突破，为买进信号。

第二，股价位于均线之上运行，回档时未跌破均线后又再度上升时为买进时机。

第三，股价位于均线之上运行，回档时跌破均线，但短期均线继续呈上升趋势，此时为买进时机。

第四，股价位于均线以下运行，突然暴跌，距离均线太远，极有可能向均线靠近（物极必反，下跌反弹），此时为买进时机。

第五，股价位于均线之上运行，连续数日大涨，离均线愈来愈远，说明近期内购买股票者获利丰厚，随时都会产生获利回吐的卖压，应暂时卖出持股。

第六，均线从上升逐渐走平，而股价从均线上方向下跌破均线时说明卖压渐重，应卖出所持股票。

第七，股价位于均线下方运行，反弹时未突破均线，且均线跌势减缓，趋于水平后又出现下跌趋势，此时为卖出时机。

第八，股价反弹后在均线上方徘徊，而均线却继续下跌，宜卖出所持股票。

以上八大法则中的第三条和第八条不易掌握，具体运用时风险较大，在未熟练掌握均线的使用法则前可以考虑放弃使用。

第四条和第五条没有明确股价距离均线多远时才是买卖时机，可以参照乖离率来解决。

⑧移动平均线的买入时机

激进型与稳健型：均线首次黏合向上发散，或均线首次交叉向上发散是激进型投资者的买进时机。均线再次黏合向上发散，或均线再次交叉向上发散不但是稳健型投资者的买进时机，更是激进型投资者的买进时机。

为什么这样说呢？因为均线首次向上发散（包括黏合向上发散，交叉向上发散），多方基础并不稳固，如果空方抛压力量很大，或多方上攻力量不足，行情随时都有可能夭折。因此在这种情况下，稳健型投资者为了保证资金安全，应继续观望，不要轻易出击，而激进型投资者可在设好止损位的前提下积极跟进。但均线再次向上发散（包括再次黏合向上发散，再次交叉向上发散）与均线首次向上发散有很大不同，这时多方基础已相对比较稳固，多方主力再次向上攻击，往往是有备而来，股价继续上涨的可能性要比首次向上发散时大得多。此时，稳健型投资者就可主动出击，而激进型投资者在风险系数减少的情况下更加可以大胆地采取积极做多的策略。

激进型投资者本来追求的就是高风险下的高收益,见均线向上发散觉得机会来了,自然就会主动出击,当然,这里面冒的风险也很大。我们可以设想一下:均线首次向上发散后,形成继续向上发散的趋势,股价涨上去了,激进型投资者就能大赚一笔;均线首次向上发散后,很快收敛起来,股价跌下去了,激进型投资者即使及时止损,也要遭到一些损失,如果止损不及时,或因接盘很少筹码抛不出去,损失就更大了。可见,激进型投资者这样操作,尽管有时会得到较好的投资回报,但所承受的风险和压力局外人是很难体会到的。

介绍完了两种指标,下面我们就来看看如何确定股票的最安全买入位置。

一、大盘处于上涨趋势的最佳买入位置

我们先来看案例一。

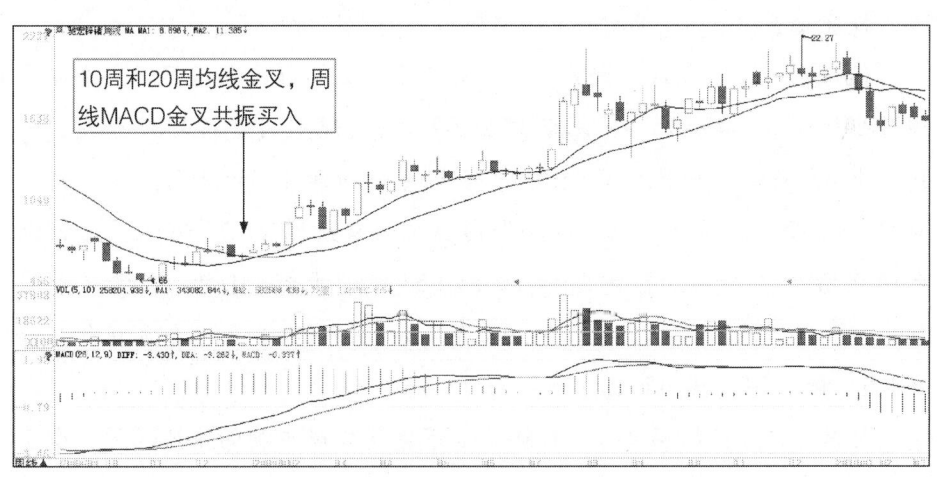

图 7-1

驰宏锌锗(600497)是一家从事铅、锌、锗系列产品的生产与销售的公司,公司经云南省经济体制改革委员会云体改生复〔2000〕33号文批

准,由云南会泽铅锌矿作为主发起人,以其拥有的铅、锌、锗生产与销售相关的生产经营性资产出资,联合云南富盛铅锌有限公司、云南省会泽县国有资产持股经营有限责任公司、云南省以礼河实业有限公司、云南北电电力实业有限公司、昆明理工大学以现金出资,共同发起设立,于2000年7月18日正式成立,注册资本为9000万元。2004年4月,公司股票登录上海交易所,发行7000万股,募集资金4.004亿元。

图7-1所示的是驰宏锌锗2008年9月至2010年3月这段时间的周K线图。2008年10月底,上证指数逐步见底企稳,驰宏锌锗股价也跟随大盘逐步上涨,2009年1月,驰宏锌锗的10周和20周均线形成金叉,同时周K线MACD也已经形成金叉,形成共振,此时,在不知道未来大盘反弹高度的前提下,此处是一个相对安全的买点,随后,驰宏锌锗股价一路上涨,一年时间里上涨了202%。

当然,驰宏锌锗股价能有如此的表现,与其基本面有着重大关系,下面我们就来看看驰宏锌锗的基本面情况。

我们来看看2009年3月渤海证券分析师靳海明发布的对于驰宏锌锗的调研报告,以下是简要内容:

投资要点:

报告期内公司产品产量增长,利润下降:驰宏锌锗年报显示,全年实现营业收入46.44亿元,同比减少23.99%。实现利润总额1.87亿元,同比减少87.58%。归属于母公司所有者的净利润1.53亿元,同比减少88.41%。每股收益0.2元。报告期内公司铅锌总量27.73万吨,比2008年同期增加2.23%,其中电锌139685.53吨、电铅90759.14吨(含自耗)、锗产品含锗15319.76千克、银产品130310.28千克(含委托加工和自耗)、硫酸313270.42吨(含自耗)。

金融危机导致的铅锌产品价格大幅下跌是公司减利的主要原因:受全球性金融危机影响,2008年10月份起,国际、国内铅锌市场消费需求锐减,产品价格持续下跌,致使公司主营业务利润大幅下降。2008年全年锌平均价为15400元,较2008年下降了44%,铅价平均成交价为17100元,同比下降了13%。价格下跌使公司盈利能力大幅下降,存货跌价损失增大，2008年公司资产减值损失为2.03亿元，较2007年的0.89亿元增加了128%。

2009年铅锌行业仍难以好转：虽然有国家收储以及地方收储帮助提振价格，但金融危机导致全球锌消费急剧减少，国外品牌锌锭开始大量进口中国，只靠一国之力很难改变市场现状，2009年锌价仍将在低位运行。受供应瓶颈以及中国需求稳定影响，铅行业较锌行业乐观，将维持相对强势，能够对公司的经营提供帮助。总体看，2009年公司的盈利能力肯定下降，需要在行业低谷时狠抓管理、降低成本，提高公司在行业内的竞争力。

公司将加大项目建设力度：公司将紧抓工程建设成本相对较低的机遇，加快呼伦贝尔20万吨/年铅锌、会泽16万吨/年铅锌、30吨/年锗、800吨/年镉等项目的建设进度，尽早形成新的产能和产业布局，创造新的利润增长点。力争2009年实现：铅锌产量27.7万吨，其中电铅10万吨，电锌及锌合金17.7万吨；锗产品含锗15吨；银150吨，实现销售收入33亿元。

预计公司2009—2011年每股收益分别为0.65元、0.93元、1.32元，将公司评级从"买入"调整为"中性"。虽然下调公司评级，但我们注意到公司的大股东云南冶金集团是有色产业振兴规划重点扶持的地方企业集团，云南省铅锌资源丰富，不排除后续公司将对云南省的铅锌资源进行进一步整合，建议密切关注。

虽然受金融危机影响，驰宏锌锗的利润有所下降，但是由于公司存在的资源整合的预期和公司业绩的安全边际，使得公司股票在确立上涨趋势后，还是带来了非常不错的交易机会，给我们带来了非常安全的买入位置，让我们取得了丰厚的收益。

我们继续来看案例二。

贵研铂业（600459）是一家从事贵金属高纯材料和贵金属功能材料的生产和销售的公司。公司是经云南省人民政府批准，由昆明贵金属研究所作为主发起人，联合云南铜业（集团）有限公司、红塔创新投资股份有限公司、云南烟草兴云投资股份有限公司、中国有色金属工业技术开发交流

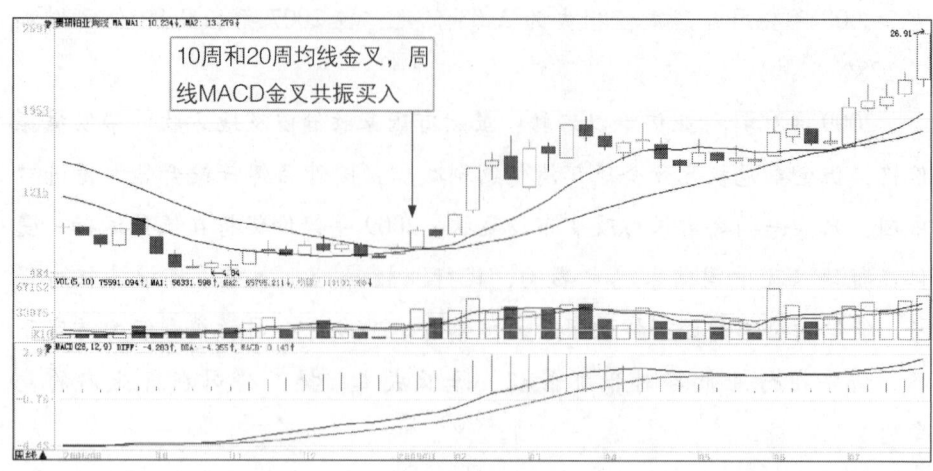

图 7-2

中心、国信证券有限责任公司、昆明冶金研究院和云南力宇高新技术发展中心以发起方式设立的股份有限公司,本公司于 2000 年 9 月 25 日在云南省工商局登记注册,注册资本为 4595 万元。2003 年 5 月,公司股票登录上海交易所,发行 4000 万股,募集资金 2.72 亿元。

图 7-2 所示的是贵研铂业 2008 年 8 月至 2009 年 7 月这段时间的周 K 线图。2008 年 10 月底,上证指数逐步见底企稳,贵研铂业股价也跟随大盘逐步上涨,2009 年 1 月,贵研铂业的 10 周和 20 周均线形成金叉,同时周 K 线 MACD 也已经形成金叉,形成共振,此时,在不知道未来大盘反弹高度的前提下,此处是一个相对安全的买点,随后,贵研铂业股价一路上涨,6 个月时间里股价上涨了 203%。

当然,贵研铂业的股价能有如此的表现,与其基本面的情况息息相关,接下来我们就来看看贵研铂业的基本面亮点。

第一,年内镍产品盈利难度大,但贵金属加工业务将持续向好。由于 2009 年以来镍价回升,元江镍业于 5 月份恢复了部分产能,元江镍业目前具有 5000 吨/年镍矿(金属量)和 2000 吨/年的精炼镍产能,元江镍矿属于露天红土镍矿,矿石冶炼成本较高,预计在目前的价位上,公司较难盈利。但国内汽车市场持续向好,公司贵金属加工业务中期内看好。

第二,公司实际控制人云锡集团未来有望将元江镍矿持续注入上市公司。公司控股的元江镍业拥有元江镍矿安定矿区的采矿权，而元江镍矿是中国最大的红土镍矿，其剩余矿权未来有可能会被注入上市公司。

第三，公司还是中国领先的贵金属材料生产商，关联企业昆明贵金属研究所是中国唯一一家专门从事贵金属多学科领域研究开发的研究机构，被誉为中国的"铂族摇篮"。

虽然公司业绩水平并不出众，但是作为中国贵金属的龙头企业并具有资产注入的基本面亮点的刺激下，公司的股票在形成安全买点后，股价快速上涨，为我们带来了丰厚的收益。

我们继续来看案例三。

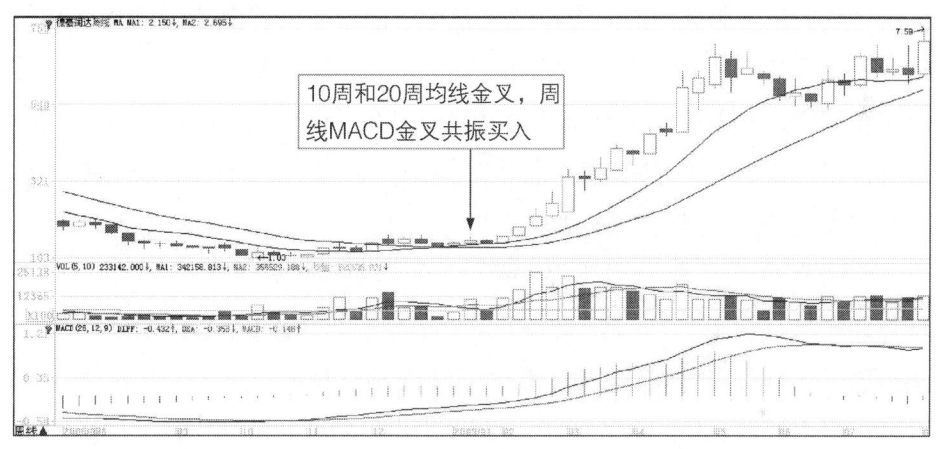

图7-3

德豪润达（002005）是一家从事小家电系列产品的研究、开发、制造及销售的公司，经广东省人民政府办公厅2001年8月6日粤办函〔2001〕493号文、广东省经济贸易委员会2001年8月24日粤经贸监督〔2001〕733号文批准，广东德豪润达电气股份有限公司由珠海华润电器有限公司的5家股东即珠海德豪电器有限公司、珠海通产有限公司、深圳市百利安投资发展有限公司、王晟、胡长顺作为发起人，以珠海华润截至2001年8月31日的经信永中和会计师事务所有限责任公司审计通过的净资产额人民币7500万元，按照1∶1的比例折为7500万股股份变更设立。2004年6月，德豪润达在深圳交易所上市，发行总股本为2600万股，融资4.732亿元。

图 7-3 所示的是德豪润达 2008 年 8 月至 2009 年 8 月这段时间的周 K 线图。2008 年 10 月底，上证指数逐步见底企稳，德豪润达股价也跟随大盘逐步上涨，2009 年 1 月，德豪润达的 10 周和 20 周均线形成金叉，同时周 K 线 MACD 也已经形成金叉，形成共振，此时，在不知道未来大盘反弹高度的前提下，此处是一个相对安全的买点，随后，德豪润达股价一路上涨，7 个月时间里股价上涨了 436%。

当然，德豪润达能够让我们取得如此惊人的收益，与其基本面的情况息息相关，下面我们就来看看它的基本面情况。

第一，进军 LED 新兴产业。

德豪润达按照计划向公司控股股东珠海德豪电器有限公司以及战略投资者芜湖经开区光电产业投资发展有限公司、芜湖市龙窝湖建设开发有限公司和芜湖远大创业投资有限公司等共计四家公司非公开发行 1.6 亿股，发行价格为 9.54 元，共募集资金近 16 亿元，用于公司全资子公司芜湖德豪润达光电科技有限公司的 LED 产业化项目。

公司 LED 产业化项目涉及 LED 产业的上、中、下游三部分，一是 LED 照明项目（下游），这一项目总投资为 5.33 亿元，项目建设期为两年，项目建成后将形成汽车灯、船用灯等专用灯具 100 万套、室外灯具 20 万套、室内灯具 500 万套的产能，年均销售收入将达到 18 亿元，利润 2.1 亿元；二是 LED 封装项目（中游），该项目计划投资 5.7 亿元，建设期为 3 年，设计产能为年产 50 亿只大功率芯片封装器件，项目达产后年均销售收入将达到 19.2 亿元，净利润达到 2.74 亿元；三是 LED 芯片项目（上游），该项目计划投资 5 亿元，建设期为两年，涉及产能为年产 50 亿只可见光 LED 芯片，项目达产后年均销售收入将达到 4.87 亿元，利润为 0.79 亿元。

第二，主营业务盈利能力提升。

公司小家电业务盈利能力提升，内销增长 50%。公司以前的主营业务是小家电，为我国最大的三家小家电出口企业之一，过往三年由于人民币持续升值，此项业务盈利能力有限，2008 年第 4 季度由于金融危机出现亏损。2009 年以来，公司积极拓展国内市场，本年内销有 50% 以上的增长。

同时因为原材料价格下跌，公司产品毛利率大幅度提升。前3季度，毛利率从13.4%上升到今年的19.0%，上升了5.6个百分点，极大地提升了公司的盈利能力。公司从第二季度起正式进入了LED行业，第3季度单季实现利润2800万元，EPS 0.09元，预计2009年净利润在6000万元左右，EPS 0.19元。

从2008年较大亏损到2009年业绩逐步扭亏为盈中可以看出公司的基本面在逐渐好转，因此才使得公司的股票在形成安全买点后，股价快速上涨，为我们带来了丰厚的收益。

我们继续来看案例四。

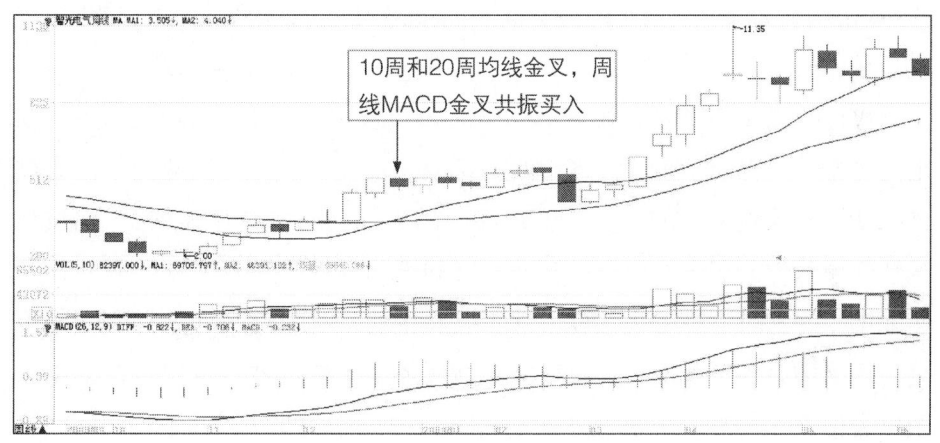

图 7-4

智光电气（002169）是一家从事电网安全与控制设备、电机控制与节能设备、供用电控制与自动化设备及电力信息化系统研发、设计、生产和销售的公司。公司是经广州市人民政府穗府办函〔2005〕174号文《关于同意设立广州智光电气股份有限公司的复函》批准，由原有限公司股东作为发起人，以2005年8月31日经审计的净资产4408万元为基准，按1∶1的折股比例整体变更设立的股份公司。公司于2005年12月21日在广州市工商行政管理局办理工商注册登记，取得企业法人营业执照，注册资本为4408万元，法定代表人为李永喜。2007年9月，该公司正式登录深圳交易所，发行股票1800万股，募集资金1.67亿元。

图7-4所示的是智光电气2008年9月至2009年6月这段时间的周K

线图。2008年10月底，上证指数逐步见底企稳，智光电气股价也跟随大盘逐步上涨，2008年12月末，智光电气的10周和20周均线形成金叉，同时周K线MACD也已经形成金叉，形成共振，此时，在不知道未来大盘反弹高度的前提下，此处是一个相对安全的买点，随后，智光电气股价一路上涨，5个月时间里股价上涨了100%。

当然，智光电气股价能有如此的表现，与其基本面有着重要的关系，下面我们就来看看智光电气的基本面亮点。

第一，生产模式转型，公司业绩增长可期。

公司2008年以前的生产模式采取的是以外协为主的制造加工方式。2008年生产方式开始从以外协为主向以自主生产为主转变，至2008年4月9日，公司完成了特种变压器生产制造车间人员的招聘和产品的研发，第一台样机也顺利下线。其中2500kVA干式移相整流变压器通过电力工业电力设备及仪表质量检验测试中心的试验认证，1100kVA接地变压器通过国家变压器质检中心的试验认证，部分满足了公司成套产品的交货需求。虽然普遍认为公司生产模式的转变将有利于毛利率的提升，但是由于2008年上半年原材料价格的大幅度上涨，以及主要产品的市场竞争加剧，使得公司产品的毛利率下降，消弧线圈、高压大功率变频器、供用电自动化以及电力信息化产品的毛利率水平分别比2007年同期下降1.08个百分点、6.58个百分点、3.31个百分点和8.17个百分点。随着2008年下半年铜和硅钢价格的下降以及公司自主生产配套能力的增强，估计公司主要产品的毛利率水平在2008年会有一定幅度的回升。由于公司加大在产品营销和市场开拓方面的力度，以及继续保持对产品开发的投资强度，公司2008年三项费用增长较快，营业费用、管理费用以及财务费用分别比去年同期上升37.05%、7.88%和96.89%。市场普遍关注的应收账款比重大的问题有所改变，公司面临的客户主要是南方电网、国家电网以及大型发电、冶金、石化企业，回款相对有保证。2008年应收账款的增幅小于营业收入的增幅。而经营活动现金也在改善，2008年净额为-4948万元，同比增加了22.32%。公司已经成功地进行了生产模式的转型，加强了财务控制，业绩将逐步改善，有可能会进入高速成长期。

第二，公司成功实施战略转型，毛利率有望进一步提升。

近期多个募集资金项目的完成，使公司实现三方面的转型：

（1）变频调速产品用户由电厂扩展到水泥、冶金、石化等高耗能行业，实现由单一的依靠电力系统客户向电力系统外客户拓展的转型。

（2）大功率变频调速器研制成功，实现变频调速产品由竞争激烈的低端通用型向高利润的高端大功率产品的转型。

（3）特种变压器厂房投产，实现由严重依赖外协向部分外协的转型。

通过这些转型，进一步扩展了公司的产能，2008年公司基本完成了募集资金项目，消弧选线系统产能扩大到800套，高压变频产能扩大到400套。

第三，高端产品10000kVA级超大功率高压变频调速系统通过国家电控配电设备质量监督检验中心的鉴定。

此次通过鉴定的10000kVA级产品是国内厂家生产出的最大功率的产品。如果按照节电率进行估算，在该套系统运行后，按适配高压电机年运行7000小时计算，那么节电率为20%~40%，年节电可达2000万kWh，以国内工业用电价格为0.5~0.7元计算，每年可以为客户节约电费700万~1000万元。

公司在大功率高压变频调速系统领域竞争力较强，订单保持迅速增长趋势。公司在上个月推出7000kVA级超大功率高压变频调速系统后，此次又成功推出10000kVA级产品。表明公司在电机变频调速系统领域已经逐步踏入高端产品行列，也体现了公司在领域内较强的研发实力。目前西门子等外资品牌占据高端市场的份额为40%左右，这类对手尽管技术实力强，但存在产品价格贵、技术支持和服务响应速度慢、对国内电网适应性差等缺点。而采用同类的国产产品能节约30%~50%的投资成本，随着公司在大功率产品技术上的突破，高端市场将是公司未来大展拳脚的地方。公司目前在变频产品上订单增长迅速，在手订单约为2.5亿元，2009—2010两年的订单有望保持20%的增长。原材料价格持续下行，产品的毛利率有望维持高位。变频产品的主要原材料包括柜体及单元箱、整流移相变压器、IGBT、整流桥、可控硅、旁通桥、可编程控制器（PLC）、电解电容、光纤转接器、驱动模块。由于实体经济危机的日益蔓延,公司向外部采购的柜体及电气元器件如 IGBT 等价格下降非常快,而公司前期扩大自生产的比率效果也逐步体现。

根据国信证券的预测,公司的变频调速系统毛利率有望进一步上升至 38%～40% 的水平。2008 年变频调速系统产能释放超预期,2009—2010 年仍有增加空间,维持公司"谨慎推荐"评级。公司变频调速系统 2008 年原计划生产 100 套,但从目前实际生产的情况看,2008 年将生产约 300 套。2009 年有望达到原设计的产能 400 套,如果市场需求良好,公司增加生产班次,我们估计变频系统的最高产量可以达到年产 600 套。由于近期电力设备行业股走势强劲,公司股价也相较 10 月底上涨超过 120%,2008 年、2009 年的 EPS 分别为 0.31 元和 0.47 元,对应目前股价的 PE 分别为 45 和 29。我们维持"谨慎推荐"的评级。

智光电气通过对生产模式,生产设备等进行转型,进一步扩大了公司的产能,提高了公司的毛利率水平和整体的业绩水平,同时公司高端产品的研制成功并通过权威机构的检验,使公司的核心竞争力快速提升,众多利好之下,智光电气在股价形成安全买点后,快速上涨,给我们带来了丰厚的收益。

二、大盘处于震荡行情的最佳买入位置

我们先来看案例一。

安纳达(002136)是一家从事生产和销售系列钛白粉及相关化工产品的公司,公司的前身铜陵安纳达钛白粉有限公司成立于 1994 年 3 月,2005 年 3 月经安徽省人民政府皖政股〔2005〕第 9 号《批准证书》及安徽省人民政府国有资产监督管理委员会皖国资改革函〔2005〕102 号文批准,整体变更为股份有限公司。2005 年 3 月 23 日领取了由安徽省工商行政管理局颁发的《企业法人营业执照》。2007 年,公司股票登录深圳交易所,发行 2000 万股,募集资金 1.616 亿元。

图 7-5 所示的是安纳达 2010 年 11 月至 2011 年 4 月这段时间的日 K

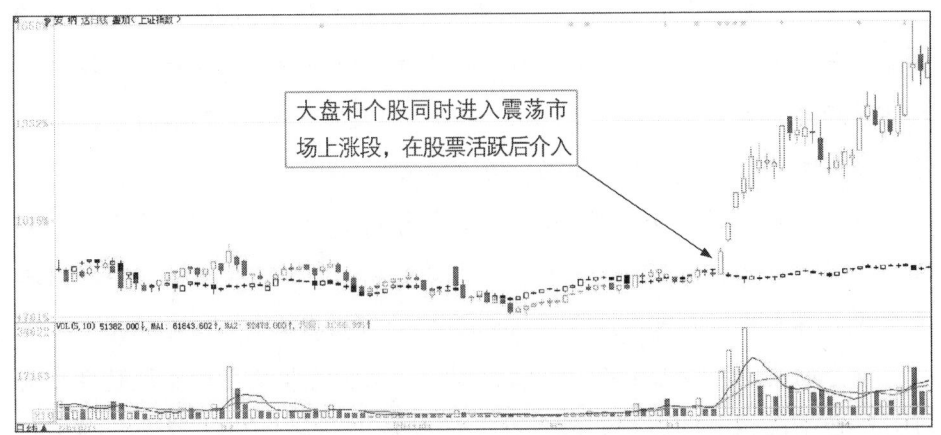

图7-5

线图。2011年1月底,大盘逐步进入震荡市场阶段的上涨段,安纳达股价跟随大盘缓慢上涨,2011年3月中旬,安纳达股价突然放量上涨,迎来了比较安全的买入点位,此后,安纳达股价快速上涨,25个交易日内股价上涨了89%。

当然,安纳达股价能有如此的表现,与其基本面有着重要关系,下面我们来看看安纳达的基本面情况。

我们来看看2010年7月国元证券分析师张晓辉发布的对于安纳达的研究报告,以下是简要内容:

产品升级促使盈利大幅提升:公司实现利润1304.6万元,较2009年同期增长1295万元,主要是募集资金项目投产后金红石型钛白粉产品销售利润增加所致,金红石型钛白粉销售收入大幅上升增加了毛利1830万元。金红石型钛白粉占主营业务收入比例由上年同期的6.99%上升到64.54%。

原材料价格上涨导致毛利率下降:上半年公司主营业务毛利率为11.73%,较2009年同期的15.36%下降3.63个百分点,其中锐钛型钛白粉毛利率下降3.86个百分点,金红石型钛白粉毛利率下降1.34个百分点。上半年原材料价格的上涨幅度大于钛白粉销售价格的上涨幅度,钛铁矿、高钛渣、硫酸价格上涨致使锐钛型钛白粉的成本同比上升28.63%,销售价格同比仅上升23%。

增发项目开辟成长空间：公司预计非公开发行股票 2000 万股至 3400 万股，募集资金全部用于年产 4 万吨致密复合膜金红石型钛白粉技改工程项目。项目建成后公司产能将扩大一倍，实现从中低档产品向高技术含量、高附加值产品的转变，推动公司快速发展。

盈利预测：预计公司 2010—2012 年每股收益分别为 0.32 元、0.34 元、0.82 元，公司具有得天独厚的硫酸原料供应条件，紧贴华东市场需求量最大的客户群，未来产能及盈利将翻番，维持"推荐"投资评级。

从上面的研究报告中我们可以看到，安纳达的业绩正处于反转期，对于这种业绩反转型的股票，股价在震荡市场上涨段形成比较安全的买点后，往往会给我们带来不错的收益。

大盘处于震荡市场行情，由于上涨周期有限，我们只有在大盘阶段见底企稳，同时目标股票股价活跃后选择介入才非常安全。

我们继续来看案例二。

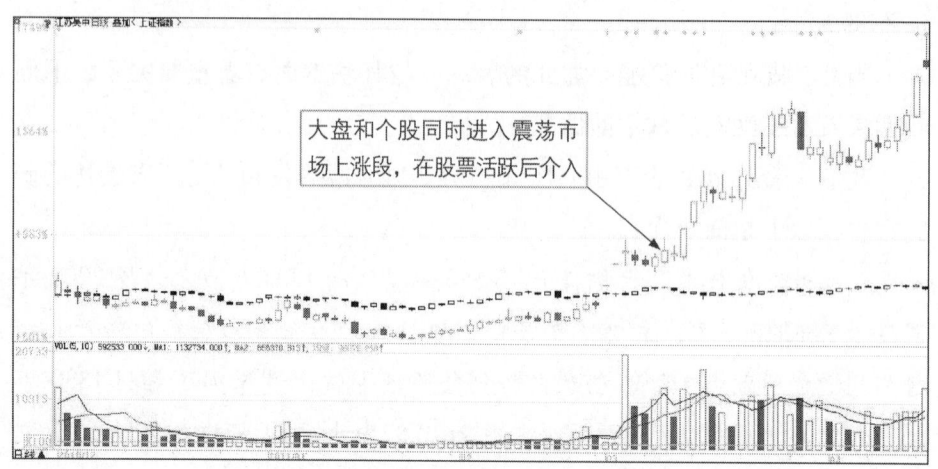

图 7-6

江苏吴中（600200）是一家从事服装和医药的公司，是于 1994 年 6 月 28 日，经江苏省体改委苏体改生〔1994〕114 号文批准，由江苏吴中集团公司联合中信澳大利亚公司、江苏吴中集团万利发展公司、吴县通海物资贸易公司、吴县吴中饭店作为发起人，采取定向募集方式设立的股份公司，1999 年 4 月，公司股票登录上海交易所，发行 3350 万股，募集资金

2.5963亿元。

图7-6所示的是江苏吴中2010年12月至2011年4月这段时间的日K线图。2011年1月底，大盘逐步进入震荡市场阶段的上涨段，江苏吴中股价跟随大盘缓慢上涨，2011年3月上旬，江苏吴中股价突然放量上涨，迎来了比较安全的买入点位，此后，江苏吴中股价快速上涨，29个交易日内股价上涨了83%。

当然，江苏吴中股价能有如此的表现，与其基本面的催化有着重要关系。

2010年11月26日，公司公布了一则公告，公告内容如下：

根据本公司所属控股子公司江苏吴中医药集团有限公司同江苏省科学技术厅签署的关于《江苏省科技成果转化专项资金项目合同》（以下简称"合同"），公司目前在研发"国家一类生物抗癌新药重组人血管内皮抑素注射液获得的研发与产业化"项目获得了江苏省科技成果转化专项资金扶持，该项目合同书已于2010年11月24日下发至我公司。

按照合同规定，江苏省科学技术厅计划资助江苏吴中医药集团有限公司省科技成果转化专项资金共计1000万元，其中拨款资助400万元，贷款贴息200万元，有偿补助400万元。省拨款资助的400万元将采取分年度拨款方式，计划于2010年拨款200万元，2011年拨款200万元。该项目除获得省科技成果转化专项资金1000万元的扶持外，还获得了苏州市吴中区科技局的配套项目经费合计200万元，吴中区科技局计划于2011年拨款200万元。重组人血管内皮抑素注射液为国家一类生物抗癌新药，具有自主知识产权，2006年曾获国家"863"项目支持，用于治疗非小细胞肺癌。目前该项目处于申请三期临床研究阶段，此次项目资金的获取将为该项目的三期临床研究工作和今后的产业化提供重要的资金保证。

要知道，抗癌题材之前在A股市场中已经有先例了，之前华神集团（000790）研究了一种癌症打靶技术，利用治疗癌症的利卡汀，把放射性元素放到单抗上打到癌细胞内直接把癌细胞杀死，对于癌症的治疗效果比化疗好。华神集团的利卡汀作为国家生物制品的一类新药，价格较高，大概是28800元/支，该产品增长稳定，目前公司正在大力推广，未来增长潜力很大，我们也曾经调研过这家上市公司，发现利卡汀确实具有一定疗效，并且已在各大医院临床使用。

正是凭着抗癌题材，华神集团股价于2011年5月份就已经开始上涨，提前大盘见顶，至2010年11月末，已累计上涨了227%。

2011年3月1日，江苏吴中公布了重大消息，阐述了重组人血管内皮抑素注射液三期临床试验研究工作的开展情况，公告如下：

1."重组人血管内皮抑素注射液研究"进展

根据本公司所属控股子公司江苏吴中医药集团有限公司日前接到国家食品药品监督管理局通知，公司具有自主知识产权的国家一类生物抗癌新药重组人血管内皮抑素注射液目前获得SFDA的药物临床试验批件（批件号为：2011L0092），同意公司开展该产品的三期临床试验研究工作。

重组人血管内皮抑素注射液为国家一类生物抗癌新药，2006年曾获国家"863"项目支持，2010年获"江苏省科技成果转化专项资金扶持"，本品主要应用于非小细胞肺癌。此次关于"重组人血管内皮抑素注射液"药物临床试验批件的获得，将为该项目三期临床研究工作的开展及今后的产业化提供重要保证。该产品的三期临床工作计划将于2011年3月起全面展开，公司预计用2年左右的时间完成对该产品的三期临床研究工作。

鉴于该产品目前刚进入三期临床研究阶段，公司董事会敬请投资者注意投资风险。

2."国家一类新药爱若华（来氟米特片）的研发、产业化与再创新"项目同时获得江苏省、苏州市2010年度科学技术一等奖

公司所属控股子公司苏州长征—欣凯制药有限公司于2011年2月26日接到江苏省人民政府和苏州市人民政府通知，该公司的"国家一类新药爱若华（来氟米特片）的研发、产业化与再创新"项目同时获得江苏省、苏州市2010年度科学技术一等奖。

苏州长征—欣凯制药有限公司注册资本：472万美元，其中江苏吴中医药集团有限公司占74.58%，美国欣凯公司占25.42%；注册地址：苏州市东吴南路2号；经营范围：生产大容量注射剂、小容量注射剂、片剂、硬胶囊剂、颗粒剂、口服液、口服溶液剂、软胶囊剂、滴丸剂、乳剂、原

料药、中药前处理及提取；销售公司自产产品；药品、医药中间体的开发、研制。目前该企业已形成了以抗感染抗病毒药物、调节免疫功能药物、防治心脑血管药物为特色的三大产品系列，主导产品为爱若华、芙琦星、莱沃幸、芙璐星、芙璐饮、玛诺苏，其中前5个产品为江苏省高新技术产品，公司现拥有6项新药技术获得国家发明专利授权。

国家一类新药爱若华（来氟米特片）适用于成人类风湿关节炎的治疗，是首个被国家食品药品监督管理局批准用于治疗"狼疮性肾炎"的药物，该产品填补了国内该领域的空白。爱若华2009年全年实现销售收入1.17亿元人民币，自上市十年来，累计用药病人数超过40万人，取得了良好的社会和经济效益。目前该产品已授权专利3项，申请全球专利1项。此次科学技术一等奖的获得，一方面是对本产品高科技含量的充分肯定，另一方面也为该产品进一步拓展市场销售提供了有力支持。

时隔3个月后，江苏吴中不但在此详细说明抗癌新药重组人血管内皮抑素注射液已经进入三期临床阶段，同时还公布了公司另一个新药爱若华（来氟米特片）的研究项目也成为"国家一类新药的研发、产业化与再创新"项目，同时还获得江苏省、苏州市2010年度科学技术一等奖。

江苏吴中股价在抗癌题材的刺激下，在大盘处于震荡市场上涨段时活跃起来，迎来了安全的买入点，给我们提供了获取丰厚利润的机会。

第三节　最安全的卖点及运用

在本节中我们将讲述几种比较典型的最安全卖点的运用，与第二节的讲述类似，我们会继续用MACD指标和均线指标并辅助基本面来讲述不同环境下如何寻找最安全的卖点。

一、大盘处于上涨趋势的最安全的卖点

我们来看案例一。

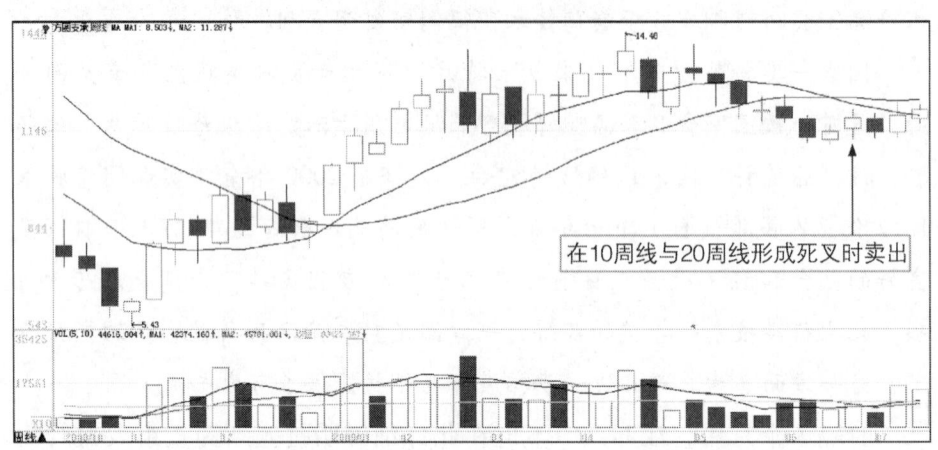

图 7-7

图 7-7 所示的是方圆支承（002147）2008 年 10 月至 2009 年 7 月这段时间的周 K 线图。在大盘较长期的上涨趋势中，方圆支承股价自 2008 年 10 月底开始逐步上涨，形成上涨趋势，2009 年 6 月，方圆支承 10 周线与 20 周线形成，迎来了较长期上涨趋势的卖出时机，此后，方圆支承股价持续下跌。

我们继续来看案例二。

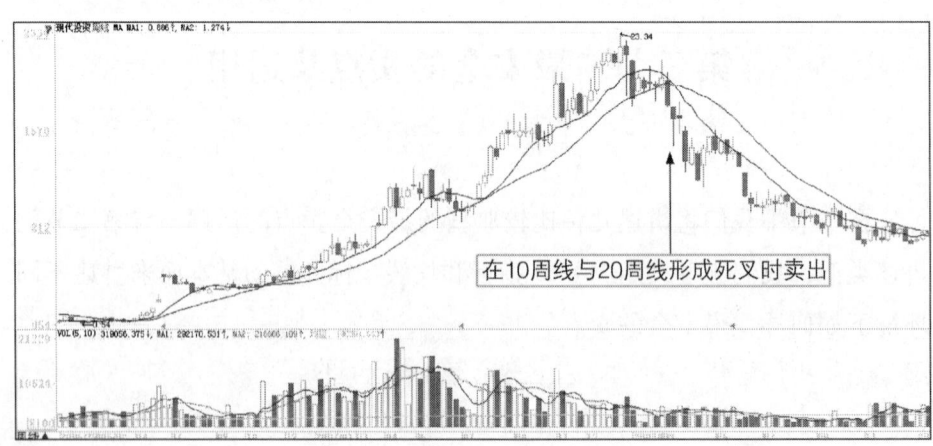

图 7-8

图 7-8 所示的是现代投资 2005 年 12 月至 2009 年 1 月这段时间的周 K 线图。2005—2007 年,现代投资股价走出了大牛市行情,至 2008 年 3 月,现代投资 10 周线与 20 周线形成死叉,确认了下跌趋势,迎来了我们最安全的卖出点位,此时我们不但能确认该股以后继续上涨的可能性已经非常渺小,同时也能锁定我们在大牛市中投资现代投资的既得收益。

二、大盘处于震荡行情的最安全的卖点

我们来看案例一。

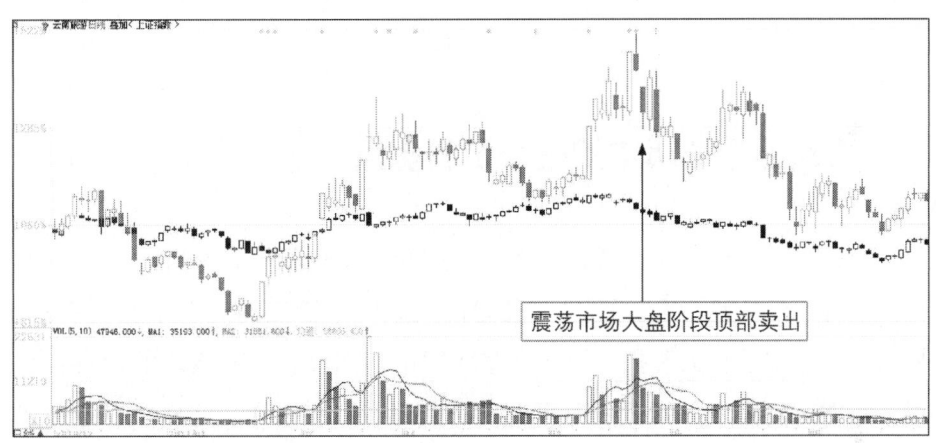

图 7-9

图 7-9 所示的是云南旅游（002059）2010 年 12 月至 2011 年 6 月这段时间的日 K 线图。2011 年 1 月,大盘进入震荡市场的上涨段,云南旅游股价跟随大盘逐步上涨,2011 年 4 月,大盘形成了震荡市场的阶段高点,此时,便是我们卖出云南旅游的最佳卖出点位,此后我们可以看到,云南旅游股价逐步下跌。

我们继续来看案例二。

图 7-10 所示的是南京化纤（600889）2010 年 11 月至 2011 年 6 月这段时间的日 K 线图。2011 年 1 月,大盘进入震荡市场的上涨段,南京化纤股价跟随大盘逐步上涨,2011 年 4 月,大盘形成了震荡市场的阶段高点,此时,便是我们卖出南京化纤的最佳卖出点位,此后,南京化纤股价快速下跌了 32%。

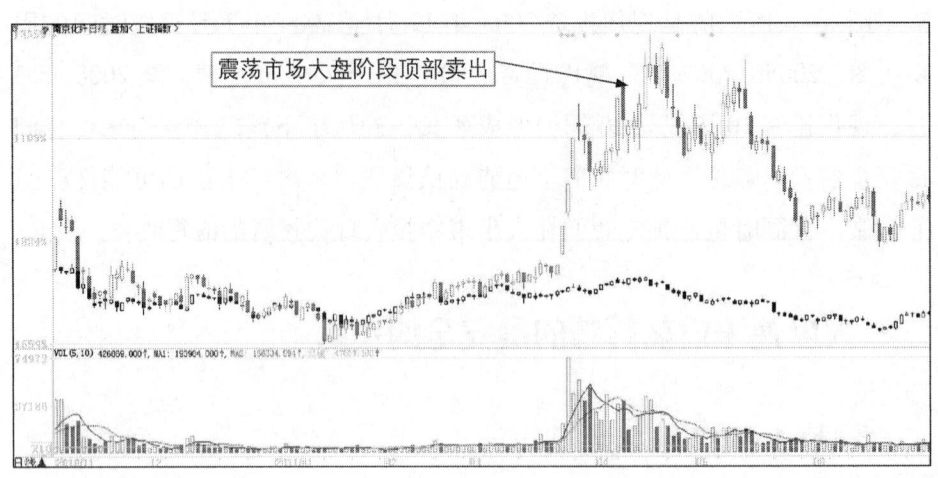

图 7–10

三、大盘处于熊市中的最安全的卖点

当大盘处于熊市中，我们基本已经空仓了，也就不存在什么安全的卖点，因为一旦大盘走熊，而我们没能在大盘由牛转熊的过程中及时卖出，那么已经造成了重大亏损，对于那些在熊市初期没有及时卖出的投资者来说，在熊市阶段的反弹行情中卖出股票也是不错的选择，这样可以避免造成更大的损失。

参考文献

罗伯特·D. 爱德华兹,约翰·迈克,W. H. C. 巴塞蒂. 股市趋势技术分析. 北京:机械工业出版社,2008